北京高等教育精品教材

高等学校经济与工商管理系列教材

北京市高等院校人才强教计划资助

财务管理案例分析

（第2版第2次修订本）

朱传华　刘新颖　**主　编**

王　简　耿蒂博　**副主编**

清华大学出版社

北京交通大学出版社

·北京·

内 容 简 介

财务管理案例分析综合了财务管理、管理会计、成本会计和中级财务管理理论知识，形成以"案例—分析—管理"为体系的综合实践操作体系。本书将财务会计核算资料数据与现代管理理论相结合，重点进行筹资分析、投资分析、成本管理与分析、预测分析、财务报表分析、企业利润分析、利润分配、税收筹划分析及预算分析等内容分析。使读者在掌握会计核算知识的基础上，提高对财务信息管理、分析与应用的能力。

本书主要适用于经济管理类学生的财务管理实践教学，也可作为财务会计人员的岗前培训教材。

图书在版编目（CIP）数据

财务管理案例分析／朱传华，刘新颖主编. —2 版. —北京：清华大学出版社；北京交通大学出版社，2012.8（2020.7 修订）

（高等学校经济与工商管理系列教材）

ISBN 978－7－5121－1130－1

Ⅰ.① 财… Ⅱ.① 朱… ② 刘… Ⅲ.① 财务管理－案例－高等学校－教材

Ⅳ.① F275

中国版本图书馆 CIP 数据核字（2012）第 194098 号

责任编辑：解　坤
出版发行：清 华 大 学 出 版 社　　邮编：100084　　电话：010－62776969
　　　　　北京交通大学出版社　　邮编：100044　　电话：010－51686414
印 刷 者：艺堂印刷（天津）有限公司
经　　销：全国新华书店
开　　本：185×230　印张：17.25　字数：386 千字
版　　次：2012 年 8 月第 2 版　　2020 年 7 月第 2 次修订　　2020 年 7 月第 8 次印刷
书　　号：ISBN 978－7－5121－1130－1/F·1072
印　　数：13 001～14 000 册　　定价：43.00 元

本书如有质量问题，请向北京交通大学出版社质监组反映。对您的意见和批评，我们表示欢迎和感谢。

投诉电话：010－51686043，51686008；传真：010－62225406；E-mail：press@bjtu.edu.cn。

第 2 版前言

近些年来，有很多毕业生进入企业后都是通过财务管理工作走上了公司高层管理的岗位。可见，财务管理在企业管理中占有多么重要的地位。但是要想缩短从一名普通的财务管理人员到财务总监甚至是公司总裁这一过程，大学毕业生在校期间能得到足够的综合能力尤其是专业实践能力的培养是不可或缺的环节和必备条件。

"财务管理案例分析"是继财会专业本科专业理论课后的财务管理实践教学课程。本书注重理论联系实际，结合企业在市场经济与资本运营中的财务活动，运用科学的方法进行企业相关的财务预测与决策，突出企业投资和筹资活动的预测与决策、成本的分析与控制、利润的规划与股利分配政策的决策、财务报告的分析与评价以及企业税收的筹划，通过对这些实践活动中的典型案例进行分析，达到全面提高学生灵活运用理论知识、提高实践能力的目的。本书除了作为大学本专科实践教学用书外，也可作为财务会计人员的岗前培训教材。

本书于 2008 年被评为北京高等教育精品教材，在使用过程中得到许多读者的诚恳建议与意见，据此在第 2 版中作了部分内容的修订，更换了部分时效性欠缺的案例资料，以体现整体案例资料的及时性和有效性。此外案例中涉及的有关财务、会计、税法的制度和规定均采用截至 2011 年 12 月 31 日颁布的最新法规，这样保证了案例资料与现行法规的一致性，使财务人员能在我国最新的财、会、税的理财环境下对企业的投资、融资、利润及分配等一系列财务活动做出更加准确和贴近现实的财务决策。

本次修订工作在朱传华教授的统一指导下进行，具体分工如下。朱传华教授：第 1 章企业筹资案例分析、第 2 章企业投资案例分析、第 3 章产品成本案例分析。刘新颖副教授：第 4 章预测案例分析、第 5 章企业财务分析、第 6 章企业利润分析。季皓副教授：第 7 章利润分配案例分析、第 8 章预算管理案例分析、第 9 章纳税筹划案例分析。最后由朱传华教授和刘新颖副教授再次进行交叉分工修订并定稿。

由于作者水平有限，书中存在纰漏之处在所难免，敬请读者批评指正，以便进一步修改与完善。

编　者
2012 年 6 月

前　言

目前高等教育步入了大众化阶段，教育理念和教学指导思想发生了重大变革。实践教学对应用型人才的培养发挥着重要作用，它注重对学生探索精神、科学思维、实践能力、创新能力的培养，力求改变实践教学依附于理论教学的传统观念，以形成高等教育理论教学与实践教学统筹协调的理念和氛围。掌握现代科学的管理理论，发挥管理职能，运用会计资料、信息，对企业经济活动进行合规性的理财实践，是财务管理的实践教学亟待完善与发展的研究课题，也是本书的写作目的之所在。本书注重理论联系实际，结合企业在市场经济与资本经营中的财务活动，进行企业预测、决策、营运资金和利润分配等典型的财务管理案例分析。本书力求突出以下特色。

科学性　依据我国颁布的《企业会计准则》和各项财务管理制度，结合我国经济体制改革和财务管理改革的实践，将财务管理学的基本理论与企业的财务管理实践联系起来，满足财务管理实践教学的需要，促进财务管理案例分析教材的完善与发展。

适用性　按照教育部规定的办学方针，结合应用型人才培养的教育特点，培养既具有一定的理论知识，又有较强动手能力的应用型人才。

应用性　突出财务管理应用性的经济管理学科特色，在经济学理论的基础上，利用会计信息和数学工具对企业当前和未来经营过程中货币资源的取得和分配等典型案例进行研究，为企业经营过程中的投资和筹资决策提供依据，发挥财务分析与管理才能。

为了进一步帮助学习者掌握与理解案例分析，每章设有分析目的、分析资料、分析要求、分析重点、分析提示与参考答案，最后附有小讨论或小资料等内容。在案例分析后面，还备有案例所涉及的相关知识。

本书由朱传华担任主编，刘新颖、王简、耿苒博担任副主编，朱传华对本书进行设计与总纂。王素义、耿苒博担任企业筹资案例分析的撰写工作，梁红担任企业投资案例分析的撰写工作，朱传华担任产品成本案例分析的撰写工作，刘新颖担任预测案例分析的撰写工作，王简担任企业财务分析的撰写工作，王彤彤、张艳秋、朱传华担任企业利润分析的撰写工作，王彤彤、王素义担任利润分配案例分析的撰写工作，杨春兰担任预算管理案例分析的撰写工作，邵军担任纳税筹划案例分析的撰写工作。朱传华、单令彬、贾浩负责资料的收集与整理工作。

本书获北京市高等院校人才强教计划 1 万元的资助。

在写作过程中参考了大量研究成果，在此一并表示衷心感谢。

欢迎读者提出意见和建议。

作　者
2007 年 5 月

目　录

企业筹资案例分析

【本章内容与要点】

本章包括筹资策略分析、筹资风险分析、普通股筹资分析、长期债券筹资分析、可转换债券筹资分析、银行借款筹资分析和资本成本分析等7个案例。通过本章的学习，学生应该了解企业筹资的基本原理，掌握企业筹资分析的方法。

1.1 筹资策略分析

◇ **分析目的**

企业在确定筹资策略时要考虑国家政策、经济环境及企业的实际情况等多种影响因素，对各种可以选择的筹资方式进行比较，对筹资成本与资金使用效率等问题进行全面的分析，选择正确的筹资方式，保障企业的生存与发展。通过本案例的学习，理解和掌握企业在不同的政策环境、经济环境下，如何结合企业的实际情况，对各种筹资方式进行比较分析，选择最适合的筹资方式，解决企业的资金需求问题。

◇ **分析资料**

明鑫公司计划筹资2亿美元用于企业发展，财务管理人员根据行业财务比率资料、公司的资产负债表和利润表，如表1-1、表1-2、表1-3所示，向公司董事会提出两个筹资方案：一是出售2亿美元的债券；二是发行2亿美元的新股。明鑫公司的股息开支为净收益的30%，目前债券成本为10%（平均到期日为10年），股权成本为14%。如果选择发行债券方式筹资，则债券成本上升至12%，股权成本上升至16%；如果选择股权方式筹资，则债券成本仍为10%，而股权成本下降至12%，新股计划发行价格为9美元/股。

表1-1 行业财务比率

项　　目	比　　率
流动比率	2.0
销售收入比总资产	1.6

续表

项　目	比　率
流动负债比总资产	30%
长期负债比净资产	40%
总负债比总资产	50%
固定资产偿债率	7
现金流量偿债率	3
净收入比销售额	5%
总资产收益率	9%
净收入比资产净值	13%

表 1-2　明鑫公司资产负债表

2010 年 12 月 31 日　　　　　　　　　　　　　　　　单位：百万元

资　产		负债及所有者权益	
项　目	金　额	项　目	金　额
流动资产总计	1 000	应付票据	300
固定资产净值	800	其他流动负债	400
		总流动负债	700
		长期负债（利率10%）	300
		总负债	1 000
		普通股（面值1元）	100
		实收资本	300
		未分配利润	40
总资产	1 800	负债及所有者权益	1 800

表 1-3　明鑫公司利润表

2010 年　　　　　　　　　　　　　　　　　　　　　单位：百万元

项　目	2009 年	筹资后预估
总收入	3 000	3 400
折旧费	200	220
其他支出	2 484	2 820
净营业收入	316	360
利息支出	60	
税前净收入	256	
所得税费用（税率25%）	64	
净收益	192	

风险利率为 6%，市场预期收益率为 11%。债券 10 年到期，除了目前每年需 2 000 万元偿债基金外，还需每年增加 2 000 万元偿债基金。

◇ 分析要求

根据本案例的特点，从筹资风险、资本成本和筹资活动对企业控制权的影响等几个方面对两种筹资方式进行比较分析，确定明鑫公司应选择哪一种筹资方式。

◇ 分析重点

企业筹资决策时分析的问题主要有以下几个方面。
（1）资金的需求量。
（2）资金的使用期限。
（3）资金的性质（债权或股权）。
（4）资金的成本及风险。
（5）资金增量对企业原有权利结构的影响。

◇ 分析提示与参考答案

1. 风险分析

1）财务指标评价

明鑫公司的财务结构表如表 1-4 所示，从表中可以看出，公司的流动负债比率和总负债比率均高于行业标准，表明公司目前的财务风险较高，如采用债券筹资，财务结构比率将更加恶化；而采用股权筹资，长期负债与净资产的比例将好转，可达到资产负债比率的行业标准。因此，明鑫公司应当将一些流动负债变成长期负债。

表 1-4　明鑫公司财务结构表　　　　　　单位：百万元

项　　目	目　前		预　计				行业标准百分比
			债券筹资		股权筹资		
	数量	百分比	数量	百分比	数量	百分比	
流动负债	700	39	700	35	700	35	30
长期负债	300	17	500	25	300	15	20
总负债	1 000	56	1 200	60	1 000	50	50
股权	800	44	800	40	1 000	50	
总资产	1 800	100	2 000	100	2 000	100	
长期负债/净资产		38		63		30	40

2）固定费用偿债率评价

从表1-5可以看出，明鑫公司的固定费用偿债率低于行业标准，利用债券筹资将使情况进一步恶化，而利用股权筹资则将使公司情况接近行业标准。

表1-5　明鑫公司固定费用偿债率　　　　　　单位：百万元

项　　目	目　前	预　计		行 业 标 准
		债券筹资	股权筹资	
净营业收入	316	360	360	
利息支出	60	90	60	
固定费用偿债率	5.27	4.00	6.00	7.00

3）现金流量偿债率评价

表1-6分析了明鑫公司的现金流量偿债率。与行业标准3.00相比，债券筹资后现金流量偿债率似乎很令人满意。然而，考察这个结果时必须考虑到其他现金支出需求。这些需求包括预计的债务本金支出、优先股股息、租赁契约下的租金支付及一些为维持公司持续运营所必需的资本支出。如果将现金支出的定义拓宽，明鑫公司的现金流量偿债率必然会下降。

表1-6　明鑫公司现金流量偿债率　　　　　　单位：百万元

项　　目	目　前	预　计		行 业 标 准
		债券筹资	股权筹资	
净营业收入	316	360	360	
折旧费用	200	220	220	
现金流入	516	580	580	
利息支出	60	90	60	
偿债基金支付	20	40	20	
税前偿债基金支付	40	80	40	
现金流出需求	100	170	100	
现金流量偿债率	5.16	3.41	5.80	3.00

4）系统风险水平评价

明鑫公司目前的股权成本为14%，β值为1.6。β值即β系数，反映个别证券相对于市场的全部证券的平均收益率的变动程度。如果通过债券筹资，股权成本将上升至16%，这意味着新的β值可由$0.16 = 0.06 + (0.05)\beta$计算得出，即$\beta = 2.0$（债券筹资$\beta$值）。如果利用股权筹资，股权成本将降至12%，这说明新的β值可由$0.12 = 0.06 + (0.05)\beta$计算得出，即$\beta = 1.2$（股权筹资$\beta$值）。可见，债券筹资会加大公司的系统风险，而股权筹资则会降低公司的系统风险。

　　根据上述分析可以得出以下结论：如果用债券筹资，财务结构比率高于行业标准，固定费用偿债率不足，现金流量偿债率下降，而且将使 β 值增至 2.0（高于股权筹资 β 值 1.2）。因此，从风险角度考虑，股权筹资要优于债券筹资。

2. 资本成本分析

1）对普通股市价的影响

　　不同筹资方式的成本是不同的。通过计算利息费用，如表 1-7 所示，可以得到不同筹资方式下公司股票的收益情况。

表 1-7　明鑫公司负债利息的计算

单位：百万元

项　目 （负债类型）	不　扩　张		债　券　筹　资		股　权　筹　资	
	数　额	比　例	数　额	比　例	数　额	比　例
3 亿美元短期应付票据	30	10%	36	12%	30	10%
3 亿美元已发行长期债券	30	10%	30	10%	30	10%
2 亿美元新发行长期债券			24	12%		
总利息支出	60		90		60	

　　由表 1-7 可知，公司不扩张时利息总支出为 6 000 万美元；股权筹资将使利息支出不变；长期债券筹资，负债成本将升至 12%。因此，所有负债的机会成本都将为 12%，这可以说明所有负债的利率将为 12%。然而，长期负债的实际利率仍维持在 10%，而短期应付票据将定期以 12% 的利率被新票据取代。如果用发行债券方式筹资，利息总支出将为 9 000 万美元。利用利润表的资料，如表 1-8 所示，股权的市价可计算出来。如表 1-9 所示。

表 1-8　明鑫公司利润表

单位：百万元

项　目	不　扩　张	债　券　筹　资	股　权　筹　资
净营业收入	316	360	360
利息支出	60	90	60
税前净收入	256	270	300
所得税费用（税率 25%）	64	67.50	75
净收益	192	202.50	225

　　两种筹资方式下，净收益均适用股权成本资本化以获得股权的市价总值，每股的价格也可确定。在不扩张方案或以债券筹资的情况下股票总数不变，说明如果发行股票，每股发行价为 9 美元，所需 2 亿美元资金除以 9 美元等于 2 220 万股。这样，总股数为 1.222 亿股（最初的 1 亿股加上 0.222 亿股），将股权总价值除以股票总数即等于每股价值。用债券方式筹资时股价下跌，而用股权方式筹资时股价上涨——即股权筹资比债券筹资更有利。股价最大化的决策目标表明，债券筹资方案是不可行的。

表 1-9 明鑫公司股权市价总值 单位：百万元

项　目	不　扩　张	债券筹资	股权筹资
净收益（NI）	128	135	150
股权成本（K_s）/%	0.14	0.16	0.12
股权价值（S）	914	844	1 250
股票总数/百万股	100	100	122.20
每股价值/美元	9.14	8.44	10.23

2）对资本成本的影响评价

杠杆比率随债券增加而增大，随股权增加而减少。如表 1-10 所示。

表 1-10 明鑫公司的杠杆比率 单位：百万元

项　目	不　扩　张	债券筹资	股权筹资
总负债	600	766	600
公司市价	1 514	1 610	1 850
总负债与公司市价比	0.40	0.48	0.32

$$K_b(1-T)(B/V) + K_s(S/V) = K_w \qquad (1-1)$$

式中：K_b——债券成本；

$\quad T$——所得税税率；

$\ B/V$——债券在总资产中的比例；

$\quad K_s$——股权成本；

S/V——股权在总资产中的比例；

$\quad K_w$——加权平均资本成本。

不扩张：　　　$0.10 \times (1-0.25) \times 0.40 + 0.14 \times 0.60 = 11.4\%$

债券筹资：　　$0.12 \times (1-0.25) \times 0.48 + 0.16 \times 0.52 = 12.64\%$

股权筹资：　　$0.10 \times (1-0.25) \times 0.32 + 0.12 \times 0.68 = 10.56\%$

债券筹资将使明鑫公司的资本成本从 11.4% 升至 12.64%，而股权筹资使资本成本降至 10.56%。即债券筹资使股价下跌，股权筹资使股价上涨。

3. 对控制权的影响

风险分析及成本分析都说明股权筹资方式要明显优于债券筹资方式，但发行股票会分散公司的控制权。不过，如果公司的普通股较分散，控制权问题不足以影响公司利用股权筹资。

通过上述分析可以看出，如果选择债券筹资将会使公司的风险大大增加，而随着风险的增加，债券成本和股权成本都会相应增加。通过股权筹资，普通股股价会相应上涨而且资本成本会降低，同时也不存在控制权分散的问题。因此，明鑫公司应采用普通股筹资方式。

◇ **基本知识点**

　　资金是企业生存和发展所面临的主要问题,不论是维持正常的经营活动,进行对内、对外投资,还是偿还债务,调整资本结构,都需要资金的大力支持。

　　筹资是指企业根据其生产经营、对外投资及调整资本结构的需要,通过筹资渠道和资金市场,并运用筹资方式,经济有效地为企业筹集所需的资金。筹资是财务管理的重要内容,是企业面临的最大难题之一。目前企业可以选择的筹资方式很多,主要有:吸收直接投资、发行股票、发行债券、银行借款、筹资租赁、商业信用等。企业从不同筹资渠道并采用不同的筹资方式筹集的资金,按不同标志可分为不同类型。按所筹资金的性质不同,可分为权益资金和债务资金;按所筹资金的期限不同,可分为长期资金和短期资金;按筹资活动是否通过金融机构,可分为直接筹资和间接筹资。企业应根据不同的筹资动机、筹资环境,分析各种筹资方式的资本成本及其风险,制定恰当的筹资策略及筹资方式。

◉ **小资料**

　　不能只因为你可以得到 100% 的筹措资金,或者不用付现款就可以买到某种东西,就认定你应该这么做。你要从事的事业必须要有意义,既要有现实的意义,也要在可以预见的将来有较长远的意义。

　　　　　　　——阿伦 T. 没钱,无所谓. 赵安琪,译. 北京:中国盲文出版社,2003.

1.2　筹资风险分析

◇ **分析目的**

　　通过该案例分析,理解不同的筹资行为其偿还方式、偿还期限及偿还压力也各不相同。财务管理中的筹资风险主要是指由于负债而不能按期偿还的可能性。企业的股权资本属于企业长期占用的资金,不存在还本付息的压力,因而基本上不存在筹资风险,但是由于投资风险较大,股东会要求较高的风险报酬,而且股利属于税后分配,没有税上利益,因此,对于企业来说,股权筹资的成本较高。而负债需要还本付息,有一定的偿还期限,对于债权人来说风险较小,要求的风险报酬也较低,而且利息属于税前费用,可以获得税上利益,因此,对于企业来说,债券资本的成本较低。所以,在风险可控制的范围内,很多企业更愿意采用债券筹资方式。但是,在进行债券筹资时企业必须分析其偿还期限、本息金额、资金使用效益、偿债压力等各方面的影响因素,估算不同债券筹资方式下的风险,进行风险的规避和管理。

◇ 分析资料

韩国大宇集团创建于 1967 年，由于有政府政策、银行信贷支持等多方面的优势，通过在国内外积极地大力购并，逐步发展成为韩国第二大商业帝国，仅次于现代集团。至 1998 年年底，其总资产已高达 640 亿美元，营业额占韩国 GDP 的 5%，业务涉及贸易、汽车、电子、通用设备、重型机械、化纤、造船等众多行业，国内所属企业多达 41 家，海外公司数量创下过 600 家的记录，海外雇员多达几十万，大宇也成为国际知名品牌。大宇集团遵循的管理理念是"大马不死"，即企业规模越大，就越能立于不败之地。在 1997 年韩国陷入金融危机时，大宇集团不仅没有受到影响，在国内的集团排名反而从第 4 位上升到第 2 位，集团领袖人物金宇中本人也被美国《幸福》杂志评为亚洲风云人物。

1997 年韩国发生金融危机后，其他企业集团都开始收缩，但大宇集团仍然我行我素，结果债务越背越重。尤其是 1998 年年初，韩国政府提出企业集团进行自律结构调整的方针后，其他企业集团都把结构调整的重点放在改善财务结构方面，努力减轻债务负担。而大宇集团却认为，只要增加销售额和出口额就能躲过这场危机，因此，继续大量发行债券。1998 年大宇集团发行的公司债券达 7 万亿韩元（约 58.33 亿美元）。1998 年第 4 季度，其债务危机初露端倪，在各方援助下才避过债务灾难。此后，在严峻的债务压力下，虽作出了种种努力，但为时已晚。1999 年 7 月中旬，大宇集团向韩国政府发出求救信号；7 月 27 日，因"延迟重组"，被韩国 4 家债权银行接管；8 月 11 日，出售两家公司；8 月 16 日，与债权人达成协议：在 1999 年年底之前，出售盈利状况最佳的大宇证券公司，以及大宇电器、大宇造船、大宇建筑公司等。其汽车项目资产免遭处理。这些措施表明大宇集团已处于破产清算前夕，在此后的几个月中，依然经营不善，资产负债率居高不下，最终导致董事长金宇中及 14 名下属公司的总经理主动辞职，以表示对大宇集团的债务危机负责。

◇ 分析要求

通过上述案例对财务杠杆的利益及风险进行分析，理解什么是筹资风险及风险防范对企业财务管理的重要性，并尝试对某一企业的财务状况进行定量分析，计算与筹资风险有关的各项财务比率指标。

◇ 分析重点

筹资风险主要有两类：一类是个别风险，它是指企业在一定期间内，现金流出量超出现金流入量，从而造成某些债务本息不能按时偿还，它对企业整体的财务状况及以后的筹资行为影响不大，只是短期内出现了支付危机；另一类是整体风险，它是指企业在亏损情况下出现的不能偿还到期债务本息的风险，企业发生亏损将减少企业净资产，从而减少作为偿债保障的资产总量，在负债不变的条件下，亏损越多，资产偿还债务的能力也就越低，最终表现为企业终止清算后的剩余财产不足以支付债务，意味着企业经营失败。

◇ **分析提示与参考答案**

　　大宇集团存在的问题虽然是多方面的，但是主要问题还是其高负债经营所带来的筹资风险。通过大规模举债，在经济稳定的环境下可以快速地促进企业的扩张与发展，但是一旦出现经济波动，就会使企业承担很大的风险。在大宇集团的发展历程中充分体现了这种特点。在 1997 年的亚洲金融危机爆发以后，大宇集团出现经营上的困难，销售额及利润均不能达到预期目的，而由于金融危机的影响，债权金融机构又普遍开始收回短期贷款，政府也无力再给予更多支持。如果大宇集团也像其他企业集团那样把结构调整的重点放在改善财务结构方面，努力减轻债务负担，就可以避免出现上述的状况。但是大宇集团的决策者却认为：只要提高开工率，增加销售额和出口额就能躲过这场危机。因此，继续大量发行债券，进行"借贷式经营"，由于经营不善，加上资金周转上的困难，最终被债权银行接手进行结构调整。因此，大宇集团的经营策略是冒险的，财务杠杆利益低于财务杠杆风险，资本结构不合理，巨大的债务压力使企业陷入财务困境，最终导致企业解散。

　　很多公司在发展过程中，都要借助外力的帮助，体现在经济方面就是债务问题。债务结构的合理与否，直接影响着公司的生存与发展。公司在扩张时，举债虽然是不可避免的，但必须根据经济环境注意保持合理的债务结构。

● **小资料**

　　中国内地第六大银行——招商银行仍然期望本月在香港上市，筹资多达 24 亿美元。已在中国上海上市的招商银行计划在香港发售 22 亿股，外加 10% 的超额配售选择权，每股的发行价格在 7.3 港元至 8.55 港元之间。

　　——刘励和. 中国招商银行拟在港上市筹资 24 亿美元. 金融时报，2006 - 09 - 04.

1.3　普通股筹资分析

◇ **分析目的**

　　通过本案例分析，了解普通股筹资的特点、权利义务、发行条件、发行价格等方面的具体内容及这种筹资方式的利弊，重点理解企业在进行普通股筹资决策时需要考虑哪些方面的问题。

◇ **分析资料**

　　2001 年 2 月，青岛啤酒股份有限公司向社会公开发行了人民币普通股 1 亿股，每股发行价 7.87 元,募集资金净额为 7.59 亿元,增发新股所占股本比例约为 8.89%。增发 A 股的比例为 H 股的 25% 左右,已经超过了原来规定不超过 H 股 20% 的限制。从青岛啤酒公司增发 A 股募集资金的使用情况来看,主要是用于收购部分异地中外合资啤酒生产企业的外方投资者股权,并对公司全资厂和控股子公司实施技术改造等,由此可以大大增强该公司的盈利能力。青岛啤酒公司预测,增发后的盈利预测为 2001 年每股 0.171 元,比 2000 年增长 80%。

2001 年 6 月,青岛啤酒公司召开股东会,作出了关于授权公司董事会最多可购回公司发行在外的境外上市外资股的 10% 的特别决议。如果公司董事会实际行使该授权,减少 10% 的 H 股,将使总股本减少 3.46%,导致公司注册资本的减少。计划回购的 10% 的 H 股(股份数为 3 468.5 万股),若按每股净资产值 2.36 元计算,公司仅支出 8 185.66 万元,却可以缩减股本比例 3.46%。若此次回购能成功实施,不仅可以缩减股本,而且可以在原来预测的基础上进一步增加每股盈利。

青岛啤酒公司之所以在增发 A 股后,想进行 H 股的回购,根本原因在于香港股市与内地股市之间存在着套利空间。与香港股市相比,内地股市的平均市盈率较高,青岛啤酒公司在内地筹资不仅可以获得更多的筹资额,而且还可以降低筹资成本。

通过增发 A 股回购 H 股,股本仅扩张 5.43% 左右,但募集的资金却将近 7 亿元。利用香港与内地两地股市之间的市场跨度与套利空间,青岛啤酒公司筹措到了有利于企业生产经营与资本经营发展所需的更多资金,但同时股本扩张并不大。

◇ 分析要求

结合案例总结普通股筹资的特点,了解我国企业目前可以发行的股票种类及其发行条件。企业在选择普通股筹资方案时应考虑哪些问题?

◇ 分析重点

(1)企业增发新股的动因。
(2)企业回购股份的作用。
(3)联合式筹资策略的优势。

◇ 分析提示与参考答案

1. 企业增发新股的动因

1)筹集资金,保障企业的可持续发展

企业为了持续发展,必须开辟新的利润增长点,项目投资需要有大量的资金支持。但由于历史遗留和股票计划额度管理的原因,我国现行上市公司的股本结构普遍存在着国有股、国有法人股占绝对地位的现象。上市公司通过配股筹资面临着困境,其主要原因是拥有绝大多数股份的国有股持有者普遍资金匮乏，无货币资金参与配股，难以满足上市公司（特别是大股东）筹资的要求；再加上国有股和国有法人股不能上市流通，缺乏一个畅通的转让渠道，其参与配股的积极性不高。如果放弃配股，又会使国有法人处于不利的投资地位，甚至造成国有资产流失。

2) 完善上市公司的股权结构

目前，我国大多数上市公司股权结构不合理，普遍存在着国有股比例过大、社会公众股比例偏小的现象。据统计，在 2000 年申报沪深两市 A 股公司中，国有股、国有法人股占总股本的比例超过 50% 的公司有 498 家，占上市公司总数（1 040 家）的 47.88%；超过 75% 的公司有 406 家，占上市公司总数的 39.04%；有的公司国有股、国有法人股占总股本的比例甚至达到 93% 以上，形成事实上的"一股独占"或"一股独大"。增发新股由于全部为社会公众股，相对提高了其比重，有利于发挥社会股东的监督和决策作用，有利于建立健全完善的公司治理结构。但增发新股也有明显的负面效应，首先，增发新股削弱了原公司股东的控制权，再者会增加上市公司的总股本，增大对每股收益增长的压力，进而对股票价格产生影响，使企业价值相对下降。国内增发新股的公司，增发新股的消息一经披露，公司股价便应声而落，大部分公司的股票价格跌至发行价以下，降低了企业的价值，损害了投资者的利益，影响了企业的声誉。为解决上述问题，股票在不同的、被分割的交易所上市的公司，可进行股份回购以实现公司不同股票价格的平稳和上扬，实现公司价值最大化的目标。

2. 企业回购股份的作用

1) 有助于实现企业的经营目标

企业的经营目标是实现企业价值最大化及股东财富最大化。对于资金大量闲置、一时又没有投资项目可投入的公司来说，与其闲置资金而增加企业的资产增值压力，不如用来回购部分股票，以减轻公司未来的分红压力，同时提升股票的内在品质，为股价的上涨创造空间。股票回购不仅使分配过剩资金的方式具有灵活性，而且使分配时间具有弹性。这一点对公司非常有利，可以等到股票价值被低估时进行回购。内部管理者与股东之间的信息不对称也可能导致股票定价错位，如果管理者认为股票的价值已被低估，那么公司回购股票就意味着对市场传递其要回购定价错位股票的信息暗示。反之，如果股票在不同的、被分割的交易所进行交易且存在较大的价差时，公司进行股票回购还可以实现在不同市场间的套利，从而提高了公司的市场价值。

2) 完善上市公司法人的治理结构

完善上市公司法人的治理结构使之符合《公司法》和《股份有限公司国有股股东行使股权行为规范意见》中对绝对控制企业（股权比例底线为 50%）、相对控制企业（股权比例底线为 30%）的规范意见。

通过回购并注销国有股，能迅速有效地降低国有法人股的比重，改善股权结构。

3) 优化上市公司的资本结构，提升上市公司的盈利能力

通过股份回购可以适当提高资产负债率，更充分地发挥"财务杠杆"效应，增强公司

的未来盈利能力，从而提升公司股价，使股东财富最大化，给公司股东更高的回报，同时增大其他公司对本公司收购的难度。

4）培育上市公司的持续筹资能力

从资本运营的角度出发，上市公司为了今后的可持续发展，必须培育公司的持续筹资能力，重视证券市场的再筹资能力。

3. 联合式筹资策略的优势

联合式筹资策略，会给上市公司带来较好的财务效果，主要表现在以下几个方面。

（1）取得生产经营及规模扩张所需要的资金。上市公司股权筹资具有筹资量大、财务风险小、筹集资金质量高等优点。在市盈率较高的资本市场发行股票，既解决了公司筹集大量资金的问题，又没有增加公司的分红压力，可以说是一举多得。

（2）调整公司的股权结构。我国上市公司股权结构设计极不合理，非流通股份占绝对控制地位，通过增发社会公众股和回购非流通股，可以大大降低国有股东的持股比例，同时又满足国家对绝对控制企业和相对控制企业的规范意见，有利于建立健全完善的公司治理结构。

（3）提高公司的筹资效率。上市公司增发新股大多采用上网定价发行方式，该方式发行费用高，筹资速度快，并且在我国基本没有发行失败的可能。通过股份回购，可优化公司的资本结构，使公司的筹资成本最小化，这两方面都对提高公司的筹资效率起到了积极的作用。

（4）提高公司的每股收益，提升公司的市场价值。股份公司的每股盈余是衡量公司管理者经营业绩的重要标准。通过筹资组合，扩大了企业的经营规模，培育了利润增长点，提高了盈利能力。通过股份回购，缩减了公司的股本总额。这两方面都对增加每股盈余起到了积极的促进作用，其结果大大增加了每股收益，吸引市场投资者作出积极的反映，推动股价的大幅上扬，在投资者中树立了良好的市场形象，公司的发展前景也被投资者所认同。

（5）优化财务杠杆，提高了企业的竞争能力，增大了其他公司收购的成本，进而有效防止了被其他公司兼并或收购。

（6）从纳税的角度考虑，股利应征收 20% 的个人所得税，而资本利所得税的税率远低于股利所得税税率，将股份回购看做是一种替代现金股利的股利分配形式，无疑会受到投资者的青睐。

◉ 小资料

普华永道公布的调查报告显示，2005 年中国首次公开募股（IPO），平均集资额跃升至 2.6 亿美元，首次超过欧洲和美国市场的集资能力。2004 年，中国 IPO 集资额为 0.83 亿美元。香港在内地巨型企业的支撑下成为了全球第四大集资市场。

——国际金融报，2006 - 05 - 15.

1.4 长期债券筹资分析

◇ **分析目的**

通过本案例分析，了解长期债券筹资的发行条件，将长期债券筹资与普通股筹资等进行比较，总结长期债券筹资的优缺点。

◇ **分析资料**

御园公司是一家大型的中外合资股份制企业，主要经营综合性房地产开发业务，其信用等级为 AA 级。公司的股东，有国内大型工商企业、金融机构及海外投资人等。近 3 年来，其开、复工面积平均为 100 多万平方米，每年的竣工面积平均达 30 多万平方米，年主营业务收入达 7.5 亿元人民币，年均税后利润达 3.1 亿元，其总股本达 13 亿元，总资产为 63 亿元，净资产为 34 亿元。

公司计划进行新的资金筹集工作，筹集资金的目的是弥补其在某工程后期的资金缺口，该工程预计在 3 年内完工。确定的筹资方式为发行企业债券。拟发行债券的具体情况如下：发行总额为 1.2 亿元人民币，债券期限为 3 年，债券利率为 7.2%，按单利计息，到期一次还本付息，发行方式采用实名制记账式，使用中央国债登记结算有限责任公司统一印刷的托管凭证，发行范围和对象为境内的法人和自然人，主承销商为中信证券有限责任公司，债券托管人为中央国债登记结算有限责任公司。在债券公开发行结束后，争取在上海或深圳交易所上市流通。御园集团公司为债券提供不可撤销的连带责任担保，保证人承诺本期债券到期后，在发行人不能兑付到期全部本息时，有义务代为偿还。

债券担保企业——御园集团公司的基本情况：在开展房地产主营业务的基础上，实施多元化经营战略，该公司是发行债券企业——御园公司的第二大股东，拥有 13.125% 的股份。保证人同时获得某金融租赁有限责任公司提供的不可撤销的反担保。

发行企业和担保企业近 3 年的财务状况如表 1-11、表 1-12、表 1-13 和表 1-14所示。

表 1-11 御园公司资产负债表 单位：千元

资　　产	第 3 年	第 2 年	第 1 年	负债及权益	第 3 年	第 2 年	第 1 年
流动资产				流动负债			
货币资金	657 330	663 150	325 225	短期借款	842 100	633 000	494 660
交易性金融资产	280 300	10 000	100	应付账款	41 989	29 282	41 230
应收账款	1 084 686	408 710	321 324	预付账款	371 454	226 076	340 047

续表

资　产	第3年	第2年	第1年	负债及权益	第3年	第2年	第1年
减：坏账准备	10 720	4 087	3 213	其他应付款	156 413	200 454	254 788
应付账款净额	1 073 966	404 623	318 111	应付职工薪酬	234	20	231
预付账款	16 501	145 571	156 157	应付股利	29 224	18 317	73 074
其他应收款	909 954	495 962	355 211	应交税费	142 864	118 108	235 981
存货	2 651 118	2 135 225	1 735 633	应付利息	83 800	84 824	1 086
待摊费用	8	165	48	一年内到期的长期负债	55 000	30 000	107 909
流动资产合计	5 737 177	3 854 696	2 890 485	流动负债合计	1 723 087	1 340 081	1 549 007
				长期负债			
				长期借款	1 164 889	566 998	30 000
长期投资	499 593	376 556	321 848	其他长期负债	4	0	1 076
				长期负债合计	1 164 893	566 998	31 076
固定资产				负债合计	2 887 980	1 907 079	1 580 083
固定资产原值	107 496	105 086	100 598	少数股东权益	19 618	300	307
减：累计折旧	16 193	11 405	7 033	股东权益			
固定资产净值	91 303	93 681	93 565	股本	1 300 000	1 000 000	781 250
				资本公积	1 563 219	872 319	468 531
其他资产				盈余公积	235 498	188 565	143 138
其他资产支出	0	36	173	其中：公益金	73 203	57 559	42 416
其他资产合计	0	36	173	未分配利润	321 758	355 806	332 762
				股东权益合计	3 420 475	2 417 590	1 725 681
资产合计	6 328 073	4 324 696	3 306 071	负债及权益合计	6 328 073	4 324 696	3 306 071

表1-12　御园公司利润表

单位：千元

项　目	第3年	第2年	第1年
一、经营收入	851 160	580 051	619 468
减：经营成本	493 642	351 134	232 326
经营税金及附加	43 396	28 922	30 918
经营费用	15 133	11 666	295
二、经营利润	298 989	188 329	355 929
加：其他业务利润	(897)	0	0
减：管理费用	38 918	36 718	37 909
财务费用	9 298	(17 930)	709

续表

项　目	第3年	第2年	第1年
三、营业利润	250 876	169 540	317 311
加：投资收益	195 587	190 692	142 250
营业外收入	74	66	5 132
减：营业外支出	836	573	411
加：以前年度损益调整			(16 189)
四、利润总额	445 701	359 725	448 093
减：所得税费用	135 135	56 789	124 902
少数股东权益	(2 320)	0	7
五、净利润	312 885	302 846	323 184

表 1-13　御园集团公司资产负债表　　　　单位：千元

资　产	第3年	第2年	第1年	负债及权益		第3年	第2年	第1年
流动资产				流动负债				
货币资金	14 441	15 936	10 717	短期借款		121 000	137 000	1 000
交易性金融资产	30 129			应付账款		39 406	24 532	9 193
应收账款	109 561	126 447	18 133	预收账款				
减：坏账损失	379	54	101	其他应付款		29	24	15
应收账款净额	109 182	126 393	18 032	应付职	工资	12 046	12 046	12 046
预付账款	2 831			工薪酬	福利费	527	722	912
其他应收款				应付股利				
存货	82	82	126	应交税费				
待摊费用	3	3	2	应付利息		778	858	1 238
流动资产合计	156 668	142 414	28 877	流动负债合计		173 796	175 182	24 404
				长期负债				
长期投资	348 593	335 968	272 188	长期借款				
				长期负债合计				
固定资产				负债合计		173 796	175 182	24 404
固定资产原值	15 594	4 128	3 496	所有者权益				
减：累计折旧	2 684	2 165	1 936	实收资本		100 252	100 253	100 253
固定资产净值	12 910	1 963	1 560	资本公积		314	314	64
在建工程		11 329	11 204	盈余公积		17 344	158 662	142 937

续表

资　产	第3年	第2年	第1年	负债及权益	第3年	第2年	第1年
固定资产合计	12 910	139 292	12 764	其中：公益金			
无形资产	1 780	723	510	未分配利润	70 245	22 185	46 681
				本年利润	35 801		
				股东权益合计	346 155	317 215	289 935
资产合计	519 951	492 397	314 339	负债及权益总计	519 951	492 397	314 339

表1-14　御园集团公司利润表　　　　　　　　　　单位：千元

项　目	第3年	第2年	第1年
一、商品销售收入			
减：商品销售折扣与折让			
商品销售收入净额			
减：商品销售成本			
销售费用			
销售税金及附加	5	2	
二、商品销售利润	-5	-2	
加：代购代销收入			
三、主要业务利润	-5	-2	
加：其他业务利润			
减：管理费用	6 555	5 449	4 111
财务费用	695	1 571	-4 069
汇兑损失			
四、营业利润	-7 255	-7 022	-42
加：投资收益	49 845	43 281	30 749
营业外收入	90	2	28
减：营业外支出	27	460	115
五、利润总额	42 653	35 801	30 620

◇ **分析要求**

（1）债券筹资规模决策。

（2）债券筹资期限决策。

（3）债券筹资利率决策。

（4）债券清偿方式决策。

◇ **分析重点**

（1）与股权筹资、银行贷款相比较，债券筹资有哪些特点？

（2）采用债券筹资方式时，市场环境应满足什么条件？

（3）如何进行债券筹资决策？

（4）企业发行债券应符合哪些条件？遵循哪些具体规定？

◇ **分析提示与参考答案**

1. 债券筹资决策分析

御园公司提出债券筹资策略的目标，应该是以最小的成本和最小的风险来获取债券资金。具体应考虑 5 个方面的内容：债券数量的适量化、债券偿还期限的长期化、债券利息费用的最小化、债券结构的合理化、债券资金用途的效益化。但是要达到上述目标必须解决下面的问题：一般情况下，债券偿还期限与利息费用是成正比的。为了解决债券筹资的这种矛盾，就必须从以下几个方面进行债券筹资的筹划。

1）债券筹资规模决策

企业采用债券筹资形式进行筹资，首先必须对债券筹资的数量作出科学的判断和规划。针对资金需求状况和资本成本，债券筹资规模要既合理又经济。确定债券发行量是一个非常复杂的问题。首先要以企业合理的资金占用量和投资项目的资金需要量为前提，为此应对企业的扩大再生产进行规划，对投资项目进行可行性研究；其次，应根据企业的财务状况，分析其获利能力和偿债能力的大小；最后，应比较各种筹资方式的资本成本和应用的可能性。通过分析选择最经济、最方便的资金来源。

债券筹资规模还可以根据资产负债结构、预期收益能力等资料来分析企业偿债能力的大小。根据表 1 – 11 的资料可以计算出御园公司第 3 年的资产负债率为 46%，流动比率为 3.3，企业的资产负债结构合理，再发行 1.2 亿元人民币债券不会影响企业的偿债能力。

2）债券筹资期限决策

债券筹资期限决策是指规定一个恰当而有利的债券还本付息期限。影响债券筹资期限决策的因素主要是企业对风险和成本的认识。

筹资目的是考虑债券本息偿还期的主要依据，为生产性投资建设项目筹集资金应发行长期债券，因为这类项目只有投产获利后，企业才有偿债能力；为设备更新改造或用来满足暂时流动资金不足而发行债券，其期限可适当短一些。御园公司筹集资金的目的是为了弥补其在建工程后期的资金缺口。该项目计划 3 年竣工，正好与债券期限相符。在设计债券偿还方式时，应使企业债券的还本付息在年度间均匀分布，以实现债券筹资的良性循环。御园公司的债券本息偿还方式是 3 年后一次还本付息，这种做法可能会影响企业的财务运行状况，因此必须事先做好准备工作。

3）债券筹资利率决策

债券筹资利率的确定原则是保证利息费用控制在发行企业的承受范围之内，尽可能地降低利率，同时又保证债券对投资者具有吸引力。确定债券筹资利率的上下限，一般从收益高、风险小两方面考虑，由于债券筹资的风险大于银行储蓄，投资者通常要求债券筹资的利率高于同期储蓄存款的利率水平，因此银行存款利率是企业债券利率的下限。按规定企业债券的利率不得高于银行同期居民储蓄定期存款利率的 40%，这是企业债券利率的上限。实际上企业债券利率都会高于银行同期存款利率，第 4 年同期银行存款利率为 3.5% 左右，御园公司的债券利率为 7.2%。

发行企业的信用等级也是制定债券利率的重要影响因素。发行企业的信用等级高，其发行的债券利率就较低。另外，如果发行的债券附有抵押或担保等保证条款，债券利率也可适当降低。

4）债券清偿方式决策

企业采用不同的还款方式，会有不同的利息支出。因此必须对不同的还款方式进行分析、计算，选择最经济、最适合企业的债券清偿方式。御园公司选择 3 年一次还本付息的方式，这在一定程度上会影响稳健性，但相对于其他方式来说，这种方式的现值最低。

2. 债券筹资方式与其他筹资方式的比较

1）债券筹资与股权筹资的比较

① 筹资成本：债券的利息可计入费用，在税前列支，具有节税作用，而股权筹资中的股利属于税后利润支付，没用节税作用；债券的发行费用较低，特别是在发行可转换债券时，由于其所具有的期权特征，可以使其发行的债券利率降低；债券筹资可以锁定成本，尤其是在预期利率上浮时期，效果更明显。

② 债券筹资不会分散企业的控制权，公司原有的管理结构基本不受影响，而股权筹资会因新股东的加入而导致控制权的分散。

③ 从资本结构来看，企业在发行债券时规定可提前赎回债券，有利于企业调整资本结构，确立负债与资本的合理比例。

2）债券筹资与银行贷款的比较

① 企业向银行贷款，其贷款方式、筹资数量、筹资期限等主要由银行掌握，虽然双方可以进行协商，但是最终的决定权掌握在银行一方；而采用债券筹资方式则比较灵活，在国家允许的范围内各项条款基本上由企业自己决定。

② 银行贷款的利率一般会高于债券利率，利率是浮动的，因此资本成本相对较高，而采用债券筹资则可以规避利率变化带来的损失，有利于企业锁定资本成本。

③ 企业对通过债券筹资方式所取得的资金在使用上比较有自主性，而银行贷款会有规定的资金用途，银行会对企业的财务进行监督。

3. 企业选择债券筹资方式时应考虑的主要影响因素

① 在银行存款利率水平比较低的情况下，企业更有可能顺利地发行债券。

② 从预期收益率、风险、流动性及市场上的资金总体情况等几个方面来综合分析债券的市场需求。企业债券的预期收益率高于国债和银行存款，风险小于股票，在流动性不断加强的情况下，债券的市场需求会增加。

4. 企业发行债券应符合的必要条件

① 企业规模达到国家规定的要求；

② 企业的财务会计制度符合国家规定；

③ 具有偿债能力；

④ 企业的经济效益良好，发行企业债券前连续 3 年盈利；

⑤ 所筹资金用途符合国家产业政策。

1.5　可转换债券筹资分析

◇ **分析目的**

通过本案例分析，了解可转换债券筹资的特点及其发行条件，企业在采用可转换债券筹资时应考虑的问题；了解我国目前的债券种类及其发行价格的计算方法，对可转换债券筹资方式与其他筹资方式进行比较，总结可转换债券筹资的优缺点。

◇ **分析资料**

香港著名华商郑裕彤财团从 20 世纪 90 年代开始，通过其旗舰企业新世界发展有限公司，大举进军内地的中低档房地产市场，成为北京、武汉、天津和沈阳等城市的房地产战略发展商。为此，需要筹集大量的资金。但是 1993 年的高峰期过后，许多城市的楼房大量空置，使得国际资本市场并不看好中国的房地产市场。在这种情况下，要说服他们为拓展内地房地产市场进行投资，难度可想而知。

香港汇丰投资银行亚洲有限公司（简称汇丰银行）第一次通过私募方式为新世界中国房主发展有限公司发行了 5 亿美元的股本。本次发行是香港历史上最大的私募发行，私人股本投资者占有 43% 的股份，新世界中国房主发展有限公司则持有 57% 的股权；第二次为新世界中国金融有限公司发行了 3.5 亿美元强制可换股担保债券。在私募成功发行一年后，新世界中国金融有限公司希望筹集更多的资金用于其在中国的投资活动。作为新世界中国房主发展有限公司的全资子公司，新世界中国金融有限公司的规模还太小，不具备上市的条件，而采用普通债券方式发行成本又较高。因此，汇丰银行设计了可换股债券的发行方式。

可换股债券的发行方式也存在缺点，即公司上市后债券尚未到期就可以转换为股票，在换股期间，会有大量股票突然涌入市场，给股价造成压力，甚至影响股票初次公开发行的价格。为了避免这种情况的发生，汇丰银行在设计此次筹资方式时规定：所有债券强制转换成股票，并在股票初次公开发行时作为发行规模的一部分，上市前必须决定是否换股，上市后就没有可换股债券了。这就给投资者提供了市场流通股股数的确切信息，虽然会给发行增加难度，但是却避免了上述缺点。此次发行汇丰银行承担了2.1亿美元的分销份额，创造了8.6亿美元的总需求，发行后债券交易价格一直高于发行价格。

在债券发行两年半以后，新世界中国金融有限公司准备在1999年到股票交易所上市，发行规模为5.68亿美元。这次发行面临的最大障碍在于，国际投资者对于中国房地产业有很多误解，如何改变投资者的不良印象就成了发行成败的关键。为了让股本投资者能够更好地了解中国的房地产市场，汇丰集团下属的汇丰证券于1999年5月6日至7日在中国香港和新加坡举办了中国住房改革研讨会；为配合全球发行，汇丰证券组织了两次独立的访问活动，活动之前都有详尽的研究报告作铺垫，活动横贯了亚、欧、北美三大洲；6月至7月，汇丰证券又组织了大规模的全球路演，访问了三大洲的11个城市。为了一次发行而举行三次全球规模的推介活动，这是非常罕见的做法。经过这三次声势浩大的活动，终于消除了投资者的误解和顾虑。

在此次发行的过程中，可换股债券的换股程序是个关键环节。债券持有者的换股方式有三种：在初次公开发行中认购最大数量的股票；或是将债券折算成股票后出售，从而获得现金收入；或是只认购最大债券股的一部分，其余债券则兑现。经过路演，结果相当令人振奋：来自股本投资者的需求为7.83亿美元，来自债券持有者的需求为1.43亿美元，总需求达9.26亿美元。至此，由汇丰证券一手策划的为新世界中国房主发展有限公司总额超过14亿美元的筹资获得成功。

◇ 分析要求

根据上述案例资料，分析可转换债券筹资方式的优缺点，了解企业在什么情况下会选择这种筹资方法。在制定筹资策略时如何扬长避短，既能充分利用可转换债券筹资的优势，为企业解决资金难题，又可以最大限度地规避其可能给企业带来的负面影响。

◇ 分析重点

（1）可转换债券与普通债券、普通股股票的区别与联系。
（2）企业在什么情况下会选择可转换债券筹资方式？
（3）可转换债券对投资筹资双方各有何利弊？
（4）企业在选择可转换债券筹资方式时应注意哪些问题？

◇ 分析提示与参考答案

1. 可转换债券的性质

可转换债券是指上市公司和重点国有企业发行的在一定期限内按照事先约定的条件可以转换成公司股份的公司债券。可转换债券是一种混合性证券，既有债权性证券的特点又有权益性证券的特点。一方面，可转换债券与一般债券一样，也具有债券面值、票面利率、还本付息的期限和方式等内容，在债券转换为股票之前，它属于企业的债务，如果投资者未将其转换为股票，则债券发行企业必须无条件地兑现债券本息；另一方面，可转换债券又具有股权的性质，投资者可以在规定的期限内，按事先约定的条件将其转换为普通股，转换之后投资者就从债权人转变为企业的股东。转换权是否行使由投资者决定，在规定的转换期内，投资者既可以选择将其转换为股票，又可以放弃转换权利，继续持有债券，最终收回债券本息。企业只能在发行可转换债券时确定诱导性条件，根据企业的需要进行诱导性转换。

2. 可转换债券筹资的优点

① 由于可转换债券具有债券投资及股权投资的双重性，因此，对投资者有较大的吸引力，在企业尚不具备发行股票的条件或者股票筹资遇到问题时，可以有效地促进企业的筹资效果。在企业的未来收益不确定时，投资者如果进行股票投资，承担的风险较大，而购买可转换债券则能取得稳定的债券利息收入，而且当企业收益稳定后，投资风险降低，还可以将可转换债券转换为普通股，拥有对企业的长期所有权，从而获得更大、更长久的收益。

② 当股票价格下跌时，可转换债券的投资者可以继续持有债券，以获得稳定的利息收入；当股票价格上升时，投资者可行使转换权来分享股票增值所带来的收益。对投资者而言，投资风险较低，相应的必要报酬率也较低，因此，可转换债券的利率水平要低于一般债券的利率水平，与一般债券相比，企业发行可转换债券可以降低资本成本。即使投资者放弃转换权，企业支付的债券利息也可以在税前列支，具有抵税作用，而发行股票筹资所支付的股利是在税后支付，因此，可转换债券筹资的资本成本也会低于股票筹资的资本成本。

③ 公司破产清算时，可转换债券的清偿顺序排在银行贷款及普通债券等债务之后，因此，发行可转换债券不会影响公司其他债务的偿还能力，有利于增强筹资的灵活性。对于发展中的企业来说，为避免借款过多，增加财务风险，往往愿意选择发行股票，但是发行新股又会造成股价下跌，利用可转换债券的灵活性，在适当的时机分批转换为股票，可以有效地调整资本结构。可转换债券实行转换后，企业的债权变成股权，不仅可以吸引更多的投资者，增加资产的流动性，而且使企业在债权、股权筹资中形成一个合理、动态的均衡结构。通过转换，使企业最终获得所需的股权资本，降低了资产负债率，优化了资本结构，并为企业以后的筹资创造条件。

④ 企业如果在成立之初或经营不善时采用发行普通股股票的方式进行筹资，股票价格一般会比较低，为了筹集到所需的资金额，发行的股票数就会比较多，从而使企业的控制

权分散，不利于今后的管理。而采用发行可转换债券方式进行筹资时，可将转换价格约定在高于普通股市价的 20% ~ 30% 以上，这样一旦进行转换，就会比直接出售股票的股数要相对减少。

3. 可转换债券筹资的缺点

① 如果在发行可转换债券后，公司的经营业绩下降，每股净收益及股票市价等没有达到预期的目标，投资者放弃转换权，那么公司就必须用资金偿还债券的本金和利息，造成资金周转困难，增加了公司的财务风险。

② 如果在发行可转换债券后，公司的股票市价大幅度上涨，债券持有者行使转换权，并按约定的较低价格将债券转换为公司的股票，那么对于企业来说，发行可转换债券筹资就不如直接发行股票进行筹资。

③ 企业通过发行可转换债券进行筹资，必须保证可转换债券能够最终转换为股票，同时保证债券转换后不会造成股票价格的大幅度下降。做到这一点的前提是企业的经济效益能够长期稳定地增长。在完成债券转换后，企业的资本成本增加，会给企业经营带来较大的压力。

● 小资料

上港集团首发事宜在证监会 2006 年第 34 次发审会上审核通过。根据方案，上港集团将发行 24.22 亿股 A 股，以换股方式吸收合并 G 上港。上港集团此次约合发行 24.22 亿股，每股定价 3.67 元，发行市盈率为 28.01 倍。换股吸收合并 G 上港的换股价为每股 16.5 元。发行完成后，G 上港的法人资格将被注销。本次换股吸收合并赋予上港集团外的所有股东现金选择权。对于不选择换股的 G 上港股东，以及与上港集团存在关联关系的股东，可全部或部分行使现金选择权，由第三方以每股 16.5 元的价格受让其所申报股份，并由第三方实施换股。据悉，这是中国全流通时代首例吸收合并案，同时，上港集团也由此成为国内外港口业首家整体上市公司。

——上港集团首发获得通过将换股合并 G 上港. 新浪财经，2006 - 09 - 08.

1.6 银行借款筹资分析

◇ 分析目的

通过本案例分析，了解银行借款筹资方式的种类、条件及其特点，分析企业在确定采用银行借款筹资时应注意哪些问题，进一步分析银行借款筹资方式的利弊，并与其他筹资方式进行比较。

◇ **分析资料**

　　世界新闻巨头默多克出生于澳大利亚，后加入美国国籍，其公司遍布全球，总部设在澳大利亚。默多克的公司是一个每年有 60 亿美元营业收入的报业王国。它控制了澳大利亚 70% 的新闻业、英国 45% 的报业及美国的部分电视网络。默多克和其他商业巨头一样从资金市场大量筹资，各种债务高达 24 亿美元，其债务遍布全世界，包括美国、英国、瑞士、荷兰、印度、以及中国香港等地。因为其公司的规模和业绩，各家银行也乐于给予放贷，在默多克的财务机构里共有 146 家债主。因为负债高，债主多，公司的财务风险很高，只要有管理上的失误或者遭遇意外，就可能使整个企业陷入困境。1990 年西方经济衰退时，默多克的企业就因为一笔 1 000 万美元的小债务，发生了危机，虽然最后化险为夷，但是负债所带来的风险还是不可忽视的。

　　美国的一家小银行贷给默多克公司 1 000 万美元的短期贷款，默多克认为凭借公司的信誉及实力完全可以到期付息展期，延长贷款期限。但是这家银行因为一些传言认为默多克公司的支付能力出现问题，不愿继续放贷，通知默多克这笔贷款到期必须收回，而且必须全额偿付现金。接到消息后默多克并不在意，对于他的公司而言，筹集 1 000 万美元现金并不是难事。他在澳大利亚资金市场上享有短期筹资的特权，金额高达上亿美元。但是出乎意料的事发生了，澳大利亚资金市场因为日本资金的抽回，默多克的筹资特权已经被冻结了。默多克又到美国去贷款，却遭到拒绝。1 000 万美元贷款的还贷期已经临近，若到期还不了这笔贷款，势必会引起连锁反应，各家银行都会来讨债。企业不可能承受所有的债权人同时讨债，这样一来，企业就会面临危机，被 24 亿美元的债务压垮。

　　默多克决定去找花旗银行，花旗银行是默多克报业集团的最大债主，投入资金最多，如果默多克破产，花旗银行的损失最高。花旗银行权衡利弊后，同意在对其资产负债状况作出全面评估后，决定是否继续对其贷款。花旗银行对一百多家默多克企业逐个进行评估，最后得出结论，默多克企业业绩良好，有发展前景，花旗银行愿意帮其渡过难关。具体的方案是：由花旗银行牵头，所有贷款银行都不许退出贷款团，以免因为一家银行的退出引起连锁反应，由花旗银行出面对美国的那家小银行施加压力，使它到期续贷，不要收回贷款。

　　默多克虽然渡过了难关，但其真实的支付能力已经暴露，由于得到了 146 家银行不退出贷款团的保证，才有了充分的时间调整与改善报业集团的支付能力，半年后，企业终于摆脱了财务困境。

◇ **分析要求**

　　分析本案例中企业债务危机发生的原因，危机的化解是否是必然的，花旗银行在什么条件下，出于什么目的愿意帮助企业渡过危机。

◇ 分析重点

(1) 银行借款的种类有哪些?

(2) 银行借款的条件是什么?

(3) 银行借款的偿还方式有几种?

(4) 采用银行借款的优缺点有哪些?

(5) 将银行借款与其他筹资方式进行比较分析。

(6) 企业如何规避银行借款所带来的风险?

◇ 分析提示与参考答案

很多公司在发展过程中,都要借助外力的帮助,公司在扩张时,举债是不可避免的问题,但应注意债务结构的合理性。债务结构合理与否,直接影响着公司的前途、命运。由于发行股票和债券有很多客观条件的限制,而且资本成本相对较高,因此,银行借款是一般企业最先想到的筹资方式。银行借款有一定的还本付息规定,不能按期偿还就会面临较严重的财务危机,如果没有其他的办法及时化解,最终的结果就是清算,而且由于财务信息的传导性,即使企业只是暂时的资金困难,也会造成连锁反应,形成恶性循环。因此,企业在取得银行借款后,必须作好相应的资金管理及规划,确保还款能力,从而既能充分利用财务杠杆的利益,又能最大限度地降低企业的财务风险。

目前我国金融机构提供的贷款种类主要有:流动资金贷款、固定资产投资贷款、更新改造贷款、科技开发和新产品研究贷款等。贷款有一定的申请条件和保护性条款,企业应根据具体的需要向银行提出贷款申请,并结合借款目的和资金周转状况与银行约定适当的借款期限、利息计算方式及偿还方式等,一方面降低资本成本,另一方面避免财务风险。流动资金贷款期限的确定有3种方法:按流动资金周转期来确定、按物资周转期来确定、按收入的预计实现期限来确定。固定资产投资贷款的期限一般按投资回收期来确定。同时还应根据预计的资金回流状况,选择借款的偿还方式,即:到期一次还本付息、分期付息到期一次还本、分期还本付息等。

企业申请贷款应满足以下基本条件:① 具有法人资格,独立核算,自负盈亏;② 具有规定的财产保障,或有符合条件的担保单位提供担保;③ 经营方向符合国家的相关政策,借款用途属于规定范围;④ 财务制度健全,能保证资金的使用效益;⑤ 在银行开立账户;⑥ 具有真实的偿还能力。

银行借款筹资方式的优点是:虽然最初的申请比较复杂,需要提供企业的财务报表及贷款项目的可行性分析报告,但是一旦获得批准,资金会很快到位,相比而言,筹资速度较快,而且资本成本较低,借款利息可以在税前扣除,能发挥财务杠杆的作用。银行借款筹资方式的缺点是:筹资风险大,筹资数量有限而且限制条件较多,越是规模较小、资金缺乏的企业，贷款能力越差，因此，常常不能充分满足企业的资金需求。

● 小资料

在向银行借钱之前，必须做好自己的准备工作。从银行借钱的过程中，一个重要的方面是向你的银行家传授本行业的知识，让他或她对你的事业有足够的了解。如果银行家对你的事业一无所知，你就不可能有拿到钱的机会。

——阿伦 T. 没钱，无所谓. 赵安琪，译. 北京：中国盲文出版社，2003.

1.7 资本成本分析

◇ 分析目的

通过本案例分析，了解资本成本在企业财务管理中的意义，分析决定资本成本的主要因素，进一步熟练掌握各种筹资方式下资本成本的计算方法。

◇ 分析资料

鸿运公司自成立以来一直没有长期债务，其资金全部由普通股组成，股票账面价值为 1 000 万元。2004 年，公司息税前的利润为 300 万元，所得税税率为 25%，无风险报酬率为 8%，平均风险股票必要报酬率为 15%，股票的 β 系数为 1。其股权成本采用资本资产定价模型来确定，即 $K_s = r_f + \beta (r_m - r_f)$。

公司当前的 $K_s = 8\% + 1 \times (15\% - 8\%) = 15\%$，其中 K_s 为股权成本，r_f 为无风险报酬率，r_m 为平均风险股票必要报酬率。

由于公司无长期负债，所以根据公式

$$K_w = K_b \left(\frac{B}{V} \right) (1 - T) + K_s \left(\frac{S}{V} \right)$$

可计算得出：

$$K_w = K_s = 15\%$$

其中，K_w 为加权平均资本成本，K_b 为债券成本，S 为股权价值，B 为债券价值，V 为公司价值，T 为公司所得税税率。

公司的股票价值

$$S = \frac{(\text{EBIT} - I)(1 - T)}{K_s} = \frac{(300 - 0) \times (1 - 25\%)}{15\%} = 1\ 500\ (万元)$$

根据 $V = S + B$，公司当前的总价值 $V = S = 1\ 500$（万元）。

以上便是该公司目前在权益资本占长期资金来源 100% 的资本结构下，公司的加权平均资本成本与企业价值。

企业的财务管理人员认为公司目前的资本结构不合理，于是向管理层提出改善公司目前的资本结构的建议。但管理层却认为目前公司的资本结构没有什么不妥之处，如果公司要利用财务杠杆，会由于负债的增加而加大股权资本的风险，使权益资本成本上升，这样加权平均资本成本不会因为负债比率的提高而降低，而是维持不变。所以，企业价值也不会相应提高。根据这种观点，不需要改变公司目前的资本结构。

在财务管理人员中有两种观点：一是认为当前公司应发行债券换回股票，负债比率越高越好，负债比率最好能达到100%；二是认为公司应改善目前的资本结构，通过发行债券购回部分股票，通过计算达到加权平均资本成本最低的最佳资本结构。

公司期望的息税前盈余为300万元固定不变，公司的税后净利全部用于发放股利，股利增长率为零，其无风险报酬率与平均风险股票必要报酬率不变，债券的市场价值与票面价值相等。

◇ 分析要求

通过计算分析资本结构的改变对综合资本成本和企业价值的影响，分析上述三种观点中哪一种是正确的，进一步了解针对企业资本结构和企业价值的不同理论，并谈谈你的理解。

◇ 分析重点

（1）资本成本如何计算？
（2）什么样的资本结构才是合理的？
（3）一个公司是否存在最佳资本结构？哪一种理论比较合理？
（4）分析债务资本成本和权益资本成本的变化对企业价值的影响。
（5）如何计算一个公司的最佳资本结构？
（6）为什么要确定企业的最佳资本结构？

◇ 分析提示与参考答案

资本结构是指企业各种长期资金筹集来源的构成和比例关系。通常情况下企业的资本结构由长期债务资本和权益资本构成，资本结构指的就是长期债务资本与权益资本各自所占的比例。资本结构理论有净收益理论、营业收益理论、传统理论等。要分析企业的资本结构是否合理，必须先计算个别资本成本，再根据资本结构计算综合资本成本，最终计算企业价值。

上述案例的分析步骤是：
① 计算公司的债务资本成本、权益资本成本与加权平均资本成本；
② 计算公司的债券价值与股票价值及公司的总价值；
③ 比较不同条件下的加权平均资本成本与企业价值。

鸿运公司管理人员的三种观点实际上是反映了三种不同的理论：营业收益理论、净收益理论和传统理论。营业收益理论认为资本结构不会影响加权平均资本成本。净收益理论认为负债可以降低资本成本，无论企业的负债程度有多高，企业的债务资本成本和权益资本成本都不会变化，因此，负债程度越高，企业价值越大。只要债务资本成本低于权益资本成本，那么负债越多，企业的加权平均资本成本就越低，企业的价值就越大。当负债比率为100%时，企业的加权平均资本成本最低，企业价值最大。传统理论认为利用财务杠杆可以降低公司的加权平均资本成本，在一定程度上可以提高公司的价值，但是负债程度与企业价值并不是永远成正比，随着债务比率的不断提高，权益资本成本也会相应提高，当负债比率达到一定程度时，加权平均资本成本便会上升，因此只有在加权平均资本成本最低时才是企业的最佳资本结构，企业价值也最大。

我们可以假设几种筹资方案，分别计算其资本成本和企业价值，通过比较确定企业应达到的最佳资本结构。如表1-15、表1-16所示。

表1-15　债务比例变化对资本成本的影响　　　　单位：万元

债券价值 B	税前债券成本 K_b	股票 β 系数	无风险报酬率 r_f	平均风险股票必要报酬率 r_m	股权成本 K_s
0	—	1.00	8%	15%	15.00%
250	9%	1.06	8%	15%	15.42%
500	10%	1.11	8%	15%	15.77%
750	11%	1.55	8%	15%	18.85%
1 000	15%	1.90	8%	15%	21.30%
1 250	19%	2.20	8%	15%	23.40%

表1-16　公司市场价值和资本成本比较　　　　单位：万元

债券价值 B	股权价值 S	公司价值 V	税前债券成本 K_b	股权成本 K_s	加权平均资本成本 K_w	负债比率
0	1 500	1 500	—	15.00%	15.00%	0
250	1 349.71	1 599.71	9%	15.42%	14.07%	15.63%
500	1 188.97	1 688.97	10%	15.77%	13.48%	29.60%
750	865.38	1 615.38	11%	18.85%	13.93%	46.43%
1 000	528.17	1 528.17	15%	21.30%	14.72%	65.44%
1 250	200.32	1 450.32	19%	23.40%	15.51%	86.19%

从上述计算可以看出：当负债比率为29.60%时，公司市场价值最大，为1 688.97万元；加权平均资本成本最低，为13.48%；此时公司的债务资本为500万元，股票市场价值

为 1 188.97 万元，构成了公司的最佳资本结构。

但是，企业在确定筹资方案时还会有各种其他因素的影响，因此，上述测算只能作为一种参考，企业真正的资本成本及企业价值还应在筹资方案确定后重新计算。

■ **小讨论**

（1）企业如何进行筹资决策？

（2）不同的筹资方式各有哪些优缺点？

（3）我国目前不同类型的企业采用的主要筹资方式是什么？

（4）我国目前的资本市场存在哪些问题？原因是什么？

（5）除了上述案例所介绍的筹资方式，企业还有哪些可以选择的筹资方式？

● **小资料**

只有在诚实和信誉的基础上才能建立长远的业务，在任何领域都是这样。如果没有信誉，生意虽然在一段时间内非常兴隆，但是要不了多久就会一下子急剧下降。

——阿伦 T. 没钱，无所谓. 赵安琪，译. 北京：中国盲文出版社，2003.

本章关键词中英文对照

1. 筹资决策　　　　raise capital decision
2. 商业信用　　　　commercial credit
3. 普通股　　　　　common stock
4. 优先股　　　　　preferred stock
5. 权益资金　　　　equity capital
6. 负债资金　　　　debt fund

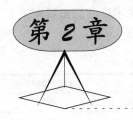

第 2 章

企业投资案例分析

【本章内容与要点】

本章包括投资风险分析、股票投资的决策、新建项目投资决策、是否购置新机器的投资决策和公司并购决策 5 个案例。通过本章的学习，学生应该了解企业投资的基本原理，掌握证券投资和项目投资的分析方法。

2.1 投资风险分析

◇ **分析目的**

通过本案例的分析，理解和掌握风险评估的基本步骤，并能够运用期望值、标准离差和标准离差率估计风险的大小。

◇ **分析资料**

彩虹公司为南方某生产饮料产品的企业。2001 年陷入经营困境，原有碳酸饮料因市场竞争激烈、消费者的喜好产生变化等因素开始出现销售滑坡。为改变产品结构，拟投资 1 000 万元开拓新的市场领域，在备选开发的两种新产品中进行选择。根据市场调查，在夏季到来之际，消费者对冷冻饮品、茶饮料的需求呈现出不断增长的趋势。

1. 开发新的冰激凌产品

据有关部门统计：我国从 20 世纪 90 年代以来，被誉为 "冷饮之王" 的冰激凌生产每年以约 10% 的速度在递增。2002 年行业产量达到 150 万吨左右，总量已位居世界第三位，全国大、中、小冷冻饮品厂近 3 万家。中国冷饮市场在 10 年内产量增长了 12 倍，品种从几十种增加到 3 000 多种。广东、北京、上海是冰激凌销量最集中的三大区，约占全国总量的 25% 左右。

目前我国冰激凌人均年消费水平约为 1 千克，与美国等发达国家的人均年消费量 40 千克相比差距甚大。随着我国国民经济的发展，人们生活质量提高，冰激凌将成为老百姓的平常消费品。冰激凌的消费目的将由过去的防暑降温转为不分季节的习惯性消费。

公司地处中国南方。由于常年气候炎热，拥有近亿的常住、流动人口及较为成熟的市场基础和强劲的消费力，形成对冰激凌产品的旺盛需求。另外，中国潜力巨大的冰激凌市场吸引了巨大资本的追捧和关注。这一切都为冰激凌工业的发展带来了广阔的市场前景。

该企业对其开发冰激凌产品的有关预测资料如表 2-1 所示。

表 2-1　开发冰激凌产品的市场预测

市场销路	概　率	预计年利润/万元
好	50%	180
一般	20%	85
差	30%	-25

据专家测算该项目的风险系数为 0.7。

2. 开发茶饮料产品

据有关资料，我国茶饮料已成为仅次于碳酸饮料和饮用水的第三大饮料。20 世纪 90 年代以来，被称为"新时代饮料"的茶饮料以年增长 17% 的速度风靡世界。在可口可乐和百事可乐的故乡美国，茶饮料已达到仅次于可乐的地位。在日本和我国的台湾地区，茶饮料已经超过碳酸饮料。在我国饮料市场，茶饮料已成为唯一可与碳酸饮料抗衡的新型健康饮料。

我国饮料市场主要集中于"康师傅"、"统一"和"旭日升"三大品牌，夏季茶饮料在一些超级市场的销量大幅增长。广东的健力宝、海南的椰树、河南的春都及可口可乐都开始涉足茶饮料的开发生产。

专家分析，茶饮料之所以走俏市场，一是由于中国人有几千年的饮茶习惯；二是由于茶含有丰富的维生素 C、E，维生素 A 原及钾、磷等微量元素；三是由于茶饮料是天然、健康饮料，具有消除疲劳，降低血液中的胆固醇、血脂等功效；四是方便，茶饮料保持了碗沏茶的功用，又比碗沏茶易携带、易存放；五是卫生，目前茶饮料的主要消费群体是会议用茶和儿童饮用，外出旅游携带茶饮料的趋势也在增多。

茶饮料发展空间大。第一，具有原料优势。我国现有茶园 113.0 万公顷，年产茶叶 66.5 万～67.5 万吨，茶饮料的开发给茶叶消费开辟了新的途径。第二，市场容量大。由于茶饮料的消费方式符合现代生活方式的要求，有很好的市场潜力。AC 尼尔森公司中国市场调查数据显示，茶饮料销售量正在以 300% 的增幅抢占市场。我国 1997 年生产茶饮料 20 万吨，1998 年 40 万吨，1999 年 100 万吨。如果我国茶饮料人均消费达到美国人均消费量（6.6 加仑）的 1/10，其消费量可达到 300 万吨以上。

该企业对其开发茶饮料产品的有关预测资料如表 2-2 所示。

表 2-2　开发茶饮料产品的市场预测

市场销路	概　率	预计年利润/万元
好	60%	150
一般	20%	60
差	20%	-10

经过专家测定该项目的风险系数为 0.5。

◇ 分析要求

（1）对两个产品开发方案的收益与风险予以计量。
（2）进行方案评价并作出决策。

◇ 分析重点

计算并比较两种方案的收益率的期望值、标准离差和标准离差率，根据标准离差率的大小判断方案风险的大小；同时计算并比较两个方案风险报酬率和风险报酬额的大小。根据两个方案风险及风险报酬的大小进行方案评价，并进行决策。

◇ 分析提示与参考答案

1. 风险的含义

风险是事件本身的不确定性，或某一不利事件发生的可能性。一般而言，某一行动（事件）的结果，具有多种可能而不肯定，就叫做风险；反之，若某一行动（事件）的结果很肯定，就叫做无风险。

2. 风险的类别

① 从公司的角度而言，可将风险分为经营风险和财务风险。从财务管理的角度而言，风险也就是企业在各项财务活动过程中，由于各种难以预料或无法控制的因素作用，使企业的实际收益与预计收益发生背离，从而有蒙受经济损失的可能性。财务管理中的风险按形成的原因一般可分为经营风险和财务风险两大类。经营风险是指因生产经营方面的原因给企业盈利带来的不确定性。财务风险是指由于举债而给企业财务成果带来的不确定性。

② 从投资的角度看，可将风险分为系统性风险和非系统性风险。系统性风险是指由于全局性事件引起的投资收益率的可能变动。由于这种风险是所有公司都有的，它不会因为多样化投资而消失，因此又称不可分散风险。

非系统性风险是指由于非全局性事件造成的投资收益率的可能变动。由于一个企业投资收益率的非系统性变动跟其他企业投资收益率的变动没有内在的、必然的联系，因此可以通过多样化投资来分散风险，故又称为可分散风险。

3. 风险的衡量

风险的衡量可通过如下步骤来进行。

1）确定概率分布（以字母 P_i 表示）

事件的概率是客观存在的，它具有以下特点。

① 任何事件的概率不大于 1，不小于 0，即：$0 \leqslant P_i \leqslant 1$。
② 所有可能结果的概率之和等于 1。

从投资决策的角度看，概率一般指预计投资收益率各种程度出现的可能性。

2）确定项目各随机变量的各个取值（以字母 K_i 表示）

从投资决策的角度看，随机变量一般指预计投资收益率。

3）计算随机变量的期望值（以字母 $\bar{K}$ 表示）

随机变量的各个取值，以相应的概率为权数的加权平均数，叫做随机变量的期望值（数学期望或均值），它反映随机变量取值的平均化。

从投资决策的角度看，各随机变量的期望值指各种可能的收益率与相应的概率相乘后加和所得到的加权平均收益率。公式为：

$$\bar{K} = \sum_{i=1}^{n} (P_i \cdot K_i)$$

4）计算标准离差（亦称标准差，以字母 σ 表示）

标准离差和标准离差率都可以用来衡量项目投资的风险。标准离差是衡量随机变量的各种可能值相对于期望值的离散程度。标准离差越小，表明概率分布越密集，投资风险程度越小。公式为：

$$\sigma = \sqrt{\sum_{i=1}^{n} (K_i - \bar{K})^2 P_i}$$

5）计算标准离差率（以字母 V 表示）

标准离差率是指标准离差 σ 与各随机变量的期望值 $\bar{K}$ 之比。标准离差率是一个相对指标，它以相对数反映决策方案的风险程度。标准离差率越大，风险越大，反之，标准离差率越小，风险越小。公式为：

$$V = \frac{\sigma}{\bar{K}}$$

注意：标准离差 σ 与标准离差率 V 的异同。

二者都可以衡量投资风险的大小。标准离差 σ 作为绝对数，只适用于相同期望值决策方案风险程度的比较，对于期望值不同的决策方案，评价和比较其各自的风险程度只能借助于标准离差率这一相对数值。

4. 风险报酬率（以字母 R_r 表示）与风险报酬的计量

标准离差率虽然能够正确评价投资风险程度的大小，但它不是风险报酬率。要计算风险报酬率，还必须借助一个系数——风险报酬系数（亦称为风险报酬斜率，以字母 b 表示）。风险报酬系数的大小主要取决于全体投资者对于风险的态度，可以通过统计方法来测定。如果大部分投资者都是风险偏好者，对风险高的项目也不要求太高的收益率，则风险报酬系数就低；反之，如果大家都不愿意冒风险，风险报酬系数就高。

公式为：　　　　　　　　　　风险报酬率 $R_r = bV$

风险报酬额 = 投资额 × 风险报酬率

5. 投资决策判断标准

（1）比较各备选投资方案的风险大小，风险较小者为优。

假定开发冰激凌方案用 A 表示，开发茶饮料方案用 B 表示。

① A、B 两方案的期望收益值为：

$$\overline{K}_A = \sum_{i=1}^{n}(P_i \cdot K_i)$$

$$= 50\% \times (180 \div 1\,000) + 20\% \times (85 \div 1\,000) + 30\% \times (-25 \div 1\,000)$$

$$= 9.95\%$$

$$\overline{K}_B = \sum_{i=1}^{n}(P_i \cdot K_i)$$

$$= 60\% \times (150 \div 1\,000) + 20\% \times (60 \div 1\,000) + 20\% \times (-10 \div 1\,000)$$

$$= 10\%$$

从期望收益来看，开发茶饮料比开发冰激凌有利，预期每年可多获得收益 0.05%。

② A、B 两方案的标准离差为：

$$\sigma_A = \sqrt{\sum_{i=1}^{n}(K_i - \overline{K}_A)^2 P_i}$$

$$= \sqrt{(18\% - 9.95\%)^2 \times 50\% + (8.5\% - 9.95\%)^2 \times 20\% + (-2.5\% - 9.95\%)^2 \times 30\%}$$

$$= 8.91\%$$

$$\sigma_B = \sqrt{\sum_{i=1}^{n}(K_i - \overline{K}_B)^2 P_i}$$

$$= \sqrt{(15\% - 10\%)^2 \times 60\% + (6\% - 10\%)^2 \times 20\% + (-1\% - 10\%)^2 \times 20\%}$$

$$= 6.51\%$$

（2）比较各备选投资方案的风险报酬大小，大者为优。

① A、B 两方案的标准离差率为：

$$V_A = \frac{\sigma_A}{\overline{K}_A} = \frac{8.91\%}{9.95\%} = 89.55\%$$

$$V_B = \frac{\sigma_B}{\overline{K}_B} = \frac{6.51\%}{10\%} = 65.1\%$$

因为两个方案的期望报酬率不同，所以不可以通过比较标准离差的大小来直接衡量二者风险的大小，需要借助于标准离差率这一相对数值来评价和比较其各自的风险程度。由计算结果可知，B 方案即开发茶饮料风险相对较小。

② A、B 两方案的风险报酬率为：

$$R_{rA} = b_A V_A = 0.7 \times 89.55\% = 62.69\%$$

$$R_{rB} = b_B V_B = 0.5 \times 65.1\% = 32.55\%$$

由计算结果可知，方案 A 风险大于方案 B，因此其要求的风险报酬率也高。方案 B 风险较小，因此其要求的风险报酬率也低。

综合收益与风险的计量，可以看出开发茶饮料方案收益较高，风险较小，因此为首选方案。

◇ 基本知识点

管理的重心在于经营，经营的重心在于决策。规划和控制企业的经济活动有赖于科学的决策分析，决策的正确与否关系到企业经营的成败。所谓决策，是指人们为了实现一定的目标，借助于科学的理论和方法，进行必要的计算、分析和判断，从若干个可供选择的方案中，选择并决定采用一个最优方案。它是一种创造性的管理活动。所谓决策分析，是指为作出正确决策而对各种备选方案进行比较分析，权衡利弊，从中选优或决定取舍的整个过程。这个过程通常包括确定决策目标、收集各备选方案的数据资料，分析比较和选定最优方案等步骤。

■ 小讨论

（1）期望报酬率、风险报酬率与投资报酬率三者有何异同？

期望报酬率是指各种可能的收益率与相应的概率相乘，然后加和所得到的加权平均的收益率，反映了投资项目预先估计的各种可能收益率的取值的平均化。

风险报酬率是指投资者由于冒风险进行投资而要求得到超过资金时间价值的额外报酬，以相对数表示即为风险报酬率。

投资报酬率是指整个项目的总体收益率，包括无风险报酬率和风险报酬率。

（2）风险收益均衡原理是什么？

风险收益均衡原理，其实质是投资者存在着风险反感。对风险的厌恶态度，决定了投资者只有得到了额外的风险报酬率，才愿意进行风险性投资，并且风险报酬的补偿必须与风险程度相均衡：投资风险越大，所要求的投资报酬率也越高；投资报酬率低的项目其投资风险也很小；在基本无风险的投资项目中，所得到的报酬率只是一种社会平均报酬率，等于加上通货膨胀贴水以后的货币时间价值。

（3）风险报酬系数 b 的确定方法。

① 可以参照以往同类投资项目的历史资料来确定。

② 由企业高级管理层确定，或企业组织有关专家确定。

第一种方法必须在历史资料比较充分的情况下才能采用，如果缺乏历史资料，则可由企业高级管理层，如总经理、财务总监或总会计师等，根据经验加以确定；也可由企业组织有关专家确定。实际上，风险报酬系数的确定，在很大程度上取决于各公司对风险的态度。比较敢于承担风险的公司，往往把 b 值定得低些；反之，比较稳健的公司，则常常把 b 值得高些。

③ 由国家有关部门组织专家确定。国家有关部门，如财政部、中央银行等，组织专家，

根据各行业的条件和有关因素，确定各行业的风险报酬系数，由国家定期公布，作为国家参数供投资者参考。

◉ **小资料**

　　伯纳德·巴鲁奇的投资理论

　　① 不要企图以最低价格买进，以最高价格卖出。这一点是不可能实现的——除非撒谎。

　　② 学会尽快承认错误，面对自己的损失。不要指望自己一直都对。如果你某一笔投资很不明智，尽快地减少损失。

　　③ 定期对你自己的投资进行清点评估，看看发展变化有没有改变它们的前景。

　　④ 研究自己的纳税情况，看看自己什么时候卖出证券可以得到最大的收益。

　　⑤ 一定要随时持有相当数量的现金储备，不要把所有的资本一下子都投进去。

　　⑥ 投资方面不要企图门门精通，坚持只做你最了解的行业。

我宁可选择资本较少但管理卓有成效的公司，也不愿意选择资本比较雄厚而管理不善的公司。

　　　　　　　　　　　　　　——卡内基 A，福特 H. 商业圣经 I. 北京：西苑出版社，2005.

◉ **小资料**

　　投资格言

　　① 投资是一门科学，投机是一种艺术。

　　② 证券投资有三要素：时间、报酬、风险。

　　③ 投资者在进行证券投资前估计个人的风险承受能力，并在此基础上作出是否进行投资，以及用多少资金进行投资的决断。

　　④ 投资者必须充分认识股票投资上存在的风险，只有这样才能临险不乱，遭险不悔。

　　⑤ 预测撒下种子，交易才有收获。

　　⑥ 投资者在进行投资之前，应确定是进行长期投资还是短期投资，因为它们所要承担的风险和所需的技巧各不相同。

　　⑦ 证券投资的风险无法消除，但能分散。为分散风险，应将投资资金分别投放于不同种类的证券上。

2.2　股票投资的决策

◇ **分析目的**

　　通过本案例的分析，学会运用股利贴现模型对公司的价值进行评估，从而确定股票投资方向，培养投资理念。

◇ **分析资料**

江永是某投资咨询公司的一名财务分析师，应邀评估东方商业集团建设新项目对公司股票价值的影响。江永根据公司及市场情况对公司未来的收益、β 系数等进行了分析与估计。

① 东方公司本年度净利润为 300 万元，每股支付现金股利 1 元。新建项目运营后，第 1 年和第 2 年的净利润将高速增长，年均 10%；第 3 年转为正常，增长 6%，第 4 年及以后将保持该水平。

② 该公司一直采用固定股利支付率的股利分配政策，并打算继续实行这一政策。

③ 公司的 β 系数为 0.8，如果将新项目考虑进去，β 系数将提高到 1.4。

④ 无风险收益率（国库券）为 3.5%，市场要求的收益率为 9%。

⑤ 公司股票目前的市价为 19.6 元。

江永准备利用股利贴现模型，并考虑风险因素对股票价值进行评估。东方公司的一位董事提出，如果采用股利贴现模型，则股利越高，股价会越高，所以公司应改变原有的股利政策提高股利支付率。

◇ **分析要求**

（1）参考固定股利增长贴现模型，分析这位董事的观点是否正确。

（2）如果股利增加，对可持续增长率有何影响？

（3）如果股利增加，对该公司股票的账面价值有何影响？

（4）评估新建项目对公司股票价值的影响。

（5）假如你是一个投资者，你是否愿意购买该公司的股票。

◇ **分析重点**

（1）确定固定股利增长贴现模型。

（2）分析新建项目运营后，固定股利增长贴现模型中各因素的变动情况。

（3）分析新建项目运营后，固定股利增长贴现模型中各因素的变动，将导致可持续增长率和股票的账面价值如何变动。

（4）利用资本资产定价模型，确定新建项目运营后固定股利增长贴现模型中适用的贴现率，以进一步确定新建项目对公司股票价值的影响。

◇ **分析提示与参考答案**

① 该董事的观点是错误的。在固定股利增长贴现模型中，$P_0 = \dfrac{D_1}{k - g}$。若提高股利支付率且预计净利润也在增加时，预期股利 D_1 会提高。此时，在其他条件不变的情况下，股票

的内在价值的确也会提高。但是其他条件不是不变的，如果公司提高了股利支付率，股利增长率 g 可能会下降，股票价值不一定会上升。

②由于提高了股利支付率，致使留存收益中留在企业用于再投资的资金减少了，故股利支付率的提高将影响可持续增长率的提高。

③股利支付率的上升会减少股票的账面价值，原因同上。

④按照资本资产定价模型可以确定新建项目运营后，固定股利增长贴现模型中适用的贴现率。

$$k = k_f + \beta \times (k_m - k_f) = 3.5\% + (9\% - 3.5\%) \times 1.4 \approx 11\%$$

下面利用该贴现率进行股票价值的计算。

首先，计算新建项目运营后非正常增长期的股利现值：

第 1 年，预期每股股利为 $1 \times (1 + 10\%) = 1.1$（元），

$$\text{股利现值} = \text{第 1 年预期每股股利} \times (P/F, 11\%, 1)$$
$$= 1.1 \times 0.900\ 9 = 0.99 \text{（元）}$$

第 2 年，预期每股股利为 $1.1 \times (1 + 10\%) = 1.21$（元），

$$\text{股利现值} = \text{第 2 年预期每股股利} \times (P/F, 11\%, 2)$$
$$= 1.21 \times 0.811\ 6 = 0.98 \text{（元）}$$

第 3 年，预期每股股利为 $1.21 \times (1 + 6\%) = 1.28$（元），

$$\text{股利现值} = \text{第 3 年预期每股股利} \times (P/F, 11\%, 3)$$
$$= 1.28 \times 0.731\ 2 = 0.94 \text{（元）}$$

其次，计算第 3 年年底的股票的价值

$$P_3 = \frac{D_4}{k - g} = \frac{D_3 \times (1 + g)}{k - g} = \frac{1.28 \times 1.06}{11\% - 6\%} = 27.14 \text{（元）}$$

计算其现值 $P = 27.14 \times (P/F, 11\%, 3) = 27.14 \times 0.731\ 2 = 19.84$（元）。

最后，计算股票目前的内在价值 $P = 0.99 + 0.98 + 0.94 + 19.84 = 22.75$（元）。

公司股票的内在价值 22.75 元将比其目前市价 19.6 元高出 3.15 元。这一分析表明：采用新项目，公司股票的内在价值将会上升，它的 β 系数和风险溢价也将上升。

⑤由于公司股票的内在价值将高于其市价，所以作为一个投资者可以考虑购买该股票。

■ **小讨论**

● 预期值不是精确值，会存在一定的误差，是否可以因此而否定预测和分析的必要性和有用性？

本案例讨论的预期股价和报酬率，可能会和后来的实际发展有很大差别。因为我们使用的数据都是预计的，不可能十分准确，而且影响股市价格的某些因素，如未来的利率变化、整个股市的兴衰等，在计算时都被忽略了。但是，并不能因此而否定预测和分析的必要性和

有用性。因为我们是根据股票价值的差别来决策的，预测误差影响绝对值，但往往并不影响其优先次序。被忽略的不可预见的因素通常影响所有股票，而不是个别股票，对选择决策正确性的影响往往较小。

● 小资料

投资格言

① 在股市里，利润高的地方，风险也大。

② 不能指望在股市的每个阶段都做对，只要对的时间比错的时间多就是成功者。

③ 股票低价时买入，高价时卖出，说起来容易，做起来难。

④ 在股市上，凡夫的直觉有时会胜过行家的理论。

⑤ 知道一种股票的价格将上升的信息固然重要，但更重要的是要知道在什么时候买进，在什么时候卖出。

⑥ 股市永远蕴藏着机会，只要善于寻找，善于掌握，定能获胜。

⑦ 对股市懂得越多的人，越不轻易对市场行情发表意见。

⑧ 不同种类的股票，没有好坏之分；同一种类的股票，才有优劣之别。

⑨ 投资好股票，小钱变大钱；投资坏股票，大钱变小钱。

⑩ 买卖股票之前，应该认真细致地分析发行公司的经营状况，只有这样才能做到正确地购买股票。

⑪ 选择股票，一要看发行公司信誉，二要看发行公司效益。

⑫ 即使大势料得准，若是选错了股票，也不见得一定赚钱。

⑬ 如果要购买具有高保险系数的股票，就必须放弃让它极大增值的希望；如果要购买能大幅度增值的股票，就必须准备冒很大的风险。

⑭ 投资者对证券的看法各不相同。某种证券，对这个人很适合，对另一个人不一定适合，因此，投资者要自己来设法解决投资对象的选择问题。

⑮ 要成为成功的投资者是很不容易的，这意味着要经常深思熟虑投资中的问题，经常自觉地对各种证券进行全面的分析。

2.3 新建项目投资决策

◆ 分析目的

通过本案例的分析，理解和掌握使用净现值法进行新建项目投资决策的基本步骤，并能够根据条件的变化适时调整投资决策。

◇ **分 析 资 料**

得力电器制造厂是生产家用小电器的中型企业，该厂生产的小电器款式新颖，质量优良，价格合理，长期以来供不应求。为扩大生产能力，厂家准备新建一条生产线。负责这项投资决策工作的财务总监王刚及财务部人员经过调查研究后，得到如下资料。

① 该生产线的原始投资为 650 万元，其中固定资产投资 600 万元，分两年投入。第 1 年年初投入 500 万元，第 2 年年初投入 100 万元，第 2 年年末项目完工可正式投产使用。投产后每年可生产小电器 20 000 件，每件平均销售价格为 400 元，每年可获销售收入 800 万元。投资项目可使用 5 年，5 年后可获残值 50 万元。在投资项目经营期间要垫支流动资金 50 万元（于第 2 年年末投入），这笔资金在项目结束时可全部收回。

② 该项目生产的产品总成本的构成如下。

材料费用：200 万元。

人工费用：300 万元。

制造费用：100 万元（其中，折旧费用 60 万元）。

财务部通过对各种资金来源进行分析，得出该厂加权平均的资本成本为 10%，企业所得税率为 25%。同时还计算出该项目的营业现金流量、现金流量和净现值，并根据其计算的净现值，对该项目是否可行进行了决策。有关数据如表 2 - 3 和表 2 - 4 所示。

表 2 - 3　得力电器制造厂投资项目营业现金流量计算表　　单位：万元

项　　目	第 1 年	第 2 年	第 3 年	第 4 年	第 5 年
销售收入	800	800	800	800	800
付现成本	540	540	540	540	540
其中：材料费用	200	200	200	200	200
人工费用	300	300	300	300	300
制造费用	40	40	40	40	40
折旧费用	60	60	60	60	60
税前利润	200	200	200	200	200
所得税费用（25%）	50	50	50	50	50
税后利润	150	150	150	150	150
营业现金流量	210	210	210	210	210

表 2 - 4　得力电器制造厂投资项目现金流量计算表　　单位：万元

项　　目	投资建设期			生　产　期				
	第 0 年	第 1 年	第 2 年	第 1 年	第 2 年	第 3 年	第 4 年	第 5 年
初始投资	- 500	- 100						

续表

项　目	投资建设期			生　产　期				
	第 0 年	第 1 年	第 2 年	第 1 年	第 2 年	第 3 年	第 4 年	第 5 年
流动资金垫支			−50					
营业现金流量				210	210	210	210	210
设备残值								50
流动资金回收								50
现金流量合计	−500	−100	−50	210	210	210	210	310

计算得力电器制造厂投资项目的净现值。

该项目的净现值：

$$(-500)+(-100)\times(P/F,10\%,1)+(-50)\times(P/F,10\%,2)+$$
$$210\times(P/A,10\%,4)\times(P/F,10\%,2)+310\times(P/F,10\%,7)$$
$$=76.70(万元)$$

分析结果：净现值为 76.70 万元，为正值。

王刚认为该项目可行，并将可行性研究报告提交厂部中层干部大会讨论。在讨论会上，厂部中层干部提出以下意见：

① 副总经理认为，在项目投资和使用期间，通货膨胀率大约在 10% 左右，将对投资项目的有关方面产生影响；

② 基建部门负责人认为，由于受物价变动的影响，初始投资将增长 20%，设备残值将增加到 60 万元；

③ 生产部门负责人认为，由于物价变动的影响，材料费用每年将增加 14%，人工费用也将增加 10%；

④ 财务部门负责人认为，扣除折旧后的制造费用，每年将增加 4%；

⑤ 销售部门负责人认为，产品销售价格预计每年可增加 9%。

◇▏**分析要求**

请你根据该厂中层干部的意见，对投资方案的可行性重新予以评价。

◇▏**分析重点**

① 分析并确定影响得力电器制造厂投资项目决策的各个因素。

② 根据影响得力电器制造厂投资项目决策的各个因素，重新计算投资项目的现金流量、净现值等。

③ 根据计算结果，确定得力电器制造厂投资项目的决策。

◇　**分析提示与参考答案**

得力电器制造厂的财务总监应根据厂部中层干部的意见，找出影响投资项目的各个因素后，再进行投资项目的现金流量及净现值的重新测算，以便为厂领导提供更为有力的决策依据。具体分析测算内容如下。

1. 确定影响得力电器制造厂投资项目决策的各个因素

在项目投资和使用期间，由于通货膨胀的影响，物价上涨已是大势所趋。为此，项目投资额、电器产品成本都有所增加，分年度来看主要有以下几方面。

1）第 1 年各项指标

① 项目投资额将增加到：$500 \times (1 + 20\%) = 600$（万元）。

② 产品成本各部分费用都有所增加。

材料费用：$200 \times (1 + 14\%) = 228$（万元）

人工费用：$300 \times (1 + 10\%) = 330$（万元）

制造费用：$40 \times (1 + 4\%) = 41.6$（万元）

③ 产品销售收入将增加到：$800 \times (1 + 9\%) = 872$（万元）。

④ 每年折旧费用为 60 万元，保持不变。

2）第 2 年各项指标

① 项目投资额将增加到：$100 \times (1 + 20\%) + 50 \times (1 + 20\%)$
$$= 120 + 60 = 180（万元）。$$

② 产品成本各部分费用都有所增加。

材料费用：$228 \times (1 + 14\%) = 259.92$（万元）

人工费用：$330 \times (1 + 10\%) = 363$（万元）

制造费用：$41.6 \times (1 + 4\%) = 43.26$（万元）

③ 产品销售收入将增加到：$872 \times (1 + 9\%) = 950.48$（万元）。

④ 每年折旧费用为 60 万元，保持不变。

3）第 3 年各项指标

① 产品成本各部分费用都有所增加。

材料费用：$259.92 \times (1 + 14\%) = 296.31$（万元）

人工费用：$363 \times (1 + 10\%) = 399.3$（万元）

制造费用：$43.26 \times (1 + 4\%) = 44.99$（万元）

② 产品销售收入将增加到：$950.48 \times (1 + 9\%) = 1\,036.02$（万元）。

③ 每年折旧费用为 60 万元，保持不变。

4）第 4 年各项指标

① 产品成本各部分费用都有所增加。

材料费用：$296.31 \times (1 + 14\%) = 337.79$（万元）

人工费用：$399.3 \times (1 + 10\%) = 439.23$（万元）

制造费用：$44.99 \times (1 + 4\%) = 46.79$（万元）

② 产品销售收入将增加到：$1\,036.02 \times (1 + 9\%) = 1\,129.26$（万元）。

③ 每年折旧费用为 60 万元，保持不变。

5）第 5 年各项指标

① 产品成本各部分费用都有所增加。

材料费用：$337.79 \times (1 + 14\%) = 385.08$（万元）

人工费用：$439.23 \times (1 + 10\%) = 483.15$（万元）

制造费用：$46.79 \times (1 + 4\%) = 48.66$（万元）

② 设备残值将增加到：60 万元。

③ 产品销售收入将增加到：$1\,129.26 \times (1 + 9\%) = 1\,230.9$（万元）。

④ 每年折旧费用为 60 万元，保持不变。

⑤ 垫支的流动资金回收额为 60 万元，保持不变。

根据确定的各个影响因素，重新计算投资项目的营业现金流量、现金流量和净现值等如表 2 - 5 和表 2 - 6 所示。

表 2 - 5　得力电器制造厂投资项目的营业现金流量计算表　　　单位：万元

项　目	第 1 年	第 2 年	第 3 年	第 4 年	第 5 年
销售收入	872.00	950.48	1 036.02	1 129.27	1 230.90
付现成本	599.60	666.18	740.60	823.82	916.90
其中：材料费用	228.00	259.92	296.31	337.79	385.08
人工费用	330.00	363.00	399.30	439.23	483.15
制造费用	41.60	43.26	44.99	46.79	48.67
折旧费用	60.00	60.00	60.00	60.00	60.00
税前利润	212.40	224.30	235.42	245.45	254.00
所得税费用（25%）	53.10	56.08	58.86	61.36	63.50
税后利润	159.30	168.22	176.56	184.09	195.50
现金流量	219.30	228.22	236.56	244.09	255.50

表 2 - 6　得力电器制造厂投资项目的现金流量计算表　　　单位：万元

项　目	投资建设期			生　产　期				
	第 0 年	第 1 年	第 2 年	第 1 年	第 2 年	第 3 年	第 4 年	第 5 年
初始投资	-600	-120						
流动资金垫支			-60					
营业现金流量				219.30	228.22	236.56	244.09	255.50

续表

项 目	投资建设期			生 产 期				
	第0年	第1年	第2年	第1年	第2年	第3年	第4年	第5年
设备残值								60.00
流动资金收回								60.00
现金流量合计	-600	-120	-60	219.30	228.22	236.56	244.09	375.50

重新计算得力电器制造厂投资项目的净现值。

该项目的净现值：

$$(-600)+(-120)\times(P/F,10\%,1)+(-60)\times(P/F,10\%,2)+$$
$$219.30\times(P/F,10\%,3)+228.22\times(P/F,10\%,4)+236.56\times$$
$$(P/F,10\%,5)+244.09\times(P/F,10\%,6)+375.50\times(P/F,10\%,7)$$
$$=35.27（万元）$$

分析结果：净现值为35.27万元，为正值。

2. 得力电器制造厂投资项目决策

财务总监王刚经过细心测算后，发现该项目投资的净现值虽为正数，但比原先计算出的净现值76.7万元减少了近一半。如不考虑风险因素，该项目尚可行；但如加入风险因素，该项目不如先前判断的乐观，还需谨慎决策，并可将有关计算分析资料上交厂部领导及有关部门，再与其他类似项目进行比较权衡。

■ **小讨论**

得力电器制造厂投资项目决策中为什么要分析计算现金流量？

在投资决策中使用现金流量，其目的主要有两个。

（1）采用现金流量有利于科学地考虑时间价值因素。

科学的投资决策必须认真考虑资金的时间价值，这就要求在决策时一定要弄清每一笔预期收入款项和支出款项的具体时间，因为不同时间的资金具有不同的价值。因此，在衡量方案优劣时，应根据各投资项目寿命周期内各年的现金流量，按照资本成本，结合资金的时间价值来确定。而利润的计算，并不考虑资金收付的时间，它是以权责发生制为基础的。

现金流量与利润的差异主要表现在：① 购置固定资产付出大量现金时不计入成本；② 将固定资产的价值以折旧或损耗的形式逐期计入成本，却又不需要付出现金；③ 计算利润时不考虑垫支的流动资金的数量和回收的时间；④ 只要销售行为已经确定，按照权责发生制原则就需计算为当期的销售收入，尽管其中有一部分并未于当期收到现金；⑤ 项目寿命终了时，以现金的形式回收的固定资产残值和垫支的流动资金在计算利润时也得不到反映。

（2）采用现金流量更符合客观实际情况。

在长期的投资决策中，应用现金流量能更科学、更客观地评价投资方案的优劣，而利润则明显地存在不科学、不客观的成分。其原因主要有两点。① 利润的计算没有一个统一的标准，在一定程度上要受存货估价、费用摊销和折旧计提的不同方法的影响。因而，净利润的计算比现金流量的计算有更大的主观性，不适合作为决策的主要依据。② 利润反映的是某一会计期间"应计"的收益，而不是实际的现金流量。若以未实际收到现金的收入作为收益，具有较大风险，容易高估投资项目的经济效益，存在不科学、不合理的成分。

2.4   是否购置新机器的投资决策

◇ **分析目的**

通过本案例的分析，理解和掌握进行设备更新投资决策的基本方法，并能够根据条件的变化采用不同的决策方法。

◇ **分析资料**

南方公司有一台包装机，购于 3 年前，目前正在考虑是否需要更新该包装机。

① 该公司目前正在使用的包装机每台原价 60 000 元，税法规定残值率为 10%，预计最终报废残值收入为 7 000 元，预计使用年限为 6 年，已使用 3 年，因日常精心使用并定期保养和维护，工厂的工程师估计该包装机尚可使用 4 年。目前使用的包装机采用直线法计提折旧。

② 新包装机每台购置价格为 50 000 元，税法规定残值率为 10%，预计最终报废残值收入为 10 000 元，预计使用年限为 4 年，预计新包装机每年操作成本为 5 000 元。新包装机拟采用年数总和法计提折旧。

③ 目前正在使用的包装机每年操作成本为 8 600 元，预计两年后将发生大修，成本为 28 000 元。该公司估计，每台旧包装机能以 10 000 元的价格卖出。

④ 为计算方便，假设该公司的所得税税率是 25%，该公司测算的综合资本成本为 10%，新旧包装机生产能力相同。

◇ **分析要求**

(1) 请说明在进行决策时，是否应考虑旧机器的原始购置价格？

(2) 根据你的分析，你认为该公司是否应该重置包装机？为什么？

◇ **分析重点**

(1) 确定分析和决策使用的方法。

（2）确定相关现金流量。

（3）确定各现金流量发生的时间。

（4）注意折旧具有抵税的作用。

◇▮ **分析提示与参考答案**

（1）旧包装机的原始购置成本不参与计算，因为它是沉没成本。它发生在过去，无论企业是否进行某个项目，前期设备支出的发生已无法改变，因而对旧包装机的重置决策没有影响。

（2）当新旧包装机的生产能力相同，并且预计未来使用年限相同时，我们可以通过比较其现金流出的总现值，来判断方案优劣。

（3）相关现金流量的分析。

继续使用旧包装机的相关现金流量的分析如下。

① 旧包装机的变现价值现金流量为 −10 000 元。若决定继续使用旧包装机，则旧包装机的变现价值就无法获得，该项目的机会成本视同为现金流出。

② 旧包装机变现损失减税亦为继续使用旧包装机的机会成本，视同现金流出。其现金流量：

$$\left[10\,000-\left(60\,000-\frac{60\,000\times(1-10\%)}{6}\times3\right)\right]\times25\%=-5\,750\text{（元）}$$

③ 每年付现操作成本现金流量：$-8\,600\times(1-25\%)=-6\,450$（元）。

④ 每年折旧抵税现金流量：$9\,000\times25\%=2\,250$（元）。

⑤ 两年后大修成本现金流量：$-28\,000\times(1-25\%)=-21\,000$（元）。

⑥ 残值变现收入现金流量为 7 000 元。

⑦ 残值变现净收入纳税现金流量：$-(7\,000-60\,000\times10\%)\times25\%=-250$（元）。为残值变现净收入超过税法规定部分发生的所得税的现金流出。

更新使用新包装机的相关现金流量的分析如下。

① 新包装机投资现金流量为 −50 000 元。

② 每年付现操作成本现金流量：$-5\,000\times(1-25\%)=-3\,750$（元）。

③ 每年折旧抵税现金流量

第 1 年：$50\,000\times(1-10\%)\times\dfrac{4}{10}\times25\%=4\,500$（元）

第 2 年：$50\,000\times(1-10\%)\times\dfrac{3}{10}\times25\%=3\,375$（元）

第 3 年：$50\,000\times(1-10\%)\times\dfrac{2}{10}\times25\%=2\,250$（元）

第 4 年：$50\,000\times(1-10\%)\times\dfrac{1}{10}\times25\%=1\,125$（元）

④ 残值收入现金流量为 10 000 元。

⑤ 残值变现净收入纳税现金流量：$-(10\ 000 - 50\ 000 \times 10\%) \times 25\% = -1\ 250$（元）。为残值变现净收入超过税法规定部分发生的所得税的现金流出。

（4）分别确定继续使用旧包装机和更换新包装机的现金流出的总现值。

① 继续使用旧包装机的现金流出的总现值：

$(-10\ 000) + (-5\ 750) + (-6\ 450) \times (P/A,10\%,4) + 2\ 250 \times (P/A,10\%,3) +$

$(-21\ 000) \times (P/F,10\%,2) + 7\ 000 \times (P/F,10\%,4) + (-250) \times (P/F,10\%,4)$

$= -43\ 336.5$（元）

② 更新使用新包装机的现金流出的总现值：

$(-50\ 000) + (-3\ 750) \times (P/A,10\%,4) + 4\ 500 \times (P/F,10\%,1) + 3\ 375 \times$

$(P/F,10\%,2) + 2\ 250 \times (P/F,10\%,3) + 1\ 125 \times (P/F,10\%,4) + 10\ 000 \times$

$(P/F,10\%,4) + (-1\ 250) \times (P/F,10\%,4) = -46\ 574.88$（元）

（5）由以上计算结果可知，更新使用新包装机的现金流出的总现值比继续使用旧包装机的现金流出的总现值要多出 3 238.38 元，因此继续使用旧包装机较好。

■ 小讨论

（1）设备更新决策的相关成本和无关成本有哪些？

相关成本是指与决策相关的未来成本，如机会成本、付现成本、重置成本等。

① 机会成本：因选择了某方案而放弃的次优方案可能带来的潜在收益即为该方案的机会成本。

② 付现成本：指所确定的某项决策方案中，需要以现金支付的成本。

③ 重置成本：指按照现在的市场价格购买目前所持有的某项资产所需支付的成本。

无关成本是指过去已发生、与某一特定决策方案没有直接联系的成本。如沉没成本。沉没成本是指过去发生、无法收回的成本。这种成本与当前决策是无关的。如旧包装机的原始购置成本。

（2）如果新旧包装机未来尚可使用的年限不同，是否应采用相同的分析方法来进行决策？

如果新旧包装机未来尚可使用的年限不同，不能采用相同的分析方法来进行决策。需要将总现值转换成年平均成本，然后进行比较。

这是因为，更新决策不同于一般的投资决策，它是继续使用旧设备与购置新设备的选择。一般来说，设备更换并不改变企业的生产能力，不增加企业的现金流入。更新决策的现金流量主要是现金流出。即使有少量的残值的变价收入，也属于支出抵减，而非实质上的流入增加。由于只有现金流出，而没有现金流入，无论哪个方案都不能计算其净现值和内含报酬率。那么，是否可以通过比较两个方案的总成本来判别方案的优劣呢？也不合适。因为新旧设备尚可使用的年限不同，即两个方案取得的产出并不相同。因此，在决策时应当比较其

1 年的成本，即获得 1 年的生产能力所付出的代价，据以判断方案的优劣，年平均成本较低的方案为优。

设备年平均成本是指该设备引起的现金流出的年平均值。它的计算方法有两种：如果考虑货币的时间价值，它是未来使用年限内现金流出总现值与年金现值的比值，即平均每年现金流出；如果不考虑货币的时间价值，它是未来使用年限内现金流出总现值与使用年限的比值。

● **小资料**

索罗斯的财富金言

① 最重要的是人品。金融投机需要冒很大的风险，而不道德的人不愿承担风险。这样的人不适宜从事高风险的投机事业。任何从事冒险业务却不能面对后果的人，都不是好手。在团队里，投资作风可以完全不同，但人品一定要可靠。

② 判断对错并不重要，重要的在于正确时获取了多大利润，错误时亏损了多少。

③ 当有机会获利时，千万不要畏缩不前。当你对一笔交易有把握时，给对方致命一击，即做对还不够，要尽可能多地获取。

④ 如果操作过量，即使对市场判断正确，仍会一败涂地。

⑤ 承认错误是件值得骄傲的事情。我能承认错误，也就会原谅别人犯错。这是我与他人和谐共事的基础。犯错误并没有什么好羞耻的，只有知错不改才是耻辱。

⑥ 当你有机会扩张时，千万不要畏缩不前。如果一开始你就获得丰厚利润，你应该继续扩大。

⑦ 人对事物的认识并不完整，并由此影响事物本身的完整，得出与流行观点相反的看法。流行的偏见和主导的潮流互相强化，直至两者之间的距离大到非引起一场大灾难不可，这才是你要特别留意的，也正是这时才极可能发生暴涨暴跌现象。

⑧ 永远不要孤注一掷。

——深圳商报，2005 - 10 - 09.

2.5　公司并购决策

◇ **分析目的**

公司并购是企业实现快速扩张的有效途径。通过本案例的分析与讨论，理解和掌握并购的决策方法。

◇ **分析资料**

XD 公司的前身为 XD 纺织服装集团公司。1992 年 4 月经批准改制为股份有限公司，该公司的经营范围包括进出口贸易、产业用纺织品、汽车配套装饰材料、飞轮线业、棉纺织品印染。公司在纺织行业的发展理念是：广泛地吸纳世界纺织技术领域的最新研究成果，不断地引进国内外优秀企业的先进管理理念和经验，在集中优势、自主发展的基础上，多元化、多方位地发展核心技术专长的产业体系。为了更多地占有市场份额，经董事会研究决定，采用并购方式扩大规模。

在收购 XY 公司以前，XD 公司已通过并购方式获得同行业多家公司的控制权。XD 公司希望能够在此基础上进一步拓展其业务，首先是产品和市场的拓展，XD 公司希望找到一家在产品及市场上与其原业务互补的企业，通过收购将其纳入旗下，以实现其纺织板块业务的发展壮大。

XY 公司是一家生产地毯的公司，主要从事民用地毯及轿车成型地毯的开发、生产和销售。但在快速的发展中，需要大量的资金投入，而 XY 公司的实力难以满足进一步发展的资金需要。因此，XY 公司的股东认为单纯依靠自己的力量已难以继续有效地经营这家公司，所以也在寻找合适的机会出让这家公司的股权。

XD 公司经过详细的考虑和测算，实施了对 XY 公司的资产重组，收购了 XY 公司 51%的股权，其收购是在 XY 公司进行资产重组后，采用存量转让方式进行的。其收购 XY 公司的投资所需资金可选择借贷和增资发行股票两种方式取得，需要作出决策。

通过本次收购，将进一步扩大 XD 公司在轿车地毯领域的市场份额，同时，集团化的集约、高效管理，将最大限度地降低公司产品的生产成本，强化公司在市场上的竞争优势，为 XD 公司的持续、高速发展奠定基础。

◇ 分析要求

（1）确定资产重组后的并购投资决策。

（2）确定并购投资所需资金的融资方式。

◇ 分析重点

（1）对拟并购的公司进行选择。如有多家目标公司可并购，应选择与本公司生产有关并且发展前景较好的企业进行并购。

（2）根据相关资料，对目标公司的基本财务状况进行分析。

（3）对目标公司的未来价值进行评估。

（4）确定目标公司资产重组后的并购投资决策。

（5）确定并购投资所需资金的融资方式，可以"每股收益"指标来判断。

◇ 分析提示与参考答案

1. 分析和确定目标公司

公司并购首先要分析和确定并购对象，即欲并购的目标公司。XD 公司根据其并购标准、并购目的和通过市场调查所掌握的大量资料，经过详细的考察、测算和筛选，初步选定 XY 公司，认为其以往的业绩非常优良，已经奠定了很好的基础，符合优质资产的标准，具有较好的潜力，同 XD 公司的并购目标非常接近，有可能成为其并购的对象。因此，XD 公司收集了 XY 公司的有关资料，从财务角度看包括资产负债表（如表 2 - 7 所示）、利润表（如表 2 - 8 所示）及未来 10 年的经营预测表（如表 2 - 9、表 2 - 10 和表 2 - 11 所示）等。

表 2 - 7　XY 公司资产负债表　　　　　　单位：千元

资　　产	第 1 年	第 2 年	第 3 年	负债及权益类		第 1 年	第 2 年	第 3 年
流动资产：				流动负债：				
货币资金	678	599	630	短期借款		1 883	2 837	3 305
应收账款	6 564	6 953	7 705	应付账款		587	618	926
其他应收款	1 450	2 064	1 876	其他应付款		583	1 180	518
存货	2 328	2 051	1 673	应付职工薪酬	工资	68	70	
					福利费	66	82	103
流动资产合计	11 020	11 667	11 884	应付利息		1 423	1 696	1 448
长期资产：				预计负债				
长期股权投资				其他流动负债				
长期债权投资	92	92	97	流动负债合计		4 610	6 483	6 300
长期投资合计	92	92	97	长期负债：				
固定资产：				长期借款		1 040	2 670	2 680
固定资产原值	3 697	7 190	7 169	应付债券				
减：累计折旧	710	1 054	1 622	长期负债合计		1 040	2 670	2 680
固定资产净值	2 987	6 136	5 547	负债合计		5 650	9 153	8 980
在建工程	268			所有者权益：				
固定资产合计	3 255	6 136	5 547	实收资本		6 840	6 840	6 840
无形资产及其他资产：				资本公积		558	56	137
无形资产				盈余公积		59	128	217
其他长期资产				未分配利润		1 260	1 718	1 354
				所有者权益合计		8 717	8 742	8 548
资产总计	14 367	17 895	17 528	负债及所有者权益合计		14 367	17 895	17 528

表2-8 XY公司利润表 单位：千元

项目	第1年	第2年	第3年
一、主营业务收入	16 520	19 015	20 342
减：主营业务成本	11 332	11 843	12 190
主营业务税金及附加	1 038	1 175	1 242
二、主营业务利润	4 150	5 997	6 910
加：其他业务利润	102	38	19
减：销售费用	998	2 212	2 792
管理费用	809	905	988
财务费用	234	385	478
三、营业利润	2 211	2 533	2 671
加：投资收益			
补贴收入			
营业外收入	79	318	107
减：营业外支出	38	95	55
四、利润总额	2 252	2 756	2 723
减：所得税费用	1 015	1 128	1 224
五、净利润	1 237	1 628	1 499

表2-9 XY公司在保守型方案下的经营预测表 单位：千元

时间 / 项目	1	2	3	4	5	6	7	8	9	10
销售额增长率/%	12	12	12	12	12	12	12	12	12	12
销售利润率/%	18	18	15	15	15	12	12	1	14	14
所得税率/%			16.5	16.5	16.5	33	33	33	33	33
折旧	528	554	582	611	672	739	813	894	981	1 082
追加固定资本投资	215	241	270	302	338	379	424	475	532	596
追加流动资本投资	215	237	260	286	315	346	381	419	461	507

表2-10 XY公司在乐观型方案下的经营预测表 单位：千元

时间 / 项目	1	2	3	4	5	6	7	8	9	10
销售额增长率/%	18	18	17	17	16	16	16	13	13	13

续表

时间 项目	1	2	3	4	5	6	7	8	9	10
销售利润率/%	22	22	2	2	17	17	17	14	14	14
所得税率/%			16.5	16.5	16.5	33	33	33	33	33
折旧	528	554	582	611	672	739	813	894	981	1 082
追加固定资本投资	215	237	260	299	359	430	517	646	808	1 050
追加流动资本投资	215	241	270	305	344	393	448	510	587	681

表 2-11　XY 公司在可能型方案下的经营预测表　　单位：千元

时间 项目	1	2	3	4	5	6	7	8	9	10
销售额增长率/%	15	15	14	14	13	13	13	1	1	1
销售利润率/%	2	2	18	18	18	15	15	12	12	12
所得税率/%			17	17	17	33	33	33	33	33
折旧	528	581	639	703	844	1 012	1 214	1 335	1 466	1 539
追加固定资本投资	0	310	341	375	394	433	455	478	502	552
追加流动资本投资	0	315	347	382	428	479	536	617	709	816

XD 公司根据掌握的财务报表数据，进行了 XY 公司的比较财务报表分析和比率分析，编制了比较资产负债表和比较利润表。

（1）对 XY 公司基本财务状况的分析，如表 2-12 所示。

表 2-12　XY 公司比较资产负债表　　单位：千元

资　产	第 1 年	第 2 年	比上年增（减）数	比上年增（减）百分数/%	第 3 年	比上年增（减）数	比上年增（减）百分数/%
流动资产：							
货币资金	678	599	-79	-11.65	630	31	5.18
应收账款	6 564	6 953	389	5.93	7 705	752	10.82
其他应收款	1 450	2 064	614	42.34	1 876	-188	-9.11
存货	2 328	2 051	-277	-11.90	1 673	-378	-18.43
流动资产合计	11 020	11 667	647	5.87	11 884	217	1.86
长期资产：							
长期股权投资							

续表

资　　产	第 1 年	第 2 年	比上年增（减）数	比上年增（减）百分数/%	第 3 年	比上年增（减）数	比上年增（减）百分数/%
长期债权投资	92	92			97	5	5.43
长期投资合计	92	92			97	5	5.43
固定资产：							
固定资产原值	3 697	7 190	3 493	94.48	7 169	−21	−0.29
减：累计折旧	710	1 054	344	48.45	1 622	568	53.89
固定资产净值	2 987	6 136	3 149	105.42	5 547	−589	−9.60
在建工程	268		−268	−100.00			
固定资产合计	3 255	6 136	2 881	88.51	5 547	−589	−9.60
无形资产及其他资产：							
无形资产							
其他长期资产							
资产总计	14 367	17 895	3 528	24.56	17 528	−367	−2.05
负债及权益类							
流动负债：							
短期借款	1 883	2 837	954	50.66	3 305	468	16.50
应付账款	587	618	31	5.28	926	308	49.84
其他应付款	583	1 180	597	102.40	518	−662	−56.10
应付职工薪酬　工资	68	70	2	2.94		−70	−100.00
应付职工薪酬　福利费	66	82	16	24.24	103	21	25.61
应付利息	1 423	1 696	273	19.18	1 448	−248	−14.62
预计负债							
其他流动负债							
流动负债合计	4 610	6 483	1 873	40.63	6 300	−183	−2.82
长期负债：							
长期借款	1 040	2 670	1 630	156.73	2 680	10	0.37
应付债券							
长期负债合计	1 040	2 670	1 630	156.73	2 680	10	0.37
负债合计	5 650	9 153	3 503	62.00	8 980	−173	−1.89

续表

资　　产	第 1 年	第 2 年	比上年增（减）数	比上年增（减）百分数/%	第 3 年	比上年增（减）数	比上年增（减）百分数/%
所有者权益：							
实收资本	6 840	6 840		0.00	6 840		
资本公积	558	56	−502	−89.96	137	81	144.64
盈余公积	59	128	69	116.95	217	89	69.53
未分配利润	1 260	1 718	458	36.35	1 354	−364	−21.19
所有者权益合计	8 717	8 742	25	0.29	8 548	−194	−2.22
负债及所有者权益合计	14 367	17 895	3 528	24.56	17 528	−367	−2.05

通过分析 XY 公司比较资产负债表可以得出以下结论。

① 该公司 3 年中流动资产整体波动不大，基本上处于稳中有升的状况。在流动资产中，货币资金金额上没有大的变化，应收账款连续两年上涨，增幅分别为 5.93% 和 10.82%。可以看出，应收账款的增长是整个流动资产稳中有升的主要原因。

② 第 2 年，该公司固定资产有较大幅度的增长，增长额达到 3 493 千元，相比第 1 年增幅达 94.48%，第 3 年与第 2 年相比基本持平，经了解固定资产增长的主要原因是更换了一批旧设备。由此判断，该公司设备成新率较高，对进一步的生产较为有利。由于是新购的设备，所以评估增值的因素较小。

③ 该公司负债中，第 2 年流动负债有较大幅度的上升，增幅达 40.63%，第 3 年与第 2 年相比基本持平。第 3 年的流动负债中，应付账款增幅达到 49.84%，应引起注意。

④ 该公司的所有者权益比较稳定，基本上处于较小的变动范围内。

（2）对 XY 公司基本经营成果的分析，如表 2 - 13 所示。

表 2 - 13　XY 公司比较利润表　　　　单位：千元

项　　目	第 1 年	第 2 年	比上年增（减）数	比上年增（减）百分数/%	第 3 年	比上年增（减）数	比上年增（减）百分数/%
一、主营业务收入	16 520	19 015	2 495	15.10	20 342	1 327	6.98
减：主营业务成本	11 332	11 843	511	4.51	12 190	347	2.93
主营业务税金及附加	1 038	1 175	137	13.20	1 242	67	5.70
二、主营业务利润	4 150	5 997	1 847	44.51	6 910	913	15.22
加：其他业务利润	102	38	−64	−62.75	19	−19	−50.00
减：销售费用	998	2 212	1 214	121.64	2 792	580	26.22

续表

项　目	第1年	第2年	比上年增（减）数	比上年增（减）百分数/%	第3年	比上年增（减）数	比上年增（减）百分数/%
管理费用	809	905	96	11.87	988	83	9.17
财务费用	234	385	151	64.53	478	93	24.16
三、营业利润	2 211	2 533	322	14.56	2 671	138	5.45
加：投资收益							
补贴收入							
营业外收入	79	318	239	302.53	107	−211	−66.35
减：营业外支出	38	95	57	150.00	55	−40	−42.11
四、利润总额	2 252	2 756	504	22.38	2 723	−33	−1.20
减：所得税费用	1 015	1 128	113	11.13	1 224	96	8.51
五、净利润	1 237	1 628	391	31.61	1 499	−129	−7.92

通过分析 XY 公司比较利润表可以得出以下结论。

① 该公司的收益情况在第 2 年发生了较大变化，其中，主营业务收入增长达 15.10%，同时主营业务成本也略有上升，营业外收支均有较大的增幅，但绝对额不大，对利润整体水平影响不大。利润总额与净利润均有所增长，增长幅度均超过 20%。第 3 年与第 2 年相比，略有下降，主要是由其他业务利润、营业外收入的下降以及成本费用的上升造成的。

② 在第 2 年和第 3 年间，营业费用均有较大幅度的增长。经了解，其主要原因是增加了广告费用的开支。近 3 年来为了提高知名度，该公司加强了广告宣传的力度，也因此使产品的销售收入有了较大幅度的提高。

③ 同时，XD 公司还根据 XY 公司的财务报表，分别从公司的短期偿债能力、营运能力、盈利能力及公司资本结构等方面，对其进行了财务分析，如表 2 - 14、表 2 - 15 和表 2 - 16 所示。

表 2 - 14　XY 公司偿债能力、营运能力的纵向比较

项　目	第1年	第2年	第3年
流动比率/次	2.39	1.80	1.89
速动比率/次	1.89	1.48	1.62
总资产周转率/次	1.15	1.06	1.16
存货周转率/次	4.87	5.77	7.29
应收账款周转率/次	2.52	2.73	2.64

从对 XY 公司偿债能力、营运能力的纵向比较可以得出以下结论。

- 从流动比率和速动比率可以看出，该公司的短期偿债能力较好，尤其是将流动比率和速动比率结合起来可以判断，该公司流动资产中速动资产所占的比重较大；
- 从营运能力比率可以看出，该公司的资产周转率稍低。尤其对于应收账款而言，因为其绝对额较大，而收款速度又较慢，所以应收账款存在坏账的风险较大，也就是说应收账款过多会对流动资产的质量产生一定的影响，应考虑将其中账龄较长的应收账款进行剥离。

表 2 - 15　XY 公司盈利能力的纵向比较

项　　目	第 1 年	第 2 年	第 3 年
销售毛利率/%	31.40	37.72	40.07
销售净利率/%	7.49	8.56	7.37
主营业务利润率/%	13.63	14.49	13.39
净资产收益率/%	14.19	18.62	17.54
总资产收益率/%	15.67	15.40	15.54

从对 XY 公司盈利能力的纵向比较可以得出以下结论。

- 该公司的盈利能力较强，销售毛利率、销售净利率及主营业务利润率均较高；
- 从资产收益的指标可以看出，该公司的投入资产利用水平及效益较高，资产的盈利能力较强。

表 2 - 16　XY 公司资本结构的纵向比较

项　　目	第 1 年	第 2 年	第 3 年
资产负债率/%	31.40	37.72	40.07
股东权益比率/%	7.49	8.56	7.37
产权比率/%	0.65	1.05	1.05

从对 XY 公司资本结构的纵向比较可以看出，该公司的资本结构较为合理。

通过对 XY 公司财务报表的分析，可见该公司的各方面的财务指标均处于较高的水平，单纯从财务指标角度看，XY 公司是一个良好的并购对象。

2. 目标公司未来价值的评估

XD 公司在进行并购决策时，以现金收购方式对 XY 公司实施并购。对目标公司 XY 公司的未来价值估算应采取以下几个基本步骤。

（1）对 XY 公司的未来现金流量进行规划。

根据经验和发展需要，依据给定的未来 10 年经营预测表，对未来 10 年的现金流量进行规划。考虑到公司经营中可能会产生的波动，在实际测算中，需要分别制定保守型、乐观型、可能型三种估值方案，如表 2 - 17、表 2 - 18 和表 2 - 19 所示。

表 2－17　XY 公司在保守型方案预测下的现金流量　　　　单位：千元

项目＼时间	1	2	3	4	5	6	7	8	9	10
销售额	20 861	23 364	26 168	29 308	32 825	36 764	41 175	46 116	51 650	57 848
销售费用	17 106	19 159	22 243	24 912	27 901	32 352	36 234	41 505	44 419	49 750
销售利润	3 755	4 206	3 925	4 396	4 924	4 412	4 941	4 612	7 231	8 099
所得税费用	0		648	725	812	1 456	1 631	1 522	2 386	2 673
净利润	3 755	4 206	3 277	3 671	4 112	2 956	3 310	3 090	4 845	5 426
折旧	528	554	582	611	672	739	813	894	981	1 082
追加固定资本投资	215	241	270	302	338	379	424	475	532	596
追加流动资本投资	215	237	260	286	315	346	381	419	461	507
经营活动现金流量	3 853	4 282	3 329	3 694	4 131	2 970	3 317	3 090	4 833	5 405

表 2－18　XY 公司在乐观型方案预测下的现金流量　　　　单位：千元

项目＼时间	1	2	3	4	5	6	7	8	9	10
销售额	21 978	25 934	30 343	35 502	41 182	47 771	55 414	62 618	70 758	79 957
销售费用	17 143	20 229	24 275	28 401	34 181	39 650	45 994	53 852	60 852	68 763
销售利润	4 835	5 706	6 069	7 100	7 001	8 121	9 420	8 767	9 906	11 194
所得税费用	0	0	1 001	1 172	1 155	2 680	3 109	2 893	3 269	3 694
净利润	4 835	5 706	5 067	5 929	5 846	5 441	6 312	5 874	6 637	7 500
折旧	528	554	582	611	672	739	813	894	981	1 082
追加固定资本投资	215	237	260	299	359	430	517	646	808	1 050
追加流动资本投资	215	241	270	305	344	393	448	510	587	681
经营活动现金流量	4 933	5 782	5 119	5 936	5 815	5 357	6 160	5 612	6 223	6 851

表 2－19　XY 公司在可能型方案预测下的现金流量　　　　单位：千元

项目＼时间	1	2	3	4	5	6	7	8	9	10
销售额	21 419	24 632	28 080	32 012	36 173	40 876	46 190	50 809	55 890	61 479
销售费用	17 135	19 705	23 026	26 250	29 662	34 745	39 261	44 712	49 183	54 101
销售利润	4 283	4 926	5 054	5 762	6 511	6 131	6 928	6 097	6 706	7 377
所得税费用	0	0	859	979	1 106	2 023	2 286	2 012	2 213	2 434

续表

时间 项目	1	2	3	4	5	6	7	8	9	10
净利润	4 283	4 926	4 195	4 782	5 404	4 108	4 642	4 085	4 493	4 942
折旧	528	581	639	703	844	1 012	1 214	1 335	1 466	1 539
追加固定资本投资	0	310	341	375	394	433	455	478	502	552
追加流动资本投资	0	315	347	382	428	479	536	617	709	816
经营活动现金流量	4 811	4 882	4 146	4 728	5 426	4 208	4 865	4 325	4 748	5 113

（2）估计并购 XY 公司所需资金的加权平均成本。

XD 公司的资金来源主要有两个方面：自有资金（即股本）及借贷资金。借款利率为 8%，股本成本为 12%，借贷资金占 35%，自有资金占 65%，如表 2-20 所示。

表 2-20　XD 公司的资本成本计算表

项　目	权　重/%	个 别 成 本/%	加权后成本/%
借贷资金	35	8	2.80
自有资金	65	12	7.80
加权平均综合资本成本			10.60

由于公司借贷资金所负担的利息费用可以抵扣企业所得税，因此实际并购的资本成本经调整后如表 2-21 所示。

表 2-21　XD 公司调整后的资本成本计算表

项　目	权　重/%	个 别 成 本/%	加权后成本/%
借贷资金	35	5.36	1.88
自有资金	65	12	7.80
加权平均综合资本成本			9.68

对于新的与整个公司有大体相同风险的投资计划来说，公司的资本成本取决于各来源部分的加权平均风险，但是为了求出适用于 XY 公司现金流量的折现率，还要估计每项并购的特殊风险。尽管 XD 公司资本成本为 9.68%，但所设定的折现率仍为 12%。这样做，一方面满足公司对外投资要求的最低报酬率 12%，另一方面考虑到公司日常经营中的种种不确定性因素，应采取更谨慎的原则。

（3）计算 XY 公司最高可接受的现金价格。

根据前两步估计的现金流量及折现率进行折现，对方案的最高可接受的现金价格进行计算，如表 2-22 所示。

表 2 – 22   XY 公司可能型方案最高可接受的现金价格表   单位：千元

年　　份	现金流量	折现率	现　值
1	4 811	12%	4 295.54
2	4 882	12%	3 891.90
3	4 146	12%	2 951.04
4	4 728	12%	3 004.73
5	5 426	12%	3 078.86
6	4 208	12%	2 131.90
7	4 865	12%	2 200.68
8	4 325	12%	1 746.79
9	4 748	12%	1 712.18
10	5 113	12%	1 646.25
合　　计			26 659.87

以上是 XY 公司未来 10 年的现金流量，按照 12% 的折现率折现后所得的现值，减去 XY 公司在第 3 年年末的负债总额 8 980 千元，则最高可接受的现金价格为 17 679.87 千元（26 659.87 千元 – 8 980 千元）。

（4）敏感性分析。

根据保守型、乐观型、可能型条件下的现金流量，按照给定的不同的折现率，计算得出 XY 公司的可接受价值区间，如表 2 – 23 所示。

表 2 – 23   XY 公司各方案下最高可接受的现金价格表   单位：千元

折现率	不同折现率下的现值		
	保守型	乐观型	可能型
10%	23 585.08	34 857.56	28 996.07
11%	22 585.47	33 352.88	27 789.24
12%	21 651.75	31 946.47	26 659.87
13%	20 778.54	30 630.39	25 601.78
14%	19 960.94	29 397.47	24 609.36
平　均　值	21 712.36	32 036.95	26 731.26

通过计算可知，XY 公司最高价值为 32 036.95 千元，最低价值为 21 712.36 千元。如果以最有可能的情况下估计的平均值 26 731.26 千元为基础，XD 公司认为对 XY 公司价值的合理估计应在 21 000 千元～32 000 千元之间。

（5）经过资产评估公司、会计师事务所等有资格的评估机构的评估，确定 XY 公司重组

后资产的价值及构成情况。(资产评估过程略)

对 XY 公司的资产评估结果如表 2 - 24 所示。

表 2 - 24　XY 公司资产评估表　　　　　　单位:千元

项　目	原　价	评 估 价
货币资金	630	630
应收账款	7 705	6 935
其他应收款	1 876	1 726
存货	1 673	1 623
流动资产合计	11 884	10 914
长期投资	97	321
固定资产	5 547	6 656
无形资产		3 000
资产合计	17 528	20 891

根据对 XY 公司的资产评估结果可以看出,评估后 XY 公司的资产总额为 20 891 千元,第 3 年的负债总额为 8 980 千元,则 XY 公司的所有者权益总额为 11 911 千元。XD 公司决定收购重组后 XY 公司的 51% 的股权,其价值约为 6 075 千元 (11 911 千元 ×51%)。

(6) 确定并购所需资金的融资方式。

并购方可选择的融资方式有借贷和增资发行股票方式两种。根据 XD 公司预计第 3 年利润表及主要财务指标,计算不同融资方式对该公司每股收益的影响。

如果 XD 公司采用借贷方式融资,则除自有资金外,还需借款约为 2 126 千元 (6 075 千元 ×35%),按借款利率 8% 计算,需承担利息约为 170 千元;如果发行股票,则发行价一般为市价的 88%,XD 公司并购 XY 公司时的股票市价为 35 元,则发行价为 30.8 元 (35 元 ×88%)。因此,欲融资 6 075 千元,则需增发新股 20 万股 (6 075 千元 ÷30.8 元)。两种方式下每股收益的预测如表 2 - 25 所示。

表 2 - 25　XD 公司第 3 年利润表及主要财务指标

项　目	第 3 年	采用借贷融资方式下每股收益的变化	采用增发新股融资方式下每股收益的变化
一、主营业务收入	216 028	216 028	216 028
减:主营业务成本	170 113	170 113	170 113
主营业务税金及附加	10 400	10 400	10 400

续表

项　　目	第 3 年	采用借贷融资方式下 每股收益的变化	采用增发新股融资方式 下每股收益的变化
二、主营业务利润	35 515	35 515	35 515
加：其他业务利润	215	215	215
减：销售费用	1 623	1 623	1 623
管理费用	2 350	2 350	2 350
财务费用	1 465	1 635	1 465
三、营业利润	30 292	30 122	30 292
加：投资收益		2 100	2 100
补贴收入			
营业外收入	15	15	15
减：营业外支出	13	13	13
四、利润总额	30 294	32 224	32 394
减：所得税费用	9 997	9 997	9 997
五、净利润	20 297	22 227	22 397
流动在外的普通股股份数（万股）	43 000	43 000	43 020
每股收益	0.472	0.517	0.521

　　通过以上计算可以看出，采用增资发行股票筹集并购资金，每股收益略高于借贷融资方式下的每股收益，因此，XD 公司决定采用增发新股方式筹集并购资金。

■ 小讨论

　　对被并购企业的定价有哪些方法？

　　并购双方对并购的价格都非常关心，从财务理论角度讲，并购方追求的是通过并购能够增加普通股每股的盈利，而被并购方接受并购的前提是它所得到的支付金额应超过企业的现有价值。并购定价的难点之一即为如何同时满足并购双方的要求。目前，我国理论界和实务界在并购价格的确定方面探讨和使用的主要方法有收益现值法、账面价值法、重置成本法等。实务中，在并购价格确认前，需要经过有资格的评估公司和会计师事务所等评估机构对欲并购的目标企业进行估价，在此基础上，并购各方通过逐步的协商谈判，最终确定并购价格。

◉ **小资料**

情感受损，投资得意

美国的研究发现，脑部曾受损的人，在股票市场会放胆投资，结果是较正常人赚得更多，原因可能是脑部受损的部分压抑了情感，令他们无惧投资风险。参与研究的 41 人的智商均正常，其中 15 人脑部负责掌管情感的部分受损。结果正常人因怕输而不时选择弃权，15 名脑部曾受损者却无惧风险，比正常人表现好。一名研究员指出，最成功的股票投资者是"情感受损的人"。另一位研究员指出，很多行政总裁及一流律师都有这种特征。情感中的恐惧阻止正常人冒险，投资时以安全为上；反之情感受损的人，往往无视风险放胆投资，因而取得更大的回报。

——摘自金羊网 – 新快报，2005 – 09 – 21.

本章关键词中英文对照

1. 资本成本　　　　　　cost of funds
2. 现金流量　　　　　　cash flow
3. 净现金流量　　　　　net cash flow
4. 静态投资回收期　　　static investment pay-back period
5. 投资利润率　　　　　investment profit rate
6. 净现值　　　　　　　net present value
7. 获利指数　　　　　　profitability index
8. 净现值率　　　　　　net present value rate
9. 内涵报酬率　　　　　internal rate of return
10. 风险投资　　　　　　risk investment
11. 股票投资　　　　　　share investment
12. 债券投资　　　　　　bond investment
13. 证券投资　　　　　　investment in securities

第3章

产品成本案例分析

【本章内容与要点】

本章包括变动成本法与完全成本法的成本构成分析、混合成本分解案例分析、营业利润差额分析、定价案例分析、运用标准成本法进行成本控制案例分析和生产组合方案分析等6个案例。通过本章的学习，学生能够分析以不同成本分类为基础的成本计算方法的异同点，从而进一步揭示出变动成本法和完全成本法在损益计算方面的不同对企业产生的深刻影响，了解变动成本法的基本原理，掌握变动成本法与完全成本法这两种分析方法。

3.1 变动成本法与完全成本法的成本构成分析

◇ 分析目的

通过本案例的分析，理解和掌握企业运用成本性态分析对产品成本进行划分的方法，掌握变动成本法与完全成本法的成本构成。

◇ 分析资料

大华公司只生产一种产品，本期业务资料如下：全年产量为 5 000 件，期初存货 0 件，全年销售量为 3 000 件，期末存货量为 2 000 件，销售单价为 100 元。本期发生的成本资料如表 3 – 1 所示。

表 3 – 1   成本资料

单位：元

成本项目	直接材料	直接人工	制造费用	销售费用	管理费用	财务费用
变动性成本	60 000	40 000	10 000	6 000	3 000	
固定性成本			50 000	10 000	25 000	5 000
合计			60 000	16 000	28 000	5 000

◇ **分 析 要 求**

分别按变动成本法和完全成本法计算当期发生的产品成本、期间成本、销货成本及存货成本。

◇ **分 析 重 点**

按成本形态分类内容，理解运用变动成本法与完全成本法下产品生产成本的构成。

◇ **分析提示与参考答案**

（1）按变动成本法与完全成本法两种方法计算产品成本和期间成本，如表 3 - 2 所示。

表 3 - 2　产品成本和期间成本　　单位：元

成本项目	变动成本法计算			完全成本法计算		
	产品成本	单位产品成本	期间成本	产品成本	单位产品成本	期间成本
直接材料	60 000	12		60 000	12	
直接人工	40 000	8		40 000	8	
变动制造费用	10 000	2		10 000	2	
固定制造费用	50 000		50 000	50 000	10	
合计	160 000	22		160 000	32	
销售费用			16 000			16 000
管理费用			28 000			28 000
财务费用			5 000			5 000
合计			99 000			49 000
总计	160 000	22	99 000	16 000	32	49 000

（2）按变动成本法与完全成本法两种方法计算销货成本及存货成本，如表 3 - 3 所示。

表 3 - 3　销货成本和存货成本　　单位：元

项目内容	变动成本法计算	完全成本法计算
期初存货量/件	0	0
本期生产量/件	5 000	5 000
本期销货量/件	3 000	3 000
期末存货量/件	2 000	2 000
本期销货成本	3 000 × 22 = 66 000	3 000 × 32 = 96 000
期末存货成本	2 000 × 22 = 44 000	2 000 × 32 = 64 000

◇ **基本知识点**

变动成本法所计算的产品成本，只包括直接材料、直接人工和变动制造费用，不包括固定制造费用；期间成本包括固定制造费用和管理费用、营业费用、财务费用等期间费用。完全成本法所计算的产品成本包括直接材料、直接人工和制造费用，即为生产成本；为制造产品发生的销售费用、管理费用等属于非生产成本，作为期间成本。

3.2 混合成本分解案例分析

◇ **分析目的**

通过本案例的分析，理解高低点法和回归直线法分解混合成本的原理与方法，根据企业资料进行混合成本分解。

◇ **分析资料**

建安企业 2006 年 12 个月的产量和某项混合成本的有关数据如表 3 − 4 所示。

表 3 − 4 建安企业 2006 年的产量和混合成本

月　份	产　量/件	成　本/元
1	800	2 000
2	600	1 700
3	900	2 250
4	1 000	2 550
5	800	2 150
6	1 100	2 750
7	1 000	2 460
8	1 000	2 520
9	900	2 320
10	700	1 950
11	1 100	2 650
12	1 200	2 900

◇ **分析要求**

运用高低点法和回归直线法进行混合成本分解。

◇ **分 析 重 点**

分解并计算单位变动成本和固定成本。

◇ **分析提示与参考答案**

1. 高低点法分解混合成本并建立相应的成本模型

高低点法以某一期间内最高业务量（即高点）的混合成本与最低业务量（即低点）的混合成本的差数，除以最高与最低业务量的差数，以确定业务量的成本变量（即单位业务量的变动成本额），进而确定混合成本中的变动成本部分和固定成本部分。基本做法是初等几何中两点确定一条直线的原理。

高低点法分解混合成本的运算步骤如下。

（1）选择高低两点坐标，即最高点坐标(x_1, y_1)和最低点坐标(x_2, y_2)。

设　高点的成本性态为　　　　　　　$y_1 = a + bx_1$　　　　　　　　　　（3-1）

　　低点的成本性态为　　　　　　　$y_2 = a + bx_2$　　　　　　　　　　（3-2）

（2）计算单位变动成本b值。

将方程（3-1）和（3-2）相减，则有

$$y_1 - y_2 = b(x_1 - x_2)$$　　　　　　　　　　（3-3）

则　　　$$b = \frac{y_1 - y_2}{x_1 - x_2} = \frac{高点业务量与低点业务量的成本之差}{高点业务量与低点业务量之差}$$　　　　（3-4）

（3）计算固定成本a值。将式（3-4）代入式（3-1），

则有　　　　　　$a = 最高点成本 - b 最高点业务量 = y_1 - bx_1$　　　　　（3-5）

或　　　　　　　$a = 最低点成本 - b 最低点业务量 = y_2 - bx_2$　　　　　（3-6）

（4）将a与b的值代入下式，建立成本性态模型。

$$y = a + bx$$

需要说明的是高低点坐标的选择必须以一定时期内业务量的高低来确定，而不是按成本的高低。

根据分析资料可知，2006 年内 12 月份的产量最高，为 1 200 件，相应的成本为 2 900元；2 月份的产量最低，为 600 件，相应的成本为 1 700 元。按前面的运算过程进行计算。

$$b = (2\,900 - 1\,700) / (1\,200 - 600) = 2（元/件）$$

$$a = 2\,900 - 2 \times 1\,200 = 500（元）$$

或　　　　　　　$$a = 1\,700 - 2 \times 600 = 500（元）$$

以上计算表明，该企业这项混合成本属于固定成本的为 500 元，单位变动成本为每件 2元。以数学模型来描述这项混合成本为$y = 500 + 2x$。

运用高低点法分解混合成本应注意以下几个问题。

① 高点和低点的业务量（即本例中的 1 200 件和 600 件）应在该项混合成本的相关范围内，本例只有在 600 ～ 1 200 件之间确定的固定成本是有效的。超出这个范围不一定适用于所得出的数学模型（本例中 $y = 500 + 2x$）。之所以说"不一定"，是因为如果在上例中超过相关范围，则需要重新用高低点法求出固定成本 a。

② 高低点法是以高点和低点的数据来描述成本性态的，其结果会带有一定的偶然性（事实上高低两点的偶然性通常比其他各点要大），这种偶然性会对未来成本的预计产生影响。

③ 当高点或低点业务量不止一个（即有多个期间的业务量相同且同属高点或低点）而成本又相异时，则只需按高低点法的原理，属高点取成本大者，属低点取成本小者。

2. 回归直线法分解混合成本并建立相应的成本模型

回归直线法亦称最小二乘法或最小平方法，它是运用数理统计中常用的最小平方法的原理，对所观测到的全部数据加以计算，从而勾画出最能代表平均成本水平的直线。通过回归分析而得到的直线称为回归直线，它的截距就是固定成本 a，斜率就是单位变动成本 b。回归直线法是根据若干期业务量和成本的历史资料，运用最小平方的原理计算固定成本或混合成本中的固定成本 a 和单位变动成本 b 的一种成本性态分析方法。假定我们有 n 个 (x, y) 的观测数值（如前例中不同产量条件下的混合成本数额），那么，就可以建立一组决定回归直线的联立方程式，其中必有一条由 a 和 b 两个数值决定的直线能够使各观测值（即成本 y）与这条直线上相应各点的离差平方之和最小，这条线当然就是离散各点的回归直线了。

根据离差平方和取最小值的原理，对混合成本的数学表达式 $y = a + bx$ 利用 $\sum(y_i - a - bx_i)^2 =$ 最小值，这一数字性质，分别对 a 与 b 求偏导数，得出参数 a 与 b 的求解公式：

$$b = \frac{n \sum xy - \sum x \sum y}{n \sum x^2 - (\sum x)^2} \tag{3-7}$$

$$a = \frac{\sum y - b \sum x}{n} \tag{3-8}$$

对于 a 与 b 的求解推导也可以用简单的过程，即对方程 $y = a + bx$ 的每一项求和的形式表示可得：

$$\sum y = na + b \sum x \tag{3-9}$$

再将式（3-9）的每一项都乘以 x 可得

$$\sum xy = a \sum x + b \sum x^2 \tag{3-10}$$

由式（3-9）和式（3-10）求得

$$b = \frac{n \sum xy - \sum x \sum y}{n \sum x^2 - (\sum x)^2}$$

$$a = \frac{\sum y - b \sum x}{n}$$

根据 a 和 b 的计算式即可得出方程 $y = a + bx$。

根据本案例中表 3 - 4 的分析资料列表，求出 n、$\sum x$、$\sum y$、$\sum xy$、$\sum x^2$ 的值，如表 3 - 5 所示。

表 3 - 5　计算出的各项数值

月份（n）	产　量（x）/件	混合成本（y）/元	xy	x^2
1	800	2 000	1 600 000	640 000
2	600	1 700	1 020 000	360 000
3	900	2 250	2 025 000	810 000
4	1 000	2 550	2 550 000	1 000 000
5	800	2 150	1 720 000	640 000
6	1 100	2 750	3 025 000	1 210 000
7	1 000	2 460	2 460 000	1 000 000
8	1 000	2 520	2 520 000	1 000 000
9	900	2 320	2 088 000	810 000
10	700	1 950	1 365 000	490 000
11	1 100	2 650	2 915 000	1 210 000
12	1 200	2 900	3 480 000	1 440 000
合计	11 100	28 200	26 768 000	10 610 000

将表 3 - 5 中的有关数值代入回归法分解混合成本的公式，则有：

$$b = \frac{n \sum xy - \sum x \sum y}{n \sum x^2 - (\sum x)^2} = \frac{12 \times 26\,768\,000 - 11\,100 \times 28\,200}{12 \times 10\,610\,000 - 123\,210\,000} = 1.99（元／件）$$

$$a = \frac{\sum y - b \sum x}{n} = \frac{10\,610\,000 \times 28\,200 - 11\,100 \times 26\,768\,000}{12 \times 10\,610\,000 - 123\,210\,000} = 505.40（元）$$

则成本性态模型：$y = 505.40 + 1.99x$。

需要注意的是，当回归直线的 b 值确定之后，可以通过公式（3 - 9），即 $\sum y = na + b \sum x$，而比较简便地得到 a 的值，但 b 的数值应该尽量保留尾数，否则误差较大。另外，采用回归法分解固定成本 a 和单位变动成本 b 之前，应先检验它们的相关程度，确定有无分解的必要性。其相关系数计算如下：

$$r = \frac{n \sum xy - \sum x \sum y}{[n \sum x^2 - (\sum x)^2][n \sum y^2 - (\sum y)^2]}$$

相关系数 r 的计算结果越接近 1，表明业务量与混合成本的关联程度越高，用回归法分解的固定成本与变动成本越接近实际情况。反之，当相关系数 r 越小时，用回归法分解则可能严重歪曲混合成本的真实情况。

■ **小讨论**

（1）采用高低点法时如何计算固定成本（a）和单位变动成本（b）的数值？高低点法适用于什么样的企业？

（2）一元回归直线法如何进行混合成本的分解？a 值与 b 值的计算公式是什么？本方法的优缺点及应用范围如何？

◇ **基本知识点**
成本性态分析

在管理会计中，研究成本对产量的依存性，即从数量上具体掌握成本与产量之间的规律性的联系，具有重要意义。进行成本性态分析，首先需要将成本按其与产量之间的依存关系，划分为固定成本、变动成本和半变动（混合）成本 3 大类。在管理会计中，总成本与半变动成本有着相同的性态，即二者同时包含固定成本与变动成本这两种因素。我们需要将半变动成本分解为固定成本和变动成本两部分，才能满足经营管理上多方面的需要。分解半变动成本，一般有历史成本分析法、工程研究法、账户分类法和合同认定法。成本性态分析的意义是：

① 成本性态分析是采用变动成本计算法的前提条件；
② 成本性态分析，为进行成本—产量—利润之间相互依存关系的分析提供了方便；
③ 成本性态分析是正确制定经营决策的基础。

3.3 营业利润差额分析

◇ **分析目的**

通过本案例的分析与讨论，掌握用变动成本法与完全成本法计算营业利润的原理，分析营业利润差额的因素。

◇ **分析资料**

分析单一会计期间两种成本计算法对利润的影响。

大华公司从 2007 年至 2009 年各年度的存货量和产品的产销量资料如表 3 - 6 所示。

表 3 - 6　大华公司各年度存货量和产品产销量

单位：元

年份项目 项　　目	2007	2008	2009	合　　计
期初存货量	200	200	400	
本期产量	1 000	1 000	1 000	3 000
本期销量	1 000	800	1 200	3 000

续表

项　目 年 份 项 目	2007	2008	2009	合　计
期末存货量	200	400	200	
单位售价	10	10	10	
生产成本：				
单位变动成本	6	6	6	
固定成本总额	2 000	2 000	2 000	
销售费用、管理及财务费用				
单位变动费用	0	0	0	0
固定费用总额	1 000	1 000	1 000	1 000

◇ **分析要求**

（1）采用变动成本法计算并填制贡献式利润表。

（2）采用完全成本法计算并填制职能式利润表。

（3）分析营业利润差额的因素。

◇ **分析重点**

解析贡献式利润表、职能式利润表中营业利润差额产生的因素。

◇ **分析提示与参考答案**

（1）贡献式利润表，如表 3-7 所示。

表 3-7　贡献式利润表 单位：元

项　目	2007 年	2008 年	2009 年	合　计
销售收入	10 000	8 000	12 000	
变动成本：				
变动制造成本（按销量计算）	6 000	4 800	7 200	
变动销售、管理及财务费用	0	0	0	
贡献毛益	4 000	3 200	4 800	
期间成本：				
固定制造费用	2 000	2 000	2 000	
固定销售、管理及财务费用	1 000	1 000	1 000	
税前利润	1 000	200	1 800	3 000

（2）职能式利润表，如表 3 - 8 所示。

表 3 - 8　职能式利润表

单位：元

项　目	2007 年	2008 年	2009 年	合　计
销售收入	10 000	8 000	12 000	
销售生产成本：				
期初存货	1 600	1 600	3 200	
制造成本（按产量计算）	8 000	8 000	8 000	
减：期末存货	1 600	3 200	1 600	
销售生产成本合计	8 000	6 400	9 600	
营业毛利	2 000	1 600	2 400	
期间成本：	1 000		1 000	
销售、管理及财务费用		1 000		
税前利润	1 000	600	1 400	3 000

（3）对比分析贡献式利润表、职能式利润表。在各个会计期间按变动成本法与完全成本法两种方法计算成本对利润有以下影响。

①当第 1 年的产量等于销量（产销相对平衡），即期末存货量等于期初存货量时，两种成本计算法的利润相等，这是因为利用两种成本法计算时本年的固定制造费用均列入利润表。

②当第 2 年的产量大于销量（产大于销），即期末存货量大于期初存货量时，按完全成本法计算的税前利润大于按变动成本法计算的税前利润。

两种成本计算法的利润差异 = 单位固定制造费用 ×（期末存货量 – 期初存货量）

= 单位固定制造费用 × 存货增加量

=（2 000/1 000）×（400 – 200）

= 2 × 200

= 400（元）

③当第 3 年的产量小于销量（产小于销），即期末存货量小于期初存货量时，按完全成本法计算的税前利润小于按变动成本法计算的税前利润。这是因为本期销售中销售超过本期产量的上期存货部分，其期初存货成本按变动成本法计算仅包括变动制造成本，完全成本法计算的期初存货成本则包括变动制造成本和固定制造费用两部分。

两种成本计算法的利润差异 = 单位固定制造费用 ×（期末存货量 – 期初存货量）

=（2 000/1 000）×（200 – 400）

= – 400（元）

■ **小讨论**

在若干连续会计期间采用两种成本计算法对利润的影响。

企业产销一种产品，各会计年度产量不变，销量变动，连续 3 年有关产销及成本资料如表 3-9 所示。

表 3-9　某产品产销及成本资料　　　　　　　　单位：元

项　　目	第 1 年	第 2 年	第 3 年	合　　计
期初存货量/件	1 000	1 000	2 000	1 000
当年生产量/件	10 000	10 000	10 000	30 000
当年销售量	10 000	9 000	11 000	30 000
期末存货量	1 000	2 000	1 000	1 000

基本资料		成本资料	变动成本计算法	完全成本计算法
单位售价	15	单位变动制造成本	6	6
制造成本：				
单位变动成本	6			
固定制造费用总额	24 000	单位固定制造费用		2.4 (24 000/10 000)
销售、管理及财务费用：				
单位变动销售、管理及财务费用	0			
固定销售、管理及财务费用	18 000	单位产品成本	6	8.4

要求：根据上述资料，分别按两种成本计算法编制连续 3 年的利润表，并分析按变动成本法与完全成本法两种方法计算对利润的影响。

3.4　定价案例分析

◇ **分析目的**

通过本案例分析，找到一个最适合的价格方案，进行成功的营销并获取可观的利润。

◇ **分析资料**

产品最优定价模型。产品最优定价，一般是指能使企业获得最大利润的定价水平。产品最优定价模型的确定方法与上述其他最优模型的确定方法相同，这里的关键是销售收入、销售成本与价格之间的函数关系的确定。

某商品的单位售价为 x 元/件，它可以在 $40 \sim 60$ 元/件之间浮动，相应的收入函数为 $S(x) = 40.8x - 0.4x^2$；相应的销售成本函数为 $C(x) = 200 + 0.8x$。

◇ **分析要求**

熟悉定价策略对价格的影响，作出最优定价决策。

◇ **分析重点**

以市场为向导，寻求产品价格差异的因素。

◇ **分析提示与参考答案**

根据收入函数和销售函数，可确定利润函数如下：
$$P(x) = S(x) - C(x) = 40.8x - 0.4x^2 - (200 + 0.8x) = 40x - 0.4x^2 - 200$$
令

$$\frac{\mathrm{d}P}{\mathrm{d}x} = 40 - 0.8x = 0, \ 得 \ x = 50 \ （元/件）$$

此时$\frac{\mathrm{d}^2P}{\mathrm{d}x^2} = -0.8 < 0$，表明产品定价为 50 元/件时，确能使企业获得最大利润。

● **小资料**

关注成本，忽略价值

许多会计人员都知道事物的成本，而不知道它们的价值。历史成本具有可计量、确定、风险小的计量属性，因此成为财务核算的众矢之的。尽管会计师与分析师们努力地去降低成本，可这并不出彩。压缩成本并非难事：只要停止任何与生产产品或提供服务有关的开销即可。零成本意味着没有创造价值，不创造价值意味着失去客户，没有客户则企业无所存焉。另一方面，如果降低售价，为客户创造价值将变得更加容易。所以，真正的挑战在于，以最低的成本为企业、客户及其他关键的利益相关者同时创造价值，企业要牟利，但并不仅仅是赚钱。

——摘自《财务总监文摘》特刊"学习 成长 卓越"，2006 年
企业经营与财务管理高峰论坛，2006 - 08.

3.5 运用标准成本法进行成本控制案例分析

◇ **分析目的**

通过本案例分析，练习运用标准成本法对成本进行控制。

◇ **分析资料**

华辉企业生产甲产品 500 件，每件产品需 10 小时，制造费用预算为 18 000 元（其中变动性制造费用预算 12 000 元，固定制造费用预算 6 000 元），该企业产品的标准成本资料如表 3 - 10 所示。

表 3 - 10　甲产品的标准成本

成 本 项 目	标准单价（标准分配率）	标准用量	标准成本/元
直接材料	0.6 元/千克	100 千克	60
直接人工	4 元/小时	10 小时	40
变动制造费用	2 元/小时	10 小时	20
变动成本合计			120
固定制造费用	1 元/小时	10 小时	10
单位产品标准成本			130

① 本月实际投产甲产品 520 件，已全部完工入库，无期初、期末在产品存货。假设完工产品在本月全部销售。

② 本月材料每千克 0.62 元，全月实际领用 46 800 千克。

③ 本月实际耗用 5 200 小时，每小时平均工资率 3.8 元。

④ 制造费用实际发生额 16 000 元，其中变动制造费用 10 920 元，固定制造费用 5 080 元，变动制造费用实际分配率为 2.1 元/小时。

◇ **分析要求**

根据上述资料，计算甲产品的成本差异及甲产品的实际成本，并编制相应的会计分录（成本差异按结转损益法处理）。

◇ **分析重点**

标准成本系统是为了克服实际成本计算系统的缺陷，尤其是针对不能提供有助于成本控制的确切信息的缺点而研究出来的一种会计信息系统和成本控制系统。实施标准成本系统一般有以下几个步骤：

① 制定单位产品标准成本；

② 根据实际产量和成本标准计算产品的标准成本；

③ 汇总计算实际成本；

④ 计算标准成本与实际成本的差异；

⑤ 分析成本差异的发生原因，如果标准成本是纳入账簿体系的，还要进行标准成本及

其成本差异的账务处理；

⑥ 向成本负责人提供成本控制报告。

◇ **分析提示与参考答案**

1. 甲产品标准成本

$$520 \times 130 = 67\ 600（元）$$

1）直接材料成本差异

材料价格差异：$(0.62 - 0.60) \times 46\ 800 = 936（元）$

材料用量差异：$(46\ 800 - 520 \times 100) \times 0.6 = -3\ 120（元）$

2）直接人工成本差异

效率差异：$(5\ 200 - 520 \times 10) \times 4 = 0$

工资率差异：$5\ 200 \times (3.8 - 4) = -1\ 040（元）$

3）变动制造费用成本差异

耗费差异：$5\ 200 \times (2.1 - 2) = 520（元）$

效率差异：$2 \times (5\ 200 - 520 \times 10) = 0$

4）固定制造费用成本差异

耗费差异：$5\ 080 - 6\ 000 = -920（元）$

闲置能量差异：$6\ 000 - 5\ 200 = 800（元）$

效率差异：$1 \times (5\ 200 - 5\ 200) = 0$

甲产品成本差异：$-3\ 120 + 936 - 1\ 040 + 520 - 920 + 800 = -2\ 824（元）$

甲产品实际成本：$67\ 600 + (-2\ 824) = 64\ 776（元）$

2. 会计分录

采用"生产成本"、"材料价格差异"、"原材料"、"材料用量差异"、"直接人工工资率差异"、"变动制造费用耗费差异"、"变动制造费用"、"固定制造费用闲置能量差异"、"固定制造费用"、"固定制造费用耗费差异"、"产成品"（库存商品）等科目进行账务处理。

借：生产成本　　　　　　　　　　31 200

　　材料价格差异　　　　　　　　　　936

　　贷：原材料　　　　　　　　　　　　29 016

　　　　材料用量差异　　　　　　　　　3 120

借：生产成本　　　　　　　　　　20 800

　　贷：应付工资　　　　　　　　　　19 760

　　　　直接人工工资率差异　　　　　　1 040

借：生产成本　　　　　　　　　　10 400

　　变动制造费用耗费差异　　　　　　520

　　贷：变动制造费用　　　　　　　　10 920

借：生产成本　　　　　　　　　　5 200

　　固定制造费用闲置能量差异　　　800

　　贷：固定制造费用　　　　　　　　　5 080

　　　　固定制造费用耗费差异　　　　　920

借：产成品　　　　　　　　　　　67 600

　　贷：生产成本　　　　　　　　　　67 600

借：主营业务成本　　　　　　　　67 600

　　贷：产成品　　　　　　　　　　　67 600

借：材料用量差异　　　　　　　　3 120

　　直接人工工资率差异　　　　　1 040

　　固定制造费用耗费差异　　　　　920

　　贷：主营业务成本　　　　　　　　2 824

　　　　材料价格差异　　　　　　　　　936

　　　　变动制造费用耗费差异　　　　　520

　　　　固定制造费用闲置能量差异　　　800

◇ 基本知识点

　　标准成本是通过精确的调查、分析与技术测定而制定的，用来评价实际成本、衡量工作效率的一种预计成本。在标准成本中，基本上排除了不应该发生的"浪费"，因此被认为是一种"应该成本"。标准成本和估计成本同属于预计成本，但后者不具有衡量工作效率的尺度性，主要体现可能性，供确定产品的销售价格使用。标准成本要体现企业的目标和要求，主要用于衡量产品制造过程的工作效率和控制成本，也可用于存货和销货成本计价。

　　"标准成本"一词在实际工作中有两种含义：一种是指单位产品的标准成本，它是根据单位产品的标准消耗量和标准单价计算出来的，准确地说应称为"成本标准"，即成本标准 = 单位产品标准成本 = 单位产品标准消耗量×标准单价；另一种是指实际产量的标准成本，是根据实际产品产量和单位产品标准成本计算出来的，即标准成本 = 实际产量×单位产品标准成本。

■ 小讨论　成本控制案例——标准成本的差异分析

　　上海水和电器厂，2005 年生产一种甲产品，计划年产量为 10 000 件。主要材料定额消耗量为 50 000 千克，辅助材料定额消耗量为 20 000 千克；工资及福利费定额费用为 250 000元，制造费用为 350 000 元，其中变动制造费用为 150 000 元；工时定额 100 000 小时。主要材料每千克 20 元，辅助材料每千克 5 元。

　　2005 年实际生产甲产品 12 000 件，主要材料实际消耗量 66 000 千克，辅助材料实际消耗量 21 600 千克；工资及福利费实际支出 324 000 元；制造费用实际支出 309 600 元，其中，变动制造费用支出 129 600 元，实际工时总额 108 000 小时。主要材料每千克实际进价为 22 元，辅助材料每千克实际进价为 6 元。

要求：

① 根据上述资料编制甲产品标准成本计算表；

② 计算分析甲产品 2005 年实际成本与标准成本的差异及原因；

③ 计算分析直接材料成本的差异及原因；

④ 计算分析直接人工成本的差异及原因；

⑤ 计算分析变动制造费用及固定制造费用的差异及原因；

⑥ 根据上述计算与分析结果，提出成本控制的建议。

3.6　生产组合方案分析

◇ **分析目的**

对不同的产品生产组合进行分析、调整并找到最佳方案以降低成本。

◇ **分析资料**

银泰企业生产甲、乙两种产品，其市场的最大订货量分别为 1 000 件和 2 500 件，单位贡献毛益分别为 5 元/件和 3 元/件；甲、乙产品需要经过第一和第二两个车间加工才能完成。第一及第二车间的最大生产能力分别为 2 250 工时和 3 750 工时，单位产品所需工时如表 3 - 11 所示。要求根据上述资料确定企业的最优产品组合。

表 3 - 11　单位产品所需工时

单位：工时

车　　间	甲 产 品	乙 产 品
第一车间	2	0.5
第二车间	1	1.5

◇ **分析要求**

综合考虑生产组合过程中的直接成本和制造成本。

◇ **分析重点**

根据不同的环境和条件，如何进行产品的生产组合？

◇ 分析提示与参考答案

这是一个多种产品和多种限制条件的最优产品组合问题，决策分析的价值标准是在满足多种限制条件的可行解范围内，使企业获得最大的贡献毛益总额。现分别采用不同方法对其求解。

x_1，x_2 分别代表生产甲、乙产品的量，T_{cm} 代表可提供的贡献毛益总额，则有：

目标函数
$$T_{cm} = 5x_1 + 3x_2$$

约束条件
$$\begin{cases} 2x_1 + 0.5x_2 \leqslant 2\ 250 \cdots\cdots\cdots\cdots\cdots L_1 \\ x_1 + 1.5x_2 \leqslant 3\ 750 \cdots\cdots\cdots\cdots\cdots L_2 \\ 0 \leqslant x_1 \leqslant 1\ 000 \cdots\cdots\cdots\cdots\cdots L_3 \\ 0 \leqslant x_2 \leqslant 2\ 500 \cdots\cdots\cdots\cdots\cdots L_4 \end{cases}$$

本题的实质是：在同时满足上述 4 个约束条件的前提下，求得目标函数的最大值及其所对应的 x_1 和 x_2 的值，也即甲、乙产品的最优产量组合。

① 以 x_1 为纵轴，经 x_2 为横轴建立平面直角坐标系，并把上述 4 个约束条件同时反映在坐标图中，分别为直线 L_1，L_2，L_3，L_4，如图 3-1 所示。

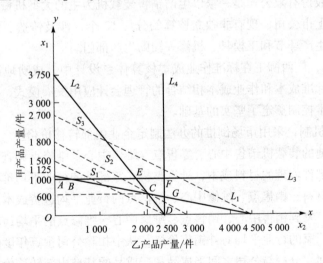

图 3-1　计算甲、乙产品最优产量组合

② 确定同时满足上述 4 个约束条件的变量取值范围的可行解区域，如图 3-1 中的 *OABCD* 区域（图中，*A*、*B*、*C*、*D*、*E*、*F*、*G* 均为实线与实线的交点）。

③ 确定能使目标函数 T_{cm} 最大的最优解。

最优解的确定方法是将目标函数 $P = 5x_1 + 3x_2$ 变形为 $x_1 = -\dfrac{3}{5}x_2 + \dfrac{P}{5}$。它显然表示斜率

为 $-\dfrac{3}{5}$，纵截距不等的一组平行线，称为"等利润线"，如图 3 - 1 中的 S_1、S_2、S_3。因为，直线上任意一点的产量组合都能保证贡献毛益为某一特定的常数 P。那么，在可行解区域内，寻找一点（包括可行解区域各顶点），使经过该点的等利润线的纵截距最长，则该点坐标即为产品产量的最优组合。图 3 - 1 中 L_1 与 L_2 的交点 C（2 100，600）即符合上述条件。也就是说，甲、乙产品分别生产 600 件和 2 100 件时，企业可能取得最大的贡献毛益总额，其数值为

$$T_{cm} = 5 \times 600 + 3 \times 2\ 100 = 9\ 300 \text{（元）}$$

■ 小讨论

在生产经营过程中，为了尽可能地降低成本比例，怎样进行相关生产经营组合？

◇ 案例阅读资料
作业成本法案例阅读

柳工标准作业成本设计

广西柳工机械股份有限公司是一家以生产销售装载机为主的大型机械制造企业，该公司为广西区内第一家上市公司，现有非独立核算的分厂 12 个，涉及铸造、锻压、热处理、机加工、总装等基本生产环节和工模具、机修等辅助生产部门。

从 1997 年开始，广西柳工在标准作业成本核算体系设计中，成功地运用了以内部转移价格为控制中枢、标准成本和作业成本相结合的管理会计应用发展模式，为该公司的成本核算、成本分析与成本控制奠定了坚实的基础。

（1）引进市场机制，采用市场倒推的办法制定企业内部转移价格。

通过在全国各地的装载机销售中心、零售点、维修中心及维修点调查各主要厂家各种整机的销售价格和零部件修理的材料成本，计算整机、零部件的行业平均价格；从行业平均价格中，扣除产品、材料、销售点、维修中心、维修点的行业平均进货成本；从行业平均进货成本中扣除从生产厂家到销售中心、销售点、维修中心、维修点的平均运输费用和增值税销项税额，得出生产厂家的行业平均对外销售价格；从中扣除公司预算年度的期间费用预算分摊额，得出分厂之间、分厂与公司之间半成品和产成品的基准内部转移价格；用基准内部转移价格乘上整机、零部件的质量价格系数，得出最终的企业内部转移价格。

（2）面向过程管理，以作业为对象制定标准成本。

各个分厂依据产品设计、工艺路线、生产加工经验和预算年度的分厂责任预算，按工艺作业制定直接材料、辅助材料、燃料动力、直接人工、固定制造费用和变动制造费用的标准成本，作为成本核算对象的作业应按以下原则进行划分：① 不同责任主体；② 不同加工手段；③ 不同加工对象；④ 不同加工工艺；⑤ 加工工艺可以间断。

凡同时满足上述 5 个条件的作业，才能单独作为标准成本的制定对象。

作业成本法的最大缺点是核算工作量太大。为便于成本核算和成本控制，我们在分厂的会计制度和成本核算办法中规定：在作业标准成本的基础上按树形结构自下而上汇总，产生的零件、部件、总成和整机的标准成本应按结果对象，即分厂角度的产成品，在标准成本卡上进行事前归集；根据分厂对各成本项目的可控程度，对当月直接材料和辅助材料的实际发生金额，应按单记法的要求分别记入按成本项目开设明细的"基本生产"账户和不设明细的"直接材料用量差异"及"辅助材料用量差异"账户，对当月燃料动力、直接人工、固定制造费用和变动制造费用的实际发生额应按分记法的要求直接记入"基本生产"及其明细账户，月末对各成本项目的实际投入成本与标准投入成本的差异，应按产出法的原理进行分离，并将各标准成本差异记入相应差异账户。

（3）实施成本决策，改进分厂业绩报告内容。

在分厂会计制度设计中，改进了财务报告的内容和会计报表格式。

财务报告内容包括：内部会计报表和标准成本差异分析。其中内部会计报表包括 5 张主表：内部资产负债表、内部利润表、分厂产品生产投入产出表、分厂产品生产成本计算表、分厂制造费用明细表；还有 3 张附表：从属于内部利润表的内部产品销售利润明细表、从属于分厂产品生产投入产出表的分厂产品生产投入产出差异表和从属于产品生产成本计算表的产品生产成本差异表。标准成本差异分析包括由成本核算人员进行的会计分析和由生产管理人员、技术人员及产品设计人员进行的技术分析。

在会计报表的格式设计上，我们对内部利润表的格式进行了重点改进：在"产品销售利润"之前增加了"已售产品增值"和"产品销售毛利"这两个指标。

（4）加强整体控制，建立以公司财务部门为中心的信息流程。

广西柳工在实行分权管理的同时，提出了加强企业整体控制的要求，建立了以公司财务部为中心，以星形结构为特征的信息流程。具体办法是：分厂与公司各职能部门之间、分厂与分厂之间、分厂与公司外部单位和个人之间发生的资金往来不仅要通过公司内部银行办理结算，同时在会计账上也必须反映为公司之间的往来。这一信息流程的特征是：分厂与分厂之间、分厂与公司外部单位之间存在物流，但不存在资金流和信息流，这是公司整体控制原则的基本要求。

（5）应用设计技巧，简化公司对外会计报表编制。

在广西柳工的标准作业成本核算体系的设计过程中，遇到了存货计价和报表合并的问题，处理办法为：在分厂成本核算办法中规定，将标准成本调整为分厂实际成本，有以下 5 点要求。

① 直接材料、辅助材料和低值易耗品的价格差异应在月末库存量和当月生产用量之间按标准成本比例分配。

② 燃料动力价格差异和应由公司负担的直接用量差异、辅助材料用量差异、燃料动力

用量差异、直接人工差异、固定制造费用差异及变动制造费用差异应在公司的完工产品和在产品之间按标准成本比例分配。

③ 分厂上交公司的内部利润与公司弥补分厂的内部亏损之间的差额、内行借款利息收入与内行存款利息支出的差额，同样应在整个公司的完工产品和在产品之间按标准成本比例分配。

④ 公司完工产品或在产品的标准成本差异可依据各个分厂的各种产品成本差异按公司产品区分的标准成本差异进行分配；整机的对外销售应按实际成本结转产品销售成本，散件的对外销售可按内部转移价格结转产品销售成本。

为了避免编制调整分录，我们在设计分厂会计制度时，对相关收入、费用和利润科目要求分设"公司内部产品销售收入"和"公司外部产品销售收入"等明细科目，并在公司会计制度中作了规定。这些处理技巧，公司本部在编制对外报表时只存在汇总和直接对冲，不存在业务调整问题，大大地简化了公司对外会计报表编制的工作量。

广西柳工机械股份有限公司的标准成本、作业成本与企业内部转移价格的有机结合体系中，标准成本是基础，作业成本是升华，企业内部转移价格是控制中枢。三者的结合应用将推动管理会计科学的发展，提高企业内部的成本核算与成本管理水平。

本章关键词中英文对照

1. 生产成本	produce cost
2. 成本习性	cost behavior
3. 直接分配法	direct distribution method
4. 间接成本	indirect cost
5. 混合成本	mixed cost
6. 高低点法	high and low point method
7. 回归直线法	regress straight-line method
8. 变动成本	change cost
9. 单位变动成本	the unit change cost
10. 固定成本	fixed（activity）cost
11. 产品最优定价	optimum fixed price of product
12. 成本差异	cost variance
13. 生产组合	produce combination
14. 本—量—利分析（CVP 分析）	cost – volume – profit analysis
15. 变动成本法	change cost method
16. 完全成本法	complete cost method

17. 贡献毛益   contribution margin
18. 变动费用   change expense
19. 固定费用   fixed expense
20. 期间成本   period cost

预测案例分析

【本章内容与要点】

本章包括销售预测、加权平均边际贡献率的测算、保本点和目标利润的预测、对安全边际率的运用、利用目标成本预测企业成本、利用本量利法进行成本预测、融资需求的预测等 10 个案例分析。通过本章的学习，学生应该了解企业预测分析的基本原理，掌握企业预测分析的方法。

4.1 运用意见汇集法进行销售预测

◇ 分析目的

通过本案例分析，理解和掌握企业如何用意见汇集法对销售额进行预测。

◇ 分析资料

华夏公司采用意见汇集法对销售额进行预测，该公司 15 名市场调研人员对计划期销售额的平均预测值为 6 500 万元，30 名销售人员对计划期销售额的平均预测值为 5 800 万元，而 6 名销售部门经理的平均预测值为 6 300 万元。假定市场调研人员的权数为 0.4，销售人员的权数为 0.3，销售部门经理的权数为 0.3。

◇ 分析要求

要求分别用算术平均法和加权平均法来确定计划期的销售预测值。

◇ 分析重点

意见汇集法是销售预测中判断分析法的一种，也称推销人员意见综合判断法，是由本企业熟悉市场情况的推销人员，包括市场调研人员和销售人员对各类顾客进行调查，并将调查的意见填入卡片或表格，然后由销售部门结合具有丰富经验的销售部门经理的意见进行综合汇总，对某产品的销售趋势进行分析预测。对于参与销售预测的不同人的销售预测额，可采用简单算术平均或以不同权数进行加权平均的方法具体操作。

◇▏**分析提示与参考答案**

采用算术平均法计算的计划期销售预测值 $= \dfrac{6\,500 + 5\,800 + 6\,300}{3} = 6\,200$（万元）。

采用加权平均法计算的计划期销售预测值 $= 6\,500 \times 0.4 + 5\,800 \times 0.3 + 6\,300 \times 0.3 = 6\,230$（万元）。

■ **小讨论**

意见汇集法是建立在假设参与预测的业务人员都能向企业反映真实情况的基础之上的，然而业务人员的素质不同，他们对形势的判断有可能过于乐观或悲观，从而影响预测的结果。此外，顾客对预测对象了解的程度不同也会使预测出现偏差。为了消除这种人为的偏差，企业可以如何处理？

◇▏**基本知识点**

意见汇集法对销售的预测简单适用、集思广益，费用也较低。在市场发生新变化的情况下，采用这种方法能够迅速对预测进行修正。企业的基层业务人员都比较熟悉市场，能够直接倾听各类顾客的意见，因而能够向企业反映顾客意见的信息。

预测，是人们根据已知信息，运用科学的方法来预计、推测事物未来发展趋势和可能结果的一种分析行为。销售预测，是在充分调查研究的基础上，借助历史资料，运用科学的方法，预测未来一定期间内有关产品的销售数量、销售状态及其变化趋势的一种管理活动。销售预测是企业预测工作的重要内容，是企业管理工作的一个重要组成部分。企业管理者只有在充分了解市场需求状态和产品销售规律的情况下，才能正确地组织未来时期的生产经营活动，做到以销定产，供求一致，把企业的自身状况、发展目标与外部环境协调起来，强化企业管理，提高经济效益。进行销售预测主要是为了改进销售工作，加速资金的周转，实现更大的利润；为了合理地安排生产，把企业的生产计划及其他有关计划同企业所处的环境及自身的条件紧密结合起来，创造出更好的经济效益。利润预测是企业经营预测的另一个重要内容，它是在销售预测的基础上，通过对产品的销售数量、价格水平、成本状况进行分析和测算，预测出企业未来一定时期的利润水平、变动趋势及实现预期目标利润的措施和途径。

4.2 运用特尔菲法进行销售预测

◇▏**分析目的**

通过本案例的学习，理解和掌握企业如何用特尔菲法对销售额进行预测。

◇　**分析资料**

鸿运公司准备于 2011 年投产一种新产品，聘请 8 名有关专家采用特尔菲法对该产品的全年销售额进行预测。公司将该产品的功能、特点及样品分别对各位专家作了详细介绍，并提供了同类产品的有关市场价格和销售情况等信息；发出信函征求各位专家的意见，请他们分别作出自己的预测，经过 3 次反馈后，专家预测的结果如表 4－1 所示。

表 4－1　专家预测的年销售额　　　　　　　　　单位：万元

专家编号	第 1 次判断销售额			第 2 次判断销售额			第 3 次判断销售额		
	最　高	最可能	最　低	最　高	最可能	最　低	最　高	最可能	最　低
1	18	15	10	19	15	12	18	15	11
2	20	16	12	22	18	14	20	15	12
3	15	12	9	15	13	10	16	12	9
4	8	6	4	9	7	4	12	8	4
5	30	18	12	28	20	14	26	20	13
6	12	9	6	15	11	8	16	12	8
7	10	8	5	12	9	6	14	10	6
8	13	10	7	15	12	8	15	13	9
平　　均	16	12	8	17	13	10	17	13	9

◇　**分析要求**

利用特尔菲法分别采用算术平均法和加权平均法计算 2011 年该产品的销售额预测值，假定最高的权数为 0.3，最可能的权数为 0.5，最低的权数为 0.2。

◇　**分析重点**

特尔菲法是以函询方式向若干名专家分别征求意见，各个专家独立地对企业某种产品的未来销售情况进行预测分析，然后企业将各个专家的预测结果进行汇总，并以不记名的方式反馈给各位专家，再次征求各位专家的意见，请他们参考他人的意见修正本人原来的判断，如此反复多次，最后集各家之所长，对销售作出综合预测。

◇　**分析提示与参考答案**

采用简单算数平均法对最后一次专家预测值进行计算，该产品的销售预测值 $=\dfrac{17+13+9}{3}=13$（万元）。

采用加权平均法计算，该产品的销售预测值 = $17 \times 0.3 + 13 \times 0.5 + 9 \times 0.2 = 13.4$（万元）。

■ 小讨论

销售预测的方法除了以上两种方法外，还有哪些？

◇ 基本知识点

销售预测的方法有许多，常用的方法主要有判断分析法、调查分析法、趋势分析法和因果分析法等。

判断分析法是一种常用的定性分析方法，包括以上的意见汇集法和专家判断法，专家判断法中有专家个人意见集合法、专家小组法和特尔菲法。

调查分析法是通过对某种商品在市场上的供需情况和消费者的消费取向的调查，来预测本企业产品的销售趋势。这种方法的主要信息来源在于调查，调查的范围应尽可能广泛而具有代表性。一般来说，调查的内容包括对产品的调查、对客户的调查、对经济发展趋势的调查、对同行业的调查等。比如某企业对本市居民未来两年的微波炉需求量进行抽样调查，全市居民共有 180 万户，抽样选出 1 000 户进行调查，调查结果如下：目前已购买微波炉户数为 600 户，占样本的 60%，未购买微波炉的户数为 400 户，占样本的 40%，两年之内需购买微波炉的户数为 200 户，占样本的 20%。根据调查结果，可以计算出全市两年之内准备购买微波炉的户数为 36 万户（180 万户×20%），即全市两年内微波炉需求量为 36 万台。再对下列因素进行调查分析，就可以预测出本企业两年内微波炉的销售趋势：① 居民对微波炉型号的喜好；② 外地供应本市微波炉的数量；③ 同行业竞争对手的销售情况；④ 本企业在市场上可能占有的市场份额；⑤ 本企业调整推销方案可能增加销售量的情况。这样调整之后就可以预测出本企业未来 2 年微波炉的可能销售数量，据此可以制订生产计划。

调查分析法是销售预测中常用的方法，但这种方法成本费用较高，而且因为被调查者主观判断的偏差可能会影响预测的准确性，实际工作中可以将调查分析法与判断分析法相结合，以提高预测的准确性。

趋势分析法是企业根据销售的历史资料，用一定的计算方法预测出未来的销售变化趋势。这种方法适用于产品销售比较稳定，销售变化有规律的企业。趋势分析法是一种由历史数据推测未来的引申法，故又称为历史引申法。趋势分析法主要有简单平均法、移动平均法、加权移动平均法、指数平滑法和季节预测法。

因果分析法就是从影响产品销售的各种相关因素中，找到他们与销售量的函数关系，并利用这种因果关系进行销售预测。这种方法往往要建立预测的数学模型，故又称为回归分析法。

4.3 利用趋势分析法进行销售预测

◇ **分析目的**

通过本案例的学习，理解和掌握趋势分析法对销售额的预测。

◇ **分析资料**

光华企业 2010 年上半年的销售情况如表 4 - 2 所示。

表 4 - 2 光华企业 2010 年上半年销售额   单位：万元

月　份	销　售　额
1	12 000
2	9 000
3	13 000
4	12 000
5	10 500
6	10 000
合　计	66 500

假定利用最近 4 个月的数据来预测未来月份的销售额时规定的权数为 0.1、0.2、0.3、0.4，指数平滑系数为 0.7，6 月份原预测销售额为 10 500 万元，7 月份实际销售额为 11 800 万元。

◇ **分析要求**

（1）用简单平均法预测光华企业 2010 年下半年的销售额。
（2）用移动平均法预测 7 月份和 8 月份的销售额。
（3）用加权移动平均法预测 7 月份和 8 月份的销售额。
（4）用指数平滑法预测 8 月份的销售额。

◇ **分析重点**

简单平均法是将过去几个经营时期销售数量的算术平均值作为未来销售数量的预测数。简单平均法使过去几期的差异平均化，没有考虑到销售变化趋势，这样可能会出现较大的误差，因此，它只适用于销售基本稳定的产品，如一些日常生活必需品等。计算公式为：

$$S = \frac{\sum\limits_{i=1}^{n} x_i}{n} = \frac{x_1 + x_2 + \cdots + x_n}{n} \tag{4-1}$$

式中：S——过去 n 期销售额的平均值；

x_i——第 i 期的销售额；

n——期数。

移动平均法则是尽可能选择最近的几期数据，比如预测 7 月份销售额选用 1 至 6 月份的数据，预测 8 月份销售额选用 2 至 7 月份的数据。依次类推，滚动地预测以后几个月的销售额，这样会在一定程度上减少误差，这种方法一般适用于销售略有波动的产品。计算公式为：

$$S_t = \frac{\sum\limits_{i=t-n}^{t-1} X_i}{n} \tag{4-2}$$

式中：S_t——第 t 期的预测值；

X_i——第 i 期的销售额；

n——期数。

加权移动平均法是在移动平均法的基础上，根据销售变化趋势给各期规定不同的权数，然后求出加权后的各期平均数，以此作为销售预测值。这种方法适用于销售数量有明显变化的产品，一般来说，近期的数据，确定的权数要大些，远期数据对预测影响程度小些，确定的权数也小些。确定了各期的权数后，滚动式地预测出以后各期的销售额。计算公式为：

$$S_t = \frac{\sum\limits_{i=t-n}^{t-1} W_i X_i}{\sum\limits_{i=t-n}^{t-1} W_i} \tag{4-3}$$

式中：S_t——第 t 期的预测值；

W_i——第 i 期的权数；

X_i——第 i 期的销售额；

n——期数。

如果令 $\sum\limits_{i=t-n}^{t-1} W_i = 1$，则式（4-3）简化为：

$$S_t = \sum\limits_{i=t-n}^{t-1} W_i X_i \tag{4-4}$$

指数平滑法是在加权移动平均法的基础上发展而来的，它能消除采用加权移动平均法所带来的某些预测计算的偏差。这种方法在预测时引入一个指数平滑系数 α，然后求出预测值，可以提高预测的准确性。计算公式为：

$$S_t = \alpha D_{t-1} + (1 - \alpha) S_{t-1} \qquad (4-5)$$

式中：S_t—— 第 t 期的预测值；

D_{t-1}—— 第 $t-1$ 期的实际销售额；

S_{t-1}—— 第 $t-1$ 期的预测值；

α—— 指数平滑系数，是满足 $0 < \alpha < 1$ 的常数。

◇ **分析提示与参考答案**

（1）用简单平均法预测的销售额 = 66 500/6 = 11 083（万元）。

（2）用移动平均法对 7 月份预测的销售额同上，仍为 11 083 万元；用移动平均法对 8 月份预测的销售额为：

$$S_8 = \frac{9\,000 + 13\,000 + 12\,000 + 10\,500 + 10\,000 + 11\,800}{6} = 11\,050（万元）$$

（3）用加权移动平均法对 7 月份预测的销售额 = 13 000 × 0.1 + 12 000 × 0.2 + 10 500 × 0.3 + 10 000 × 0.4 = 10 850（万元）；用加权移动平均法对 8 月份预测的销售额 = 12 000 × 0.1 + 10 500 × 0.2 + 10 000 × 0.3 + 11 800 × 0.4 = 11 020（万元）。

（4）用指数平滑法对 7 月份预测的销售额 = 0.7 × 10 000 + (1 - 0.7) × 10 500 = 10 150（万元）；

用指数平滑法对 8 月份预测的销售额 = 0.7 × 11 800 + (1 - 0.7) × 10 150 = 11 305（万元）。

4.4 加权平均边际贡献率的测算

◇ **分析目的**

通过本案例的学习，理解和掌握边际贡献及边际贡献率、加权平均边际贡献率的重要概念。

◇ **分析资料**

红星日化厂 2010 年生产甲、乙、丙 3 种产品，已知 3 种产品的单价分别为 10 元、8 元和 6 元，单位变动成本分别为 8 元、5 元和 4 元，销售量分别为 200 万件、100 万升和 550 万吨。固定成本总额为 1 000 万元。

◇ **分析要求**

要求计算红星日化厂 2010 年 3 种产品的加权平均边际贡献率。

◇ **分析重点**

本量利分析既可用于利润预测，又可用于成本和业务量的预测。因为在这一预测中，它首先将成本按照其与业务量的依存关系划分为：随着业务量的变动成正比例变动的变动成本和在一定业务量范围内不随业务量的变动成正比例变动的固定成本，随之就会产生"边际贡献"这一重要概念。边际贡献是销售收入与相应变动成本之间的差额，旨在描述某产品带来的销售收入先弥补了亟须补偿的变动成本之后对企业做出的贡献。在这里我们说变动成本"亟须补偿"是指变动成本，如直接材料、直接人工等，是每一生产周期必须及时补偿价值的，即要购买新原料开支付工资，否则会影响下一生产周期的正常经营。而固定成本则不然，由于机器设备的购置更新等不是每一生产经营都需进行的，所以其折旧等固定成本并不是每一周期亟须补偿的价值。固定成本不能及时补偿只会是企业暂时的亏损，而不会造成企业正常经营的中断。当然固定成本长时间得不到补偿就会影响企业的固定资产的购置更新等，产生巨额的亏损，带来经营困难。

边际贡献率是产品产生的边际贡献占销售收入的百分比。反映每 1 元的销售收入所提供的边际贡献。每个产品都有自己的边际贡献率，当计算多种产品的综合边际贡献率时需要将各自的销售额比重作为权数进行加权计算，从而得出综合的加权边际贡献率。

◇ **分析提示与参考答案**

先计算各产品的边际贡献率。

甲产品： $\dfrac{10-8}{10}=20\%$

乙产品： $\dfrac{8-5}{8}=37.5\%$

丙产品： $\dfrac{6-4}{6}=33.3\%$

再计算各产品的销售比重。

甲产品： $\dfrac{10\times200}{10\times200+8\times500+6\times550}=21.51\%$

乙产品： $\dfrac{8\times500}{10\times200+8\times500+6\times550}=43.01\%$

丙产品： $\dfrac{6\times550}{10\times200+8\times500+6\times550}=35.48\%$

以各产品的销售比重为权数，计算可得加权平均边际贡献率为：

$$20\% \times 21.51\% + 37.5\% \times 43.01\% + 33.33\% \times 35.48\% = 32.26\%$$

4.5　保本点和目标利润的预测

◇ 分析目的

通过本案例的学习，利用本量利分析法对企业保本点销售量和保本点销售额进行预测，并对企业为完成目标利润的销售量作出预测。

◇ 分析资料

美林尔公司是一家洗涤用品生产厂，现对一个新产品进行试生产，根据成本分解，该产品单位变动成本为 20 元，固定成本总额为 150 000 元，市场上该产品每件的销售价格为 35 元。

◇ 分析要求

（1）预测该新产品的保本销量和保本销售额。

（2）如果企业欲由新产品带来 300 000 元的利润则所需该产品的销售量是多少？销售额又是多少？

◇ 分析重点

这是本量利分析法的具体运用。在 4.1 节的分析重点中已提到本量利中的成本按照成本性态划分为变动成本和固定成本。由此得出，本量利模型下基本的利润方程式为：

$$
\begin{aligned}
收入 - 变动成本 - 固定成本 &= 销量 \times 单价 - 销量 \times 单位变动成本 \\
&= 销量 \times （单价 - 单位变动成本） - 固定成本
\end{aligned}
\tag{4-6}
$$

在这一公式下，令利润为 0，得出的销售量即为保本销售量，乘以单价即为保本销售额。令利润方程式中的利润为目标利润值解出的销售量即为实现目标利润的销售量。

◇ 分析提示与参考答案

$$保本销售量 = \frac{固定成本总额}{销售单价 - 单位变动成本} = \frac{150\ 000}{35 - 20} = 10\ 000 （件）；$$

$$保本销售额 = 保本销售量 \times 销售单价 = 10\ 000 \times 35 = 350\ 000 （元）；$$

$$该产品为实现 300\ 000 元的目标利润需完成的销售量 = \frac{固定成本总额 + 目标利润}{销售单价 - 单位变动成本} =$$

$$\frac{150\ 000 + 300\ 000}{35 - 20} = 30\ 000 \text{（件）；}$$

该产品为实现 300 000 元的目标利润需完成的销售额 = 30 000 × 35 = 1 050 000（元）。

◇ **基本知识点**

利润预测对企业的经营决策具有重要的意义。企业通过利润预测可以对有关收入、成本和利润进行综合细致的分析，为企业的经营决策提供可靠的依据。同时，开展利润预测也可以发现生产经营中存在的问题，有利于改善经营管理，提高企业的经济效益。利润预测要在了解企业过去和现在的生产经营状况及所处经济环境的基础上，运用一定的科学方法，对影响利润的各种因素进行分析，测算出企业未来的利润水平。利润预测的方法很多，以上主要介绍最常用的本量利分析法、相关比率法（盈亏临界点作业率、安全边际率等）和利润的敏感分析（因素分析）法。

目标利润预测：

① 目标利润是指企业在未来一段时间内，经过努力应该达到的最优化控制目标，它是企业未来经营必须考虑的重要战略目标之一。

② 目标利润的预测分析过程主要包括以下 4 个步骤：选择确定特定的利润率标准；计算目标利润基数；确定目标利的修正值；确定最终目标利润并分散落实。

4.6 对安全边际率的运用

◇ **分析目的**

通过本案例的学习，理解和掌握销售利润率与边际贡献率及安全边际率的关系并将其运用于有关利润、成本的预测中。

◇ **分析资料**

华美公司生产甲产品，上年有关资料为：单位售价为 100 元，单位直接材料费用为 25 元，单位直接人工费用为 15 元，单位变动制造费用为 15 元，全年固定性制造费用为 60 000 元，单位变动性销售费用及管理费用为 5 元，全年固定性销售及管理费用为 40 000 元，安全边际率为 60%，所得税率为 25%。

◇ **分析要求**

（1）计算该产品上年盈亏临界点销售量、实际销售量及税前利润。

（2）该企业预计本年度广告费将增加 20 000 元，单位变动销售及管理费用将降低 2 元，计算为实现税后目标利润 116 580 元所需要的销售量。

（3）该企业在计划期为使税前销售利润率达到 27%，在单位售价可提高 5% 的条件下，安全边际率仍维持 60% 不变，产品的单位变动成本应降低到多少？

◇ 分析重点

安全边际，是指正常销售额超过盈亏临界点销售额的差额，它表明销售额下降多少企业仍不致亏损。公式为：

$$安全边际 = 正常销售额 - 盈亏临界点销售额 \qquad (4-7)$$

有时企业为考察当年的生产经营安全情况，还可以用本年实际订货额代替正常销售额来计算安全边际。企业生产经营的安全性，还可以用安全边际率来表示，即安全边际与正常销售额（或当年实际订货额）的比值。公式为：

$$安全边际率 = \frac{安全边际}{正常销售额(实际订货额)} \times 100\% \qquad (4-8)$$

安全边际和安全边际率的数值越大，企业发生亏损的可能性越小，企业就越安全。安全边际率是相对指标，便于不同企业和不同行业的比较。企业安全性的经验数据如表 4-3 所示。

表 4-3   安全性检验标准

安全边际率	40% 以上	30% ～ 40%	20% ～ 30%	10% ～ 20%	10% 以下
安全等级	很安全	安全	较安全	值得注意	危险

由于临界点把正常销售分为两部分：一部分是盈亏临界点销售额；另一部分是安全边际，即正常销售额 = 盈亏临界点销售额 + 安全边际。等式两边同除以正常销售额，则盈亏临界点作业率 + 安全边际率 = 1。可见，只有安全边际才能为企业创造利润，而盈亏临界点销售额扣除变动成本后只能为企业收回固定成本。安全边际部分的销售减去其自身变动成本后成为企业利润，即安全边际中的边际贡献等于企业利润。此外，销售利润率与安全边际率、边际贡献率有以下关系，即

$$销售利润率 = 安全边际率 \times 边际贡献率 \qquad (4-9)$$

此公式为我们提供了一种计算销售利润率的新方法，并且表明，企业要提高销售利润率，就必须提高安全边际率（即降低盈亏临界点作业率），或提高边际贡献率（即降低变动成本率）。

◇ 分析提示与参考答案

（1）单位产品变动成本 = 25 + 15 + 15 + 5 = 60（元）

上年盈亏临界点销售量 = (60 000 + 40 000)/(100 - 60) = 2 500（件）

上年实际销量 = 2 500/（1 - 60%）= 6 250（件）

上年利润额 = （100 - 60）× 6 250 - （60 000 + 40 000）= 150 000（元）或（6 250 - 2 500）×（100 - 60）= 150 000（元）

（2）计算实现目标利润所需的销售量：[（60 000 + 40 000 + 20 000）+ 116 580/（1 - 25%）]/[100 -（60 - 2）] = 6 558（件）

（3）根据

$$销售利润率 = 安全边际率 × 边际贡献率$$

则

$$边际贡献率 = 27\% / 60\% = 45\%$$

$$变动成本率 = 1 - 边际贡献率 = 55\%$$

由于

$$变动成本率 = 单位变动成本/销售单价$$

因此单位变动成本 = 销售单价 × 变动成本率 = 100 ×（1 + 5%）× 55% = 57. 75（元）

■ 小讨论

练习用本量利法、因素分析法等对企业利润作出预测。

1. 晨光纸业利润预测

造纸在中国有着悠久的历史，但在改革开放后，造纸工业才得到较快的发展。从 1978 年到 1995 年，中国纸品年产量从 439 万吨增加到 2 812 万吨，在数量上仅次于美国和日本而居世界第 3 位，年平均增长 10.4%，略高于国民生产总值的增长率，基本与我国的国民经济发展相适应。但随之而来的企业规模小，技术较落后，环境污染严重，非木材纤维占原料的比重大，耗电耗水多等问题也越来越明显，制约了我国造纸工业的进一步发展。为了解决发展与制约的矛盾，国家制定了造纸工业"十二五"计划及 2020 年远景规划，在关闭污染严重，成本高的小纸厂的同时，建议现有造纸企业生产规模通过技术改造达到年产 5 万吨以上，还要重点发展 5 个年产能力达 40 万吨的巨大造纸企业。在国内造纸企业中，晨光纸业可以说是民族产业中发展最快、规模最大、获利能力最强的企业之一，连续 5 年净利润居同行业首位。根据市场调查分析，国内造纸业经过了近 3 年的低迷，进入 2011 年开始表现出强劲的增长势头，产量、价格均有较大幅度的增长。预计 2011 年产品销售额可达 38 万吨，每吨售价增长到 5 600 元。另外，产品的单位变动制造成本为 3 000 元，单位变动销售费用为 350 元，单位变动管理费用为 150 元，固定成本总额为 4. 45 亿元，企业所得税税率为 25%。

要求：

（1）利用量本利分析法预测晨光纸业 2011 年的目标利润。

（2）若企业根据市场环境、生产能力、技术条件等因素，确定企业在 2011 年利润可达 3 亿元，试用量本利分析法预测出实现目标利润的销售量和销售额。

（3）量本利分析法在企业利润预测实践中应首先做好哪些基础工作？对利润预测的影

响何在？

（4）量本利分析法在我国企业利润预测中的应用现状及应注意的问题。

2. 东方集团利润预测

东方集团公司 2009 年实现利润总额为 5 880 000 元，2009 年产品销售量较 2008 年有所提高，达到 500 000 件，销售单价为 24.5 元，产品的单位变动成本为 12.5 元，固定成本为 120 000 元。东方公司销售部有关人员通过市场上产品供需情况的调查，并会同财务部对公司 2010 年的销售情况进行了预测，预计 2010 年产品销售量可达 580 000 件。另外，公司全年因改进了产品的工艺设计，预计单位变动成本可降至 10.3 元，但同时固定成本会增加到 135 000 元，公司拟通过降低价格增加销量来提高产品的市场占有率，价格拟降为单价 22.5 元。

要求：试采用因素测算法测算各因素变化对 2010 年利润的影响，并根据各项因素的变化预测 2010 年的利润。

3. 冰箱压缩机厂利润预测

冰箱压缩机厂产销单一产品，2009 年和 2010 年的价格、工资标准和成本水平较稳定。预计 2011 年也不会有明显的变化。冰箱压缩机的单位售价为 250 元，每年固定支出销售及管理费用为 1 000 000 元。现将 2009 年、2010 年的产销量和产品成本资料列于表 4-4 中。

表 4-4　冰箱压缩机厂的产销量和产品成本

单位：元

项　　目	2009 年	2010 年
产销量/台	60 000	75 000
产品成本	12 000 000	14 250 000
其中：材料费用	3 600 000	4 500 000
人工费用	2 400 000	3 000 000
制造费用	6 000 000	6 750 000

要求：厂长要求财会部门测算如下指标。

（1）保本销售量和销售额。

（2）安全边际率。

（3）2011 年预计销售量可增加 20%，目标利润预测数为多少？

（4）为了扩大市场份额，拟单位售价降低 10%，目标利润仍要求达到上述预测数，则销售量应为多少台？比 2010 年增长的百分比是多少？

（5）经生产科测算生产量只能增加 40%，要达到上述目标利润预测数，固定成本应减少多少？

　　(6) 经测算，单位售价降低 10% 后，产销量可增加 40%，但固定成本只能降低 15%，要达到上述目标利润预测数，变动成本应控制在什么水平？

◉ **小资料**

　　对利润的极度追求，与"灰色分销"带来的利润黑洞，是一对必然的矛盾，却也是不得不面对的现实。

——异数戴尔的踌躇转型路.

4.7　利用目标成本预测企业成本

◇ 分析目的

通过本案例的学习，利用倒推测算法进行目标成本的预测。

◇ 分析资料

　　A 企业生产甲产品，假定产销平衡，预计甲产品的销售量为 5 000 件，单价为 600 元，增值税率为 17%，另外还需交纳 10% 的消费税。假设该企业甲产品购进货物成本占销售额的预计比重为 40%；若该企业所在地区的城市维护建设税税率为 7%，教育费附加为 3%；同行业先进的销售利润率为 20%。

◇ 分析要求

　　要求预测该企业的目标成本。如果该企业在生产甲产品的同时还生产乙产品，预计乙产品的销售量为 3 000 件，单价为 400 元，不用交纳消费税；乙产品购进货物成本占销售额的预计比重为 50%，其他条件保持不变。在这种情况下预测企业总体的目标成本又是多少？

◇ 分析重点

　　倒推测算法是从预计的营业收入和中减去目标利润和应交纳税金后的余额，即

　　　　单一产品生产条件下产品的目标成本 = 预计销售收入 − 应交税费 − 目标利润

　　　　多产品生产条件下全部产品的目标成本 = ∑预计销售收入 − ∑应交税费 − ∑目标利润

◇ 分析提示与参考答案

　　目标利润 = 5 000 × 600 × 20% = 600 000（元）

　　应交税费 = 5 000 × 600 × 10% + [300 000 + 5 000 × 600 × (1 − 40%) × 17%] ×

　　　　　　　(7% + 3%) = 360 600（元）

目标成本 = 5 000 × 600 - 360 600 - 600 000 = 2 039 400（元）

如果同时生产乙产品，则

总体目标利润 =（5 000 × 600 + 3 000 × 400）× 20% = 840 000（元）

总体目标成本 =（5 000 × 600 + 3 000 × 400）-［360 600 + 3 000 × 400 ×（1 - 50%）× 17% ×（7% + 3%）］- 840 000 = 2 989 200（元）

4.8　对单一产品利用本量利法进行成本预测

◇ 分 析 目 的

通过本案例的学习，练习本量利分析在单一产品成本预测中的具体应用。

◇ 分 析 资 料

红星工厂生产一种产品，预计单价为 100 元，单位变动生产成本为 60 元，固定生产成本为 110 000 元。当企业要求完成 50 000 元的利润任务时，预计单价、单位变动生产成本、单位变动非生产成本均不变，根据目前市场调查预算本期销售量为 3 500 件。

◇ 分 析 要 求

（1）要求预测该产品的保本点和保本额。

（2）为完成 50 000 元的利润任务，固定成本需控制在多少以内？如该企业发现无法控制固定成本，为保证实现 50 000 元利润，需将单位变动成本控制在多少？

◇ 分 析 重 点

本量利关系要点在 4.5 节中利润预测部分已作详细说明，这里不再赘述。这里只是利用本量利关系进一步预测成本要素。

◇ 分析提示与参考答案

保本量 = 110 000/（100 - 60）= 2 750（件）

保本额 = 2 750 × 100 或 110 000/（1 - 60%）= 275 000（元）

为完成 50 000 元的利润，固定成本需控制的上限是：3 500 ×（100 - 60）- 50 000 = 90 000（元）

若固定成本无法控制，为完成 50 000 元的利润，单位变动成本需控制的上限是：（100 × 3 500 - 110 000 - 50 000）/3 500 = 54.28（元/件）

4.9 对多种产品利用本量利法进行成本预测

◇ **分 析 目 的**

通过本案例的学习，练习本量利分析在多种产品成本预测中的具体应用。

◇ **分 析 资 料**

光明工厂生产甲、乙两种产品，有关资料如表 4 - 5 所示。

表 4 - 5　光明工厂生产甲、乙两种产品的情况　　　　　单位：元

项 目 产 品	销 售 量	单 价 /(元/件)	单位变动成 本/(元/件)	边际贡献	销售收入	销售比重	固定成本
甲产品	1 750	20	12	8	35 000	35	
乙产品	1 625	40	16	24	65 000	65	
合 计					100 000	100	23 850

◇ **分 析 要 求**

（1）要求预测该企业综合保本额和各产品保本额。

（2）为完成 50 000 元的利润任务，试计算综合保利额和各产品保本额。

◇ **分 析 重 点**

保本量（额）是收入刚好弥补完成本尚未产生利润，即利润为零时的销售量（额）。根据本量利的关系式可以得出

$$保本量 = 固定成本/单位边际贡献 \qquad (4-10)$$

$$保本额 = 固定成本/边际贡献率 \qquad (4-11)$$

保利额是为实现目标利润所需达到的销售额。即

$$保利额 = (固定成本 + 目标利润)/边际贡献率 \qquad (4-12)$$

◇ **分析提示与参考答案**

（1）加权边际贡献率 = 40% × 35% + 60% × 65% = 53%

综合保本额 = 23 850/53% = 45 000（元）

甲产品保本额 = 45 000 × 35% = 15 750（元）

乙产品保本额 = 45 000 × 65% = 29 250（元）

（2）综合保利额 = （23 850 + 50 000）/53% = 139 339.62 （元）

甲产品保利额 = 139 339.62 × 35% = 48 768.87 （元）

乙产品保利额 = 139 339.62 × 65% = 90 570.75 （元）

◇ 基本知识点

成本预测是根据企业现有的经济、技术条件及今后的发展前景，运用一定的科学方法，通过对影响成本变动的有关因素进行计量、分析、比较，科学地规划企业未来一定期间内的成本水平及成本目标。它是成本管理的基础，是目标利润得以实现的保证措施之一。通过成本预测，可将成本管理纳入事前管理的轨道，使成本管理工作由单纯地进行事后核算与分析，转变为事前的计量与测算，从而可以提高企业管理的预见性和科学性。

成本预测以企业的历史成本数据及其他有关的经济信息为基础，可以估计和推断出成本的发展趋势，全面把握企业产品成本的历史、现状及将来的发展趋势，弄清楚成本变动同生产量之间的相互依存关系。据此，便可以确定出企业未来一定期间内的目标成本。目标成本的确立，为企业的目标管理工作奠定了基础。

成本预测是对企业未来的生产经营活动进行科学组织和严格控制的重要环节，它涉及企业内部管理工作的各个方面。通过成本预测，可使企业管理者掌握在现有条件下，有关因素对产品成本的影响，衡量本企业的产品成本水平与国内外同行业、同类型产品成本水平之间的差距，明确为实现未来的成本目标，应该采取的挖潜节流、降低成本的途径和措施，力争以最低的劳动消耗获得最大的经济效益。

● 小资料

财务人员要练好成本预测功

预测产品成本水平及其变动趋势，一般采用产量——成本预测分析法。其特点是依据按照成本与产量之间的依存关系而建立的数学模型，利用历史资料，预测未来产量下的产品成本水平，途径有以下两种。

① 利用产值成本率预测产品成本水平，即以当期的产值成本率乘以预期的计划经营产值，计算出预期经营计划总成本。这种方法简单，但如果预期产品品种构成发生变动，产值成本率指标也要相应变动，同时将产品成本全部看做是变动成本，因而会与实际情况不完全符合。

② 利用反映产量与成本依存关系的直线方程式预测产品成本水平，即预期成本为预期产值乘以变动成本率（即每元产值变动成本）再加上固定成本。这种方法比利用产值成本率预测成本更符合实际，关键是将全部成本划分为固定成本和变动成本，以及找到变动成本率。

4.10　融资需求的预测

◇ **分析目的**

通过本案例的学习，掌握运用销售百分比法预测融资需求。

◇ **分析资料**

红光公司是一家生产机器设备的国有企业，2009 年完成销售收入 746 万元，实现净利润 59.68 万元，向投资者分配利润 23.87 万元。2009 年 12 月 31 日的资产负债表如表 4 - 6 所示。

表 4 - 6　资产负债表

编制单位：华光公司　　　　　　　　　　2009 年 12 月 31 日　　　　　　　　　　单位：万元

项　目	年 末 数	项　目		年 末 数
货币资金	75	短期借款		105
交易性金融资产	18	应付票据		9
应收票据	19	应付账款		209
应收账款	600	预收账款		14
减：坏账准备	3	应付职工薪酬	工资	9
应收账款净额	597		福利费	28
其他应收款	50	应付股利		38
预付账款	49	应付利息		14
期货保证金		应交税费		9
应收补贴款		其他应交款		8
应收出口退税		其他应付款		19
存货	445	预提费用		14
待摊费用	39	预计负债		
待处理流动资产净损失	12	一年内到期的长期负债		50
一年内到期的长期债券投资	45	其他流动负债		8
流动资产合计	1 310	流动负债合计		520
长期投资	75	长期借款		695
其中：长期股权投资	75	应付债券		500

项　　目	年　末　数	项　　目	年　末　数
长期债券投资		长期应付款	110
长期投资合计	75	专项应付款	
		其他长期负债	35
固定资产原价	3 617	长期负债合计	1 340
减：累计折旧	1 424		
固定资产净值	2 193	负债合计	1 860
减：固定资产净值准备			
固定资产净额		实收资本（股本）	200
固定资产清理	12	国家资本	
在建工程	35	集体资本	
待处理固定资产净损失	18	法人资本	
固定资产合计	2 258	个人资本	
		外商资本	
无形资产	14	资本公积	26
其中：土地使用权		盈余公积	114
长期待摊费用	20	其中：法定公益金	
其他长期资产	3	未分配利润	1 480
无形及其他资产合计	37	所有者权益合计	1 820
资产合计	3 680	负债和所有者权益合计	3 680

　　年初公司拟进行 2010 年的财务预测，于是，公司领导组织各生产部主管、供销部主管、财务部主管等召开了 2010 年生产、销售、资金计划会。会上，大家根据所掌握的情况，结合本公司实际分别作了发言。

　　销售部主管认为，企业产品市场需求较好，本年度可适当增加产品生产量，如果企业生产能力允许的话，可比上年增长 20%，销售价格不会有什么变化。

　　生产部主管讲，车间现在还有剩余生产能力，如果产品能够占领市场，销售有保证，企业现有的生产能力完成比上年增长 20% 的生产任务没有问题，即增加产销量不需要进行固定资产方面的投资。

　　财务部主管分析了上年的资金使用情况，认为 2009 年年末其他应收款占用较多，2010 年其他应收款占营业收入的比例应在 2009 年年末的基础上下降 1%。其他方面资金使用没什么问题。

会议结束时，经理责成财务部主管根据各部们提出的有关数据资料或建议，预测一下2010年需要从外界融通多少资金，以便公司作进一步的筹资安排。

会后，财务部立即着手进行资金需求量的预测。根据历史资料考察，公司流动资产、应付款项和预提费用都与销售收入的变动成正比关系；而长期资产项目、短期借款、应付票据、长期负债及股东权益项目则与销售无关；2010年如果能够较好地压缩费用支出，预计销售净利率将比上年增长10%，股利支付率与上年相同，留存收益增加，可以满足企业的部分融资需求。

◇ **分析要求**

（1）讨论融资需求的预测方法。

（2）请代财务部根据销售百分比法编制出公司2010年的融资需求，并列出融资需求表。

◇ **分析重点**

财务预测是指估计企业未来的融资需求。融资需求预测的方法主要有：定性预测法、销售百分比法、资金习性预测法（使用回归分析技术）、现金预算预测法及计算机预测法等。

销售百分比法是首先假设收入、费用、资产、负债与销售收入存在稳定的百分比关系，根据预计销售额和相应会计要素的百分比，预计资产、负债和所有者权益，然后利用会计恒等式确定融资需求。

具体的计算方法有两种：一种是先根据销售总额预计资产、负债和所有者权益的总额，然后确定融资需求；另一种是根据销售的增加额预计资产、负债和所有者权益的增加额，然后确定融资需求。

◇ **分析提示与参考答案**

红光公司采用根据销售总额预计资产、负债和所有者权益的总额，然后确定融资需求的销售百分比法。具体步骤如下。

（1）分析2009年12月31日资产负债表中各个项目与销售额之间的依存关系，区分直接随销售额变动的资产、负债项目与不随销售额变动的资产、负债项目，即将资产负债表项目划分为敏感项目与非敏感项目两大类。

红光公司根据历史资料考察，公司流动资产、应付款项和应付利息都随销售收入变动并成正比例关系；而长期资产项目、短期借款、应付票据及长期负债项目则与销售无关（注：如果固定资产已经满负荷运转即百分之百地利用，产销量的增加必然导致机器设备等固定资产的增加，此时固定资产净值应列为敏感资产；如果固定资产并未满负荷运转，而且产销量的增长未超过固定资产生产能力的限度，则产量增加就不需要增加固定资产的投入，此时固定资产净值不应列为敏感项目；如果固定资产未满负荷运转，但产销量的增长已超过固定资产生产能力的限度，则产量增长超过增加固定资产生产能力的限度的部分就要相应增加固定资产的投入，此时固定资产净值就应列为敏感项目。长期投资和无形资产类项目一般不随销售额的增长而增加）。所有者权益项目中实收资本、资本公积不随销售的增加而增加。留存收益是一个比较特殊的项目，它虽然也随产销量的增长而增长，但两者之间并没有一定的比例关系，既不能把它列为敏感项目也不能列为非敏感项目。应根据基年税后净利润占基年销售额的比例，乘以计划销售额，确定计划年度税后净利润的数额。如果计划年度不对投资者分配利润，则税后净利润就是留存收益的增加额；如果计划年度对投资者分配利润，则税后净利润应乘以（1－分配率）才是留存收益的增加额。应注意的是，如果以现金的形式进行分配，则按确定的分配率计算即可；但如果以非现金形式（如股票股利等形式）进行分配，则分配率应进行如下调整：分配率×（1－非现金分配比例）。

（2）确定敏感项目与销售额之间的比例关系，则将基期各敏感项目的金额分别除以基期销售额，计算敏感项目占销售额的百分比，如表4－7所示。

表4－7　红光公司销售百分率表

单位:%

资　　产	占销售收入的百分比	负债与所有者权益	占销售收入的百分比
货币资金	10.05	应付账款	45.84
应收账款	80.03	应付费用	1.88
其他应收款	6.7	应付票据	N
存货	59.65	短期借款	N
其他流动资产	19.17	长期负债	N
长期资产	N	实收资本	N
		资本公积	N
		留存收益	N
合　　计	175.60	合　　计	47.72

N：表示非敏感项目。

（3）计算预计销售额下的资产、负债。

资产（负债）＝不变动资产（负债）项目＋变动资产（负债）项目

资产 ＝ 2 370 ＋ 895.2 × 168.9% ＋ 895.2 ×（6.7% － 1%）

　　　＝ 2 370 ＋ 1 511.99 ＋ 51.03

　　　＝ 3 933.02（万元）

注：168.9% ＝ 10.05% ＋ 80.03% ＋ 59.65% ＋ 19.17% 或 175.6% － 6.7%

负债 ＝ 1 504 ＋ 895.2 × 47.72% ＝ 1 931.19（万元）

注：1 504 ＝ 105 ＋ 9 ＋ 1 390

（4）预计留存收益的增加额。

留存收益的增加额 = 895.2×8%×（1+10%）×（1-40%）= 47.27（万元）

（5）计算外部融资需求。

外部融资需求 = 预计总资产 - 预计总负债 - 预计所有者权益

$\qquad$ = 3 924.04 - 1 931.18 - （1 820 + 47.27）

$\qquad$ = 125.59（万元）

融资需求表如表4-8所示。

表4-8 红光公司2010年的融资需求　　　　　　　　　单位：万元

项　　目	上年期末实际	上年占销售额百分比/%（销售额746万元）	本年计划数（销售额895.2万元）
资产：			
货币资金	75	10.05	89.97
应收账款	597	80.03	716.43
其他应收款	50	6.70	42.07
存货	445	59.65	533.97
其他流动资产	143	19.17	171.61
长期资产	2 370	N	2 370
资产合计	3 680		3 924.05
负债和所有者权益：			
短期借款	105	N	105
应付票据	9	N	9
应付款项	342	45.84	410.36
应付利息	14	1.88	16.82
长期负债	1 390	N	1 390
负债合计	1 860		1 931.18
实收资本（股本）	200	N	200
资本公积	26	N	26
留存收益	1 594	N	1 641.27
所有者权益合计	1 820		1 867.27
融资需求			125.59
合　　计	3 680		3 924.05

N：表示非敏感项目。

■ **小讨论**

以上案例如果采用预测公式法如何进行外部筹资额的测算？

◇ **基本知识点**

资金是企业生产经营中各种财产、物资的货币表现，企业拥有资金的多少直接影响着企业生产经营活动的正常开展，以及企业未来的发展。企业为了进行正确的经营决策，合理地组织经济活动，除了必须进行销售、利润和成本的预测分析之外，还需要认真开展资金预测分析。正确地进行资金预测，不仅能为企业生产经营活动的正常开展测定相应的资金需要量，而且能为企业管理者制定经营决策，适时调度资金，优化资金结构，减少资金耗费，提高资金效益创造有利条件。

◇ **案例阅读资料**

让资金从一个"漏斗"进出

企业集团加强资金统一管理的意义，不仅在于大幅度提高了资金的使用效率，降低了成本，而且通过财务手段，使集团内部的生产、营销、采购、投资等各方面都得到了有效的规范、控制。

内蒙古鄂尔多斯羊绒集团公司的财务改革经历了一个循序渐进的过程。但是，随着集团事业的迅猛发展和快速扩张，原有的管理手段已经显得不适应发展的需要。部分下属企业出现了重指标、轻监管、弱化财务管理，甚至指挥不力、调度不灵、有令不行、有禁不止的倾向。具体表现为：一些下属企业依靠集团的"温床"，只管生产加工，忽视了销售市场的开拓，片面追求利润指标，费用摊提不实，成本控制不力，存货超储严重，造成资金闲置浪费、周转不畅、效率低下。全集团出现了高存款、高贷款的"双高"现象，有的企业存款闲置浪费而不能实施调剂使用。财务人员单方面听命于企业领导的指挥，甚至出现欺上瞒下、违纪违规、损害集团大局利益的现象。所有这些问题的产生，都说明缺乏一套严谨、高效的财务管理机制。从 1999 年开始，鄂尔多斯集团公司创立了以"四统一分，两级管理"为主要内容的财务管理新机制。

1）四统一分

根据"统一管理，分级实施"的原则，确立了以内部银行为中心的资金管理体制，其内涵是在"四统一分"的框架下，以内部银行作为集团内部全资、控股企业资金流程的必经之地和调控中枢，以资金统一管理和集中运作为核心，各全资、控股企业原有的银行账户统归财务公司内部银行接管，内部银行利用总体财务收支预算杠杆，实施现金流监控，调剂资金余缺，发挥资金的最大效能。"四统"即为机构、人员、制度、资金的统一。

① 机构统一。集团公司所属的全资、控股企业的财务机构为集团财务公司派出的机构。财务公司对各企业统一确定财务机构设置并编制定员。

② 人员统一。集团公司的全资、控股企业的财务人员由集团财务公司派驻和管理，实

行垂直领导。财务会计人员的工资、奖金、福利由财务公司统一发放，财务人员的培训、招聘、岗位调配、职称评聘、人事任免统归财务公司进行安排。各派出机构的财务人员以契约的形式与财务公司和所在服务企业签订人事合同，确定服务内容、岗位职责、工作标准、考核办法。所有财务会计实行岗位轮换制，原则上两年轮换一次。

③ 制度统一。各企业的财务管理制度、政策及会计核算方式，统一由财务公司制定，各企业可依据财务公司的制度制定本企业的实施细则，但需上报审批后方可实施。财务公司对各子公司财务制度的执行情况进行检查。

④ 资金统一。财务公司设立内部银行，作为内部结算中心，模拟商业银行的运作和核算形式，对各全资、控股企业的各项资金实行统一管理和运筹，企业的财务收支全部通过内部银行这一个"漏斗"进出，按预算实施监收控付，从源头上管理资金的流向，杜绝了企业不按制度规定乱借款、乱担保、乱投资、乱开支的现象，真正实现了资金管理的集中统一和灵活高效运作，一个账户管住全部企业。

⑤ "一分"就是核算分离。各公司的生产成本和经营成果按原有体制进行独立核算，自负盈亏。

2）两级管理

"两级管理"就是财务公司对各全资、控股企业进行一级管理，而企业财务机构按照"四统一分"的原则对内部车间（分厂）、工会、食堂及职能部门实施二级管理。一级管理的核心是管好、用活资金；二级管理的核心是进行成本控制。

3）内部银行——资金进出的唯一"漏斗"

财务公司成立后，内部银行接管了成员企业原有的银行账户。银行预留印鉴、空白票据全部交存内部银行，并对应开设内部账户。统一管理资金账户后，各企业的回款仍回到自己的账户，内部银行出具内部收款通知，作为记账凭证。内部银行可根据企业业务量的大小，统筹调剂安排资金，资金由"散存"变为"统存"，最大限度地发挥资金"蓄水池"的作用，实现了一个漏斗进出资金，一个账户管住开户企业。2000 年参与内部存款的企业全年平均存款 18 534 万元，而银行账户存款为 9 395 万元，调剂使用 9 000 多万元，节约财务费用 1 653 万元。

企业因生产经营资金周转困难，可向内部银行申请流动资金借款。内部银行通过对借款人经营状况、资产结构、负债比重、销售回款、营业利润、信用程度要进行严格审查，确认申贷合理、资信可靠、具备偿还能力的情况下，给予短期周转借款。借款完全由内部银行进行监督使用，专款专用。内部银行利用企业资金使用的时间差和空间差，1999 年为企业调剂资金总量为 1 亿元、2000 年增加到 1.4 亿元，真正实现了财尽其力和管好用活资金。

内部银行作为集团公司资金的流转结算中心，承担着资金统一运营和有效调剂的职能。受羊绒行业资金季节性交错的制约，每年原料收购旺季的资金"瓶颈"较为突出。从 4 月份开始，原料收购进入旺季，需要筹集大量的资金确保原料收储，而羊绒衫销售市场却因气候因素在 4—8 月基本上处于销售淡季，销售回款难以满足原料资金需求。在每年原料收购资金大幅度增加的情况下，内部银行积极利用统存统贷和利率杠杆，还高贷低，还旧贷新，大力压缩贷款规模，降低资本成本，避免了逾期贷款产生的高额罚息。

（1）强化资金管理职能，确立全方位、多层次、灵活高效的资金管理机制。

资金管理的实质就是对各个环节现金流的监督与控制，也就是对生产、营销、采购、项目投资等过程的现金流进行预算管理和定额考核，实行动态监控，统筹使用资金，量化开支标准。

（2）优化资金约束机制，抓好资金结构管理。

针对资金使用的轻重缓急，将营运资金区分为生产经营资金和非生产经营资金。生产经营资金是保证企业正常生产的必需资金，按照各个生产单位年度及月度计划，这部分资金必须满足供给，不得挤占或挪用。非生产经营资金是跟生产经营相对联系不太紧密的资金，这部分资金本着宁可少花、不可多花的原则，力求压缩总额开支。同时，结合厉行节约和有效管理，杜绝企业之间攀比开支、大手花钱，严格控制支出，避免资金分配的畸轻畸重。

（3）建立资金循环机制，狠抓资金流程管理。

为保证资金满负荷、高效益运营，发挥内部银行的蓄水池功能，调节资金余缺，重点支持成员单位的生产所需资金。内部调剂使用的资金，一律实行有偿制，严格监控，专款专用。

在营销环节中，资金的监控实行分级管理，内部银行只对内销总部——工贸中心，随时监控其销售货款回笼及账面存款。工贸中心实行财务、业务、配货三位一体的运作模式，资金实行收支两条线管理，即开设销售货款和费用提留两个账户。每天的销售款，必须先打入指定销售货款的专用账户，再根据核定的费用开支标准，提留一部分划转到费用账户中。销售货款不得在各销售机构滞留，必须按日汇划至工贸中心账户内，工贸中心按照同样的办法，及时集中至财务公司内部银行的有关账户中。这样，减少了资金的在途时间。

在采购环节中，全集团材辅料、机配件、零部件统一实行招投标制。内部银行严格按照中标单位、物品明细及供需双方的合同履行付款，始终保持供货单位、中标单位、收款单位三者的一一对应，手续不全、名称不符或因人情关系试图提前付款的，一律给予拒付。这样，就在资金支出环节中堵塞了漏洞。

项目投资方面，集团公司的基建、安装、技术改造、维修工程等统一采取招（投）标方式进行，集团所属建筑安装公司同其他非集团所属企业一样均参与竞标，内部银行依照标书、中标通知书、施工（安装）合同等资料监控付款。

生产环节中，主要是对成本费用的控制。内部银行紧紧抓住成本费用开支这条主线，全面实施目标成本管理工程，模拟市场核算，实行成本否决。通过制定目标成本（计划价格）模拟市场买断，划小核算单位，层层分解，细化成本指标到每一个生产环节，并将降低成本、节约耗费指标直接与业绩紧密挂钩，考核盈亏，奖优罚劣，使每位职工成为降本节耗的执行者与责任人。企业费用推行包干制，即将日常费用（如办公费、电话费、低值品等）分解核定为"人头"费用，人人心中都有一本账，年终集中兑现奖惩。

（4）建立资金补偿积累机制，强化资金后续管理。

按照国家制定的企业利润分配办法，企业按照既定的比例提取公积金和公益金后，集团公司应收取的投资收益全额上缴，不留余地。内部银行根据财务公司测定的结果，直接从企业内部账户中划收。

集团对所属全资公司实行回收折旧基金的方式，按照投资总额及企业固定资产总值，确定一定的上缴比例，集团收取当年折旧的 8%，留给企业 20%。集团收取的折旧基金通过内部银行直接划拨，如出现资金不足以划收，可办理内部借款手续，计收贷款利息。同时，集团对所属全资、控股企业采用回收管理费以补偿集团费用开支所需的资金。企业管理费按销售收入的 1% 计提交纳，管理费的划收上缴办法与上缴折旧基金的办法相同。考虑到企业自身承载的负担及市场因素，集团公司对困难企业给予适当扶持，通过发放一定数额的内部借款，重点支持企业进行技术改造和产品升级换代。这部分借款采取挂账停息的方式，待企业完全能够实现自收自支后偿还。

（5）实施资金预算管理，提高整体运营效果。

以内部银行为中心的资金管理实质就是对现金流的全程管理和预算控制。预算控制贯穿于整个财务收支的全过程，通过分级管理和过程控制，坚持预算的刚性作用，消除赤字预算，谋求挖潜增效。

4）分级编制，归口编报

围绕集团公司年度综合经营计划和内部经营目标责任，各企业一切财务收支均纳入预算管理范围，各经济核算单位自上而下都为资金预算的管理对象。资金预算采取分级编制、集中汇总、逐级审批的办法，即班组、车间、行政、采购、设备等部门按照各自的资金需求编制当月的资金支出预算，在规定的时限内报送所在企业财务部门。财务部门按照销售回款计划及降本节耗指标审核并汇总基层的资金支出预算，按照统一格式上报内部银行，由内部银行负责监督、平衡、控制。

5）集中审核，跟踪监控

财务公司根据"以收抵支，先收后支，自求平衡，略有盈余"的原则，权衡资金的轻重缓急及实有存款，并审核平衡资金。日计划不得突破月计划，月计划不得突破年计划，年计划不得突破总计划。采取刚性预算与弹性预算相结合的办法，消除赤字预算。对于日常零星支出，付诸于审核后的资金预算实施；对于固定资产和基本建设投资，一律采取招（投）标方式，实施付款时必须依照预算、协议、审计决算、验收等资料进行。如出现资料短缺、事项不符等情况，给予拒付。

企业因资金计划不足，每月只允许在限定的范围内追加两次支出预算。追加预算应为突发性支出或应急性支出。对于因预算考虑不周的日常开支，一概不予追加。

通过财务收支预算管理，坚持"以收抵支、自求平衡"的原则，遵循分级审批，层层把关，做到了按计划用款，按进度拨款，加强资金跟踪检查，营造了自上而下管好用活资金的良好氛围，形成了事前预算、事中控制、事后反馈的管理控制体系，促使企业自上而下，从集团到企业、车间、班组直至每个岗位都能够清楚"有多少钱，办多少事"，"钱从哪里来，花到哪里去"，出现了人人心中一本账，个个都是理财手的新局面。

集团所属企业内部之间的结算量占资金总支出额的85%以上。以内部银行为中心的资金管理改变了不论企业内外，不论金额多少，均需通过商业银行的做法，既方便了企业之间的往来款项结算，提高了工作效率，也节约了大量票据、手续费用。通过启用一个"漏斗"进出资金，有效调剂使用资金，集团公司在资金使用规模不断上升的情况下，反而大幅度减少了利息支出。同时，产品的生产成本也大幅度下降。

◉ 小资料

境外上市融资案例分析

惠州侨兴应当说是民营企业境外上市的典范。1995年侨兴公司为了扩大再生产，需要募集大量的生产资金。但私营企业想通过银行或在我国上市来募集到这笔资金是很困难的。为此，惠州侨兴通过其原来在香港注册的一家公司，到英属维尔京注册成立了侨兴环球，通过"曲线上市"的办法实现了在美国纳斯达克上市，并且曾创下了一周最高涨幅的辉煌。惠州侨兴为什么不直接到美国上市，而要通过香港的公司间接实现境外上市的目的？这是因为国内企业到海外上市，没有中国证监委的批准，是不允许的，而通过"曲线上市"的办法就避免了许多繁杂的手续。

惠州侨兴不仅实现了上市融资的目的，在设立了离岸公司后，还可以通过开设离岸账户的方式，避开我国的外汇管制，方便贸易资金往来。同时由于其在维尔京注册的公司不必在注册地生产经营，惠州侨兴还可以把注册资本移作他用。

结论：该案例是企业为实现扩大生产规模，筹集资金的目的而成功运用离岸公司的范例。

本章关键词中英文对照

1. 预测   forecast

2. 财务预测   financial forecast

3. 资金预测   fund forecast

4. 销售预测   sale forecast

5. 利润预测   profit forecast

6. 成本预测   cost forecast

7. 融资   financing

8. 销售百分比法   sale percentage method

9. 本量利分析法   cost-volume-profit analysis method

10. 盈亏临界点   breakeven point

11. 安全边际   safe bound
12. 边际贡献率   bound contribution rate
13. 变动成本率   change cost rate
14. 目标利润   objective profit
15. 指数平滑法   exponent level and smooth method

第 5 章

企业财务分析

【本章内容与要点】

本章包括财务报表分析、偿债能力分析、营运能力分析、盈利能力分析和预计财务报表分析 5 个案例分析。通过本章的学习，学生应该了解企业财务分析的基本原理，根据会计报表资料进行偿债能力分析、营运能力分析和盈利能力分析。

5.1　财务报表分析

◇ 分析目的

通过本案例的分析，理解和掌握财务报表分析方法，即综合利用资产负债表、利润分配表和现金流量表这 3 张财务报表，对企业的财务状况和经营成果进行总结评价。

◇ 分析资料

康远集团股份有限公司的前身为广东省光远华侨电子工业有限公司，成立于 1979 年 12 月。1992 年在深圳证券交易所上市交易，公司生产和销售黑白及彩色电视机、收录机、音响、图文传真机、对讲机、电话等产品，同时生产上述产品相应的元器件，为本公司配套生产及对外加工计算机模具、注塑件及包装材料，并进行证券投资及房地产投资。

康远集团 2008 年至 2010 年的财务报表，如表 5 - 1、表 5 - 2 和表 5 - 3 所示。

表 5 - 1　康远集团股份有限公司资产负债表　　　　单位：元

项　　目	2010 年	2009 年	2008 年
货币资金	1 331 893 504.00	1 044 899 136.00	994 857 088.00
交易性金融资产	1 243 200.00	0	0
交易性金融资产净额	1 243 200.00	0	0
应收票据	3 166 448 128.00	1 205 138 944.00	769 525 184.00
应收利息	0	0	6 892.13

续表

项　　目	2010 年	2009 年	2008 年
应收账款	334 547 136.00	278 685 792.00	594 635 840.00
其他应收款	77 463 136.00	131 938 752.00	109 958 616.00
坏账准备	0	0	73 209 040.00
应收账款净额	412 010 272.00	410 624 544.00	631 385 408.00
预付账款	58 949 244.00	86 928 934.00	160 250 904.00
存货	3 170 081 024.00	2 578 795 520.00	2 925 064 192.00
存货跌价准备	0	0	99 132 400.00
存货净额	3 170 081 024.00	2 578 795 520.00	2 825 931 776.00
待摊费用	32 407 450.00	25 000 214.00	71 179 408.00
其他流动资产	0	0	925 500.75
流动资产合计	8 140 625 408.00	5 326 387 200.00	5 382 882 816.00
长期股权投资	69 547 848.00	273 366 624.00	203 117 808.00
长期债权投资	0	0	2 898 350.00
长期投资合计	69 547 848.00	273 366 624.00	206 016 160.00
长期投资减值准备	0	0	1 400 000.00
合并价差	1 311 150.00	1 584 904.88	17 434 808.00
长期投资净额	69 547 848.00	273 366 624.00	204 616 160.00
固定资产原值	2 142 385 408.00	2 001 373 056.00	2 044 043 136.00
累计折旧	879 631 040.00	776 245 632.00	771 544 320.00
固定资产净值	1 262 754 304.00	1 225 127 296.00	1 272 498 816.00
在建工程	113 882 688.00	133 653 696.00	280 257 248.00
固定资产合计	1 368 090 496.00	1 350 234 496.00	1 544 738 560.00
无形资产	36 149 180.00	37 990 696.00	32 475 096.00
长期待摊费用	22 962 882.00	17 995 246.00	47 024 112.00
无形资产及其他资产合计	59 112 064.00	55 985 940.00	79 499 208.00
资产总计	9 637 376 000.00	7 005 974 016.00	7 211 736 576.00
短期借款	23 545 590.00	132 000 000.00	769 000 000.00
应付票据	3 783 821 824.00	1 903 760 256.00	1 579 358 080.00
应付账款	1 247 098 624.00	876 089 664.00	849 249 600.00
预收账款	609 571 072.00	434 001 408.00	394 439 392.00
应付工资	80 938 424.00	49 113 684.00	27 254 660.00
应付福利费	17 405 500.00	17 312 104.00	29 945 214.00

续表

项　　目	2010 年	2009 年	2008 年
应交税费	40 428 340.00	85 648 872.00	61 258 836.00
其他应交款	7 623 381.00	12 008 142.00	16 397 742.00
其他应付款	352 797 120.00	178 135 920.00	137 059 072.00
应付利息	175 041 056.00	76 236 368.00	57 154 708.00
一年内到期的流动负债	4 500 000.00	32 000 000.00	47 000 000.00
流动负债合计	6 342 770 931.00	3 796 306 418.00	3 968 117 304.00
长期借款	0	0	55 127 116.00
长期应付款	1 875 000.00	0	16 700.00
长期负债合计	6 459 149.00	24 283 150.00	89 216 968.00
负债合计	6 349 230 080.00	3 820 589 568.00	4 057 334 272.00
股本	601 986 368.00	601 986 368.00	601 986 368.00
资本公积	1 851 739 520.00	1 851 409 792.00	1 833 270 784.00
盈余公积	1 346 331 565.00	1 347 010 787.00	1 375 624 348.00
公益金	240 860 224.00	240 860 224.00	240 860 224.00
未分配利润	− 511 783 680.00	− 614 664 256.00	− 654 789 120.00
外币报表折算差额	− 127 853.00	− 358 090.00	− 1 690 076.00
股东权益合计	3 288 145 920.00	3 185 384 448.00	3 154 402 304.00
负债及股东权益总计	9 637 376 000.00	7 005 974 016.00	7 211 736 576.00

表 5 - 2　康远集团股份有限公司利润分配表

单位：元

项　　目	2010 年	2009 年	2008 年
主营业务收入	12 806 466 560.00	8 041 652 736.00	6 748 122 112.00
主营业务收入净额	12 806 466 560.00	8 041 652 736.00	6 748 122 112.00
主营业务成本	10 923 047 936.00	6 822 594 560.00	6 180 730 368.00
主营业务税金及附加	1 522 194.50	1 197 126.63	976 632.63
主营业务利润	1 881 895 936.00	1 217 861 120.00	566 414 848.00
其他业务利润	13 563 412.00	13 118 784.00	11 079 941.00
销售费用	1 442 897 152.00	899 831 552.00	934 245 952.00
管理费用	297 938 048.00	248 112 544.00	286 425 888.00
财务费用	23 981 314.00	34 620 128.00	84 284 792.00

续表

项　　目	2010 年	2009 年	2008 年
营业利润	130 642 760.00	48 415 616.00	-727 461 888.00
投资收益	-6 193 636.50	-50 270 692.00	-274 493.81
补贴收入	1 147 112.00	2 275 148.25	781 000.00
营业外收入	10 350 975.00	331 493 644.00	354 242 952.00
营业外支出	7 420 208.50	275 204 992.00	313 760 768.00
利润总额	127 379 898.00	54 433 576.00	-687 254 197.00
所得税费用	15 935 164.00	8 189 356.00	6 011 776.00
少数股东损益	13 803 583.00	10 653 795.00	6 525 508.00
净利润	97 641 151.00	35 590 425.00	-699 791 481.00
可供分配的利润	-511 783 680.00	-614 664 256.00	-654 789 120.00
可供股东分配的利润	-511 783 680.00	-614 664 256.00	-654 789 120.00
未分配利润	-511 783 680.00	-614 664 256.00	-654 789 120.00

表 5-3　康远集团股份有限公司现金流量表　　　　单位：元

项　　目	2010 年	2009 年	2008 年
销售商品、提供劳务所收到的现金	13 157 435 392.00	9 322 882 048.00	7 396 316 160.00
收到的增值税销项税额和退回的增值税款	2 919 931.00	3 154 592.50	0
收到的除增值税以外的其他税费返还	0	0	4 785 212.50
收到的其他与经营活动有关的现金	12 069 568.00	20 645 784.00	49 427 304.00
（经营活动）现金流入小计	13 172 425 728.00	9 346 681 856.00	7 450 528 768.00
购买商品接收劳务支付的现金	11 213 039 616.00	7 454 628 864.00	5 453 705 216.00
支付给职工及为职工支付的现金	502 375 488.00	353 933 120.00	413 244 224.00
支付的除增值税、所得税以外的其他税费	491 490 592.00	501 741 920.00	0
支付的其他与经营活动有关的现金	614 133 376.00	382 655 200.00	392 803 904.00
（经营活动）现金流出小计	12 821 039 104.00	8 692 959 232.00	6 727 303 168.00
经营活动产生的现金流量净额	351 386 560.00	653 723 392.00	723 225 728.00
收回投资所收到的现金	259 353 344.00	77 799 800.00	15 297 650.00
分得股利或利润所收到的现金	72 458.32	75 102 168.00	8 869 735.00
处置固定资产、无形资产和其他长期资产收回的现金净额	337 856.22	16 423 086.00	11 431 574.00

续表

项　目	2010 年	2009 年	2008 年
收到的其他与投资活动有关的现金	0	165 000 000.00	0
（投资活动）现金流入小计	259 763 664.00	334 325 056.00	35 598 960.00
构建固定资产、无形资产和其他长期资产所支付的现金	180 864 816.00	68 384 480.00	176 049 824.00
权益性投资所支付的现金	3 643 200.00	265 000 000.00	119 900 000.00
（投资活动）现金流出小计	184 508 016.00	333 384 480.00	295 949 824.00
投资活动产生的现金流量净额	75 255 640.00	940 571.63	－260 350 864.00
吸收权益性投资所收到的现金	6 500 000.00	0	0
借款所收到的现金	243 045 584.00	212 679 456.00	1 215 506 176.00
（筹资活动）现金流入小计	249 545 584.00	212 679 456.00	1 215 506 176.00
偿还债务所支付的现金	379 000 000.00	790 714 816.00	1 974 251 776.00
分配股利或利润所支付的现金	10 193 484.00	26 586 534.00	114 170 296.00
支付的其他与筹资活动有关的现金	0	0	13 234 362.00
（筹资活动）现金流出小计	389 193 472.00	817 301 312.00	2 101 656 448.00
筹资活动产生的现金流量净额	－139 647 888.00	－604 621 888.00	－886 150 336.00
汇率变动对现金的影响	0	0	－51 757.36
现金及现金等价物净增加值	286 994 304.00	50 042 064.00	－423 327 232.00

◇ **分析要求**

（1）请运用杜邦分析法分析康远集团股份有限公司的经营状况和财务状况，并得出结论。

（2）根据公司的现金流量表分析企业的经营状况。

◇ **分析重点**

1. 运用杜邦分析图分析康远公司的经营状况

1）2008 年度

杜邦财务分析体系（简称杜邦体系）是利用各财务指标间的内在关系，对企业综合经营理财及经济效益进行系统分析评价的方法。杜邦体系各主要指标之间的关系为：

净资产收益率 = 总资产净利率 × 权益系数 = 销售净利率 × 总资产周转率 × 权益乘数

图 5-1 所示为康远公司 2008 年的杜邦分析图（金额单位为万元）。

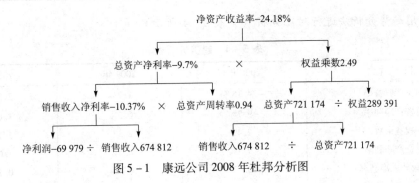

图 5 - 1　康远公司 2008 年杜邦分析图

指标计算说明：

a. 净资产收益率 = 净利润/年度末股东权益

b. 总资产净利率 = 净利润/平均资产总额（以期末值代替）

c. 权益乘数 = 资产总额/所有者权益额

d. 销售收入净利率 = 净利润/销售收入

e. 总资产周转率 = 销售收入/期末资产总额

2）2009 年度

图 5 - 2 所示为康远公司 2009 年杜邦分析图（金额单位为万元）。

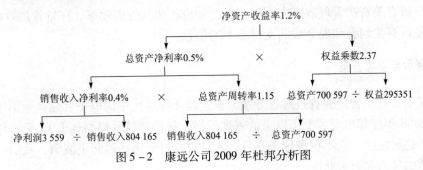

图 5 - 2　康远公司 2009 年杜邦分析图

3）2010 年度

图 5 - 3 所示为康远公司 2010 年杜邦分析图（金额单位为万元）。

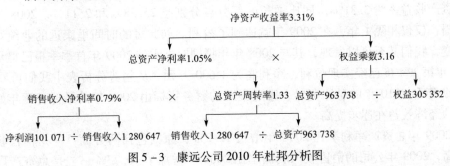

图 5 - 3　康远公司 2010 年杜邦分析图

4）运用趋势分析法进行对比分析（如表 5 - 4 所示）

表 5 - 4　趋势分析表

指　　标	2008 年	2009 年	2010 年
净资产收益率	- 24. 18%	1. 2%	3. 31%
总资产净利率	- 9. 7%	0. 5%	1. 04%
权益乘数	2. 49	2. 37	3. 16
总资产净利率	- 9. 7%	0. 5%	1. 04%
销售收入净利率	- 10. 37%	0. 4%	0. 79%
总资产周转率	0. 94	1. 15	1. 33
股东权益比率	40. 13%	42. 16%	31. 68%
资产负债率	59. 87%	57. 84%	68. 32%

2. 对于现金流量表的分析内容

（1）了解筹资活动的现金流量是正还是负，是由权益性筹资引起的还是由债务性筹资引起的。

（2）了解企业对外投资的情况和效益。

（3）取得与战略有关的信息，了解企业是处于调整期还是扩张期。

（4）分析有关资产管理效率方面的信息，如应收账款管理效率、存货管理效率等。

（5）分析有关利息和现金股利支付方面的信息。

◇ **分析提示与参考答案**

康远集团，这个曾经拥有过辉煌业绩，曾连续 4 年位居中国电子百强企业第 4 位的上市公司，在 2008 年度却出现了上市以来的首度亏损，每股业绩亏损高达 1. 16 元，总亏损金额竟达到了 7 亿元之巨。这不仅震惊了业界，而且也在投资市场掀起了波澜，我们一起来分析其在巨亏后的经营和财务状况。

1. 杜邦分析结论

① 该公司 2008 年的净资产收益率为 - 24. 18%，2009 年的净资产收益率为 1. 2%，2010年的净资产收益率为 3. 31%，同比增长的百分点分别是 25. 38% 和 2. 11%。2008 年，康远首度亏损，仅仅相隔 1 年，在 2009 年就达到了盈利。如此短的时间里康远的业绩竟有如此大的转变，我们甚至可以发现，其与 2008 年年报同时披露的 2009 年首季季报已显示，康远在 2009 年第 1 季度已经实现盈利，净利润为 1 600 万元。从趋势分析表中我们可看到 2008年、2009 年和 2010 年的对比资料，康远集团的财务指标由 2008 年的最低谷逐年好转，说明公司的经济效益在逐步提高。

② 2009 年总资产净利率比 2008 年增长 10. 2%，原因包括两方面：一是销售收入利润率的提高，2009 年公司的销售收入利润率比 2008 年增加了 10. 77%；二是总资产周转率的

提高，2009 年总资产周转率比 2008 年增加了 0.08。2010 年总资产净利率比 2009 年提高了 0.54%，一方面由于销售收入净利率比 2009 年继续提高了 0.39%；另一方面由于总资产周转率提高了 0.18。上述分析同时说明总资产净利率这一反映资产利用效率的指标数值的提高，可以通过两种方式实现：一是较高的净利率，如公司制定高价政策；二是较快的周转率，如薄利多销。

下面具体分析一下康远集团的销售利润率为何有了如此大的提高。2008 年上半年，康远将总部生产线搬迁至东莞，并对其他生产基地的生产线进行压缩，先后暂停了 7 条彩电生产线。在市场竞争激烈、价格战频起的背景下，彩电产品生命周期缩短，上游原材料如彩管、半导体等价格持续下调，造成康远存货跌价，损失严重，不得不进行清仓。2008 年康远清理彩电及其他库存产品达到 150 万台，仅此项跌价损失即占亏损总额的 55.79%。在 2007 年年末，康远约有 50 亿元存货，至 2008 年年底降为 29 亿元，其中产成品存货下降为 10 亿元。为了将这 10 亿元存货彩电尽快出手，康远不惜低价甩卖，导致 2008 年康远内销彩电毛利率仅为 4.51%，外销彩电毛利率更是低达 0.14%。如此之低的毛利率只够补偿销货成本，却无力支撑其他相关费用，事实上已注定为赔本生意。

由于清仓，故而压产，否则彩电出货量太高，无力销售；因为市道低迷，彩电价格与成本走低，所以在 2006 年、2007 年生产的彩电账面价值高于如今的市场售价，为了脱手，只能赔本甩卖。压产清仓、赔本甩卖，这是造成康远 2008 年巨额亏损的直接原因，但不算是康远的失误，而是迫不得已的正确举措。

因此，可以说，造成康远集团 2008 年巨亏的真正原因是存货的跌价导致销售价格低于账面价值，相当于 2008 年承担了前几年过分乐观估价的后果。因此在处理完历史包袱后，2009 年康远轻装上阵，恢复了正的利润率也是比较正常的。

康远自 2009 年开始积极推出业务整合，彩电和手机业务都较以往有很大的改善。彩电业务受行业景气回升影响，2009 年国内销售就达到 480.1 万台，出口 73.8 万台，保持前 3 名的市场占有率，但彩电业务对公司净利润的贡献极小。相比之下，手机业务快速增长，仅 2009 年手机销售就达 160.8 万部，销售收入为 169 595.21 万元，销售收入增长比例为 221.12%，毛利率增长率为 421.49%，成为公司利润的主要来源。但与国内同行业相比，公司手机业务主要集中在中低端领域，竞争力与国内优秀的同行相比仍有一定的差距。2010 年康远主营业务的彩电和手机的销量分别为：彩电内销 682.86 万台，外销 123.95 万台；手机 406.44 万部，增幅显著，但手机的毛利率却下降了 25%，说明康远手机业务的利润增长是依靠低价战略的薄利多销来实现的。

③ 康远集团资产负债率在 2008 年和 2009 年相差不大，在 2010 年提高了 10 个百分点左右，权益乘数的增加在一定程度上也提高了期末的净资产收益率。

2. 现金流量表分析（以 2010 年为例）

1) 现金流量表的构成分析

① 该公司的总流入结构中，经营活动产生的现金流入占 96% $\left(\dfrac{1\ 317\ 243}{1\ 317\ 243+25\ 976+24\ 955}\times\right.$

100%），是主要来源；其次是投资流入占近 2% $\left(\dfrac{25\,976}{1\,317\,243 + 25\,976 + 24\,955} \times 100\%\right)$；筹资流入占近 2% $\left(\dfrac{24\,955}{1\,317\,243 + 25\,976 + 24\,955} \times 100\%\right)$。经营活动流入中销售收入占 99.9%，说明公司现金来源较稳定。投资活动流入中收回投资占 99.8%，可见大部分是收回资金而非获利。筹资活动的现金流入有 97% 是借款，渠道单一。

② 流出结构中经营性流出占 97.3%，说明现金流出主要用于经营性支出，公司经营状况比较正常。经营活动流出中购买商品劳务占 87%；投资活动的现金流出中购置固定资产占 98%；筹资活动的现金流出中偿还债务占 97%。

③ 经营活动流入流出比为 1.03，表明企业 1 元的流出可换回 1.03 元的现金；投资活动流入流出比为 1.41，表明公司现在缺少投资机会，综合 2010 年康远的表现，我们也可以认为这是为 2010 年康远在 3G 领域大显身手作准备；筹资活动流入流出比为 0.64，说明还款额大于借款额，主要应该和康远集团收回投资所的现金流有关。

④ 2010 年康远集团经营活动现金流量和投资活动现金流量为正值，筹资活动现金流量为负值，说明公司在这 1 年的投资活动并不活跃，但经营状况良好稳定。

2）流动性分析

（1）现金流动负债比。

$$现金流动负债比 = 经营现金净流量/流动负债$$
$$= 35\,139/634\,277$$
$$= 0.055\,4$$

流动负债 63.42 亿元，而经营现金净流量仅为 3.51 亿元，说明集团目前偿还流动负债的能力较差。

（2）现金债务总额比。

$$现金债务总额比 = 经营现金净流量/债务总额$$
$$= 35\,139/634\,923$$
$$= 0.055\,3$$

康远集团的债务中 99.9% 都是流动负债，所以得出的数据和现金流动债务比非常接近，我们可以判定该公司的最大付息能力是 5.5%，即当利息高达 5.5% 时仍能付息。2003 年一年期的基准贷款利率为 5.31%，金融企业的浮动区间在 0.9 倍至 1.3 倍之间，也就是说康远必须凭借其集团信誉来借得较低成本的贷款才能维持其付息能力。只有按时付息，才能借新债偿还旧债，维持债务规模。

3）获取现金能力分析

（1）销售现金比率。

$$销售现金比率 = 经营现金净流量/销售额$$
$$= 35\,139/1\,280\,647$$
$$= 0.027$$

每 1 元销售得到的净现金为 0.027 元，一般而言该指标越高表明销售款的回款速度越快，对应收款项的管理越好，坏账损失的风险越小。

（2）全部资产现金回收率。

$$全部资产现金回收率 = 经营现金净流量/全部资产$$
$$= 35\ 139/963\ 738$$
$$= 3.65\%$$

全部资产现金回收率为 3.65%，说明该公司每 1 元资产可以产生现金 0.036 5 元，该指标越高，表明资产利用效率越高，它是衡量公司资产综合利用能力和综合管理水平的重要指标。

◇ **基本知识点**

1）财务报表分析的概念、依据及意义

财务报表分析是以企业财务报告为主要依据，运用一定的分析方法，对企业的财务状况和经营成果进行总结评价的一种手段，是企业财务评价的重要内容。财务会计所提供的信息主要是面向外部使用者，企业对外财务报告一般包括 3 种基本报表：资产负债表、利润分配表和现金流量表。财务报表分析就是综合利用这 3 张财务报表，全面评价企业的总体财务状况及经营成果，揭示财务活动过程中存在的矛盾和问题，为改进经营管理提供方向和线索；预测企业未来的报酬和风险，为决策提供帮助；检查企业财务目标的完成情况，考核经营管理人员的业绩，为完善合理的激励机制提供帮助。

2）杜邦分析法

以资产负债表、利润分配表和现金流量表为资料，运用杜邦分析法来进行案例分析，综合性地分析、评价企业的整体财务状况。

3）现金流量表分析

对现金流量表的分析主要是为了将现金流量表中的数据转化成有助于信息使用者的经济决策的信息，分析企业一定时期的收益现金流量的差异及其原因，有助于投资人和债权人正确评价企业偿还债务的能力、支付股利的能力及对外筹资的能力，有助于报表使用者正确评价企业未来的现金流量。

◉ **小资料**

财务报表犹如名贵香水，只能细细地品鉴，而不能生吞活剥。——亚伯拉罕·比尔拉夫

——刘治钦．中小企业财务分析．www.ccag.com.cn.

5.2　偿债能力分析

◇ **分析目的**

通过本案例的分析，理解和掌握偿债能力分析方法。

◇ 分析资料

川渝国际实业投资股份有限公司是由中国重庆国际经济技术合作公司联合重庆市建设投资公司等单位共同发起，采用定向募集方式设立的股份有限公司。公司于 1997 年 4 月在深圳证券交易所发行上市，主要从事实业投资，利用外资投资，高科技开发，设备租赁，代理三类商品进出口业务，国际经济技术合作的往来函调查及咨询服务等。

川渝国际实业投资股份有限公司公布的 2010 年 3 个季度季报的简要财务报表数据如表 5 – 5 和表 5 – 6 所示。

表 5 – 5　资产负债表

编制单位：川渝国际实业投资股份有限公司　　　　　　　　　　　　　　　　单位：元

项　　目	2010 – 09 – 30	2009 – 12 – 31
货币资金	35 650 374.34	432 838 555.86
交易性金融资产	442 557.13	1 643 931.13
应收票据	14 832 144.00	8 350 000.00
应收账款	174 227 235.33	143 421 791.41
其他应收款	315 789 478.35	114 445 921.09
预付账款	12 970 731.50	43 482 166.81
存货	127 061 821.60	105 940 713.61
其他流动资产	1 555 036.21	104 332.42
流动资产合计	682 529 378.46	850 227 412.33
长期股权投资	360 594 951.75	102 273 651.30
固定资产	219 458 571.48	222 634 198.30
无形资产	19 058 311.20	19 035 491.89
资产总计	1 281 641 212.89	1 194 170 753.82
流动负债合计	878 968 875.93	739 568 168.77
长期负债合计	20 500 000.00	20 500 000.00
负债合计	899 468 875.93	760 068 168.77
少数股东权益	205 870 135.04	155 475 335.21
股本	66 000 000.00	66 000 000.00
资本公积	100 325 234.63	100 325 234.63
盈余公积	42 425 551.62	45 394 076.31
其中：法定公益金	13 201 951.81	14 191 460.04
未分配利润	– 32 448 584.33	66 907 938.90
股东权益合计	176 302 201.92	278 627 249.84
负债及股东权益合计	1 281 641 212.89	1 194 170 753.82

表 5 - 6　利润表

编制单位：川渝国际实业投资股份有限公司　　　　　　　　　　　　　　　　单位：元

项　目	2010 年 1—9 月	2009 年 1—9 月
一、主营业务收入	372 396 146.70	202 302 232.39
减：主营业务成本	244 865 712.30	115 596 905.48
主营业务税金与附加	945 766.75	382 943.10
二、主营业务利润	126 584 667.65	85 322 383.81
加：其他业务利润	277 289.57	511.11
减：销售费用	55 151 244.54	11 091 051.23
管理费用	56 119 079.50	26 079 824.76
财务费用	18 617 402.24	15 174 050.70
三、营业利润	- 3 025 769.06	32 977 968.23
加：投资收益	- 8 607 208.45	2 418 916.71
补贴收入	360 000	220 000
营业外收入	126 281.42	15 924.75
减：营业外支出	74 142 832.68	92 547.17
四、利润总额	- 85 289 528.77	35 540 262.52
减：所得税费用	4 043 772.91	9 395 145.40
少数股东本期损益	12 991 746.24	13 461 687.64
五、净利润	- 102 325 047.92	12 683 429.48

◇　**分 析 要 求**

　　根据上述资料，试分别分析川渝国际实业投资有限公司的短期偿债能力和长期偿债能力。

◇　**分 析 重 点**

　　(1) 企业短期偿债能力的衡量指标有：流动比率、速动比率和现金比率。

　　① 流动比率是流动资产和流动负债的比率。它表明企业每 1 元流动负债有多少流动资产作为偿还的保证，它反映企业可用在短期内转变为现金的流动资产偿还到期负债的能力。其计算公式为：

$$流动比率 = 流动资产/流动负债 \qquad (5-1)$$

　　一般情况下，流动比率越高，反映出偿债能力越强，债权人的权益越有保证。但流动比率也不能过高，过高则表明企业流动资产占用较多，会影响资金的使用效率和企业的筹资成本，进而影响获利能力。

② 速动比率是企业速动资产与流动负债的比率。所谓速动资产，是指流动资产减去变现能力较差且不稳定的存货、待摊费用、待处理流动资产损失后的余额。由于剔除了存货中一些变现能力较弱且不稳定的资产，因此，速动比率比流动比率更能准确、可靠地评价企业资产的流动性及其偿还短期借款的能力。其计算公式为：

$$速动比率 = 速动资产/流动负债 \tag{5-2}$$

一般认为，速动比率为 1 时是企业边际。如果速动比率小于 1，企业有面临偿债的风险。如果速动比率大于 1，尽管债务偿还的安全性很好，但还会因企业现金及应收账款占用过多而增加企业的机会成本。

③ 现金比率是企业现金类资产与流动负债的比率。现金类资产，包括企业拥有的货币资金和持有的有价证券，它是速动资产扣除应收账款后的余额。因此，速动资产扣除应收账款后计算出来的余额最能反映企业直接偿付流动负债的能力。其计算公式为：

$$现金比率 = (现金 + 有价证券)/流动负债 \tag{5-3}$$

但需注意的是，企业不能也没有必要保留过多的现金。如果这一比率过高，表明该企业流动负债没有得到合理使用，并会导致机会成本增加。

公司短期偿债能力的分析，除了进行财务比率指标分析外，还应注意某些影响短期偿债能力的表外信息。例如，公司是否有未使用的银行贷款额度；公司信誉如何，能否随时通过外部筹资来满足短期偿债的需要；公司是否存在着未作记录的或有负债；公司是否为他人提供担保等。这些因素都会增加或减少公司的短期偿债能力。

（2）企业长期偿债能力的分析指标有：资产负债率、产权比率、利息保障倍数等。

① 资产负债率，也称为负债比率，是指企业负债总额与资产总额的比率。它反映了企业的总资产中，债权人提供资金所占的比重，以及企业资产对债权人权益的保障。这个比率越小，说明企业的长期偿债能力越强。其计算公式为：

$$资产负债率 = 负债总额/资产总额 \tag{5-4}$$

如果此项比率较大，对企业来说，利用较少量的自有资金投资，形成较多的生产经营用资产，不仅扩大了生产经营规模，而且在经营状况良好的情况下，可获得更多的盈利。但如果这一比率过大，则表明企业的债务负担重，企业资产实力不强，不仅对债权人不利，而且企业有濒临倒闭的危险。

② 产权比率，是指负债总额与所有者权益的比率，是企业财务结构稳健与否的重要标志，也称为资本负债率。其计算公式为：

$$产权比率 = 负债总额/所有者权益 \tag{5-5}$$

上式计算结果，反映了企业所有者权益对债权人权益的保障程度。其比率越低，表明企业的长期偿债能力越强，债权人权益的保障程度越高，承担的风险越小，但企业很难充分发挥负债的财务杠杆效应。

③ 利息保障倍数，又称为已获利息倍数，是指企业息税前利润与利息费用的比率，反

映了获利能力对债务偿付的保证程度。其计算公式为

$$利息保障倍数 = 息税前利润/利息费用 \qquad (5-6)$$

息税前利润包括债务利息和所得税前的正常业务经营利润,不包括非正常项目。利息保障倍数,不仅反映了企业获利能力的大小,而且反映了获利能力对偿还到期债务的保证程度。它既是企业举债经营的依据,也是衡量企业长期偿债能力大小的重要标志。因此,若要维持正常的偿债能力,从长远来看,利息保障倍数至少应当大于1,且比值越高,企业长期偿债能力就越强。若利息保障倍数过小,企业将面临亏损,偿债的安全性与稳定性有下降的风险。

◇ 分析提示与参考答案

川渝国际实业的偿债能力分析指标结果如表 5 – 7 所示。

表 5 – 7 川渝国际实业偿债能力分析指标

	项 目	2010 – 09 – 30	2009 – 12 – 31
短期偿债能力	流动比率	0.78	1.15
	速动比率	0.63	1.01
	现金比率	0.04	0.59
长期偿债能力	资产负债率	0.70	0.64
	产权比率	5.10	2.73
	利息保障倍数	– 3.58	3.34

以 2010 年 9 月 30 日的指标为例,计算过程如下。

$$流动比率 = 流动资产/流动负债$$
$$= 682\ 529\ 378.46/878\ 968\ 875.93$$
$$= 0.78$$

速动比率 = (货币资金 + 交易性金融资产 + 应收票据 + 应收账款 + 其他应收款 + 预付账款)/流动负债

$$= (35\ 650\ 374.34 + 442\ 557.13 + 148\ 321\ 44 + 174\ 227\ 235.33 + 315\ 789\ 478.35 + 12\ 970\ 731.5)/\ 878\ 968\ 875.93 = 0.63$$

现金比率 = (货币资金 + 交易性金融资产)/流动负债

$$= (35\ 650\ 374.34 + 442\ 557.13)/\ 878\ 968\ 875.93$$
$$= 0.04$$

资产负债率 = 负债总额/资产总额

$$= 899\ 468\ 875.93/1\ 281\ 641\ 212.89$$
$$= 0.70$$

产权比率 = 负债总额/所有者权益

= 899 468 875.93/176 302 201.92

= 5.10

利息保障倍数 = (利润总额 + 财务费用)/财务费用

= (− 85 289 528.77 + 18 617 402.24)/18 617 402.24

= − 3.58

通过表 5 - 7 可以看出，川渝国际实业的偿债能力在短短的 9 个月里大幅恶化，已经达到无法偿债的地步。在 2009 年年底虽然公司的流动比率 1.15 略偏低，但是速动比率为 1.01，也就是说流动资产中变现力较强的资产占了大多数，基本能够偿还短期负债；现金比率为 0.59，公司有足够的资金来直接偿还随时到期的短期借款和利息，从而可以源源不断地借新债还旧债，维持现有的借款规模。从长期偿债能力来看，公司 2009 年年底资产负债率为 0.64，产权比率为 2.73，对一家经营情况正常的公司来说，这个比率还是可以接受的；利息保障倍数为 3.34，说明公司产生的利润足以满足偿还利息以维持债务水平的要求，公司长期偿债能力较强。总地来说，我们可以看出如果公司按照 2009 年年底的报表水平经营下去的话，公司的长短期偿债能力还是比较不错的。

再来看看 2010 年 9 月底的季报。还没有发布 2010 年的年报，川渝国际实业已经撑不下去了，提前发布了预亏的公告，仅仅 9 个月，其流动比率和速动比率均下降了 1/3，现金比率更是从 0.59 下降到 0.04。研究报表数据可以看出，ST 重实的流动负债和长期负债基本保持不变，那么变化仅来自于公司资产，特别是货币资金的大幅缩水，从 2009 年年初的 4 亿多元直线下降至 3 500 多万元，货币资金的大幅减少严重影响了川渝国际实业的短期偿债能力；资产负债率小幅上升了 6 个百分点，主要原因是 ST 重实把大笔货币资金换成了变现力弱的长期股权投资，导致资产总额和负债总额变化不大，因此资产负债率变化不明显；产权比率则大大提高了一倍，主要原因是公司在 9 月预亏 1 亿多元，导致所有者权益大幅下降；利息偿债倍数就更像是在去年指标的基础上添了个负号，由正的 3.34 变为负的 3.58，由于亏损，使公司不能偿还到期债务的利息，不能维持正常的债务规模，公司的偿债能力岌岌可危。

◇ **基本知识点**

偿债能力是指公司偿还其债务（含本金和利息）的能力。通过偿债能力的分析与比较，能揭示一个公司财务风险的大小。偿债能力的分析应从短期负债的支付能力、公司债务状况和债务保障程度等方面进行分析与比较。

1）**短期偿债能力**

短期偿债能力是指企业流动资产对流动负债及时、足额偿还的保证程度，或者是指企业在短期债务到期时可以变现为现金用于偿还流动负债的能力。分析短期偿债能力，首先要明确影响短期偿债能力的因素，通过对一系列反映短期偿债能力的指标进行计算与分析，说明企业的短期偿债能力状况及其原因。

2）长期偿债能力

长期偿债能力是指企业偿还长期负债的能力，企业的长期负债主要有长期借款、应付债券、长期应付款等。对企业长期债券的任何所有者来说，不仅应关心企业的短期偿债能力，更应关心企业的长期偿债能力。

◉ 小资料

财务报表分析是一门"艺术"，正如对同一片自然的景色，画匠和大师的笔下诠释会有很大差距一样，不同的分析人员在解析同一份报表时可能得出十分不同的结论。

5.3 营运能力分析

◇ 分析目的

通过本案例的分析，理解企业营运能力的分析方法。首先对全部资产营运能力进行分析，然后分别对流动资产营运能力和固定资产营运能力进行分析。其中流动资产营运能力分析是企业营运能力分析的重点，主要包括对流动资产周转率的分析，以及流动资产周转加速对资产及收入的影响分析。

◇ 分析资料

北京天辰华业房地产股份有限公司，成立于1993年，是具有房地产开发一级资质的股份制企业，主要股东为北京天辰集团公司、海南宝华实业股份有限公司。2001年3月12日，公司在上海证券交易所成功上市，成为房地产企业上市解禁后第一家挂牌上市的房地产公司。公司上市后总股本为6 825万股，流通股为4 000万股。2002年5月，公司执行10送6分配方案，总股本变为17 320万股，其中流通股为6 400万股。公司主营房地产开发、商品房销售等业务。

1. 资产负债表

该公司2007年、2008年、2009年、2010年的相关资料如表5-8和表5-9所示。

表5-8　天辰华业公司资产负债表

单位：元

项　　　目	2010年年末	2009年年末	2008年年末	2007年年末
货币资金	1 204 286 724.59	289 599 584.00	575 036 032.00	330 641 600.37
应收票据				
应收股利				
应收利息				

项　　目	2010 年年末	2009 年年末	2008 年年末	2007 年年末
应收账款	2 422 925. 50	6 546 873. 00	15 997 727. 00	24 438 141. 68
减：坏账准备				
应收账款净额	2 422 925. 50	6 546 873. 00	15 997 727. 00	24 438 141. 68
预付账款	237 203. 04	5 935 600. 50	1 010. 00	5 928 947. 32
应收补贴款				
其他应收款	38 256 032. 00	4 487 704. 00	9 227. 78	26 101 645. 39
存货原值	614 609 313. 55	885 828 298. 23	738 806 912. 17	615 216 765. 58
减：存货跌价准备		11 953 802. 23	17 401 984. 17	
存货净额	614 609 313. 55	873 874 496. 00	721 404 928. 00	615 216 765. 58
待摊费用	125 783. 32		129 583. 00	56 873. 25
待处理流动资产净损失				
一年内到期的长期流动资产净损失				
其他流动资产				
流动资产合计	1 859 937 982. 00	1 180 444 288. 00	1 322 806 016. 00	1 002 383 973. 59
中长期贷款				
逾期贷款				
减：贷款呆账准备				
长期股权投资	43 773 932. 00	29 100. 00	30 010. 00	30 010. 00
长期债权投资				
长期投资合计	43 773 932. 00	29 100. 00	30 010. 00	30 010. 00
减：长期投资减值准备（相当投资风险准备）				
长期投资净额（或长期资产、投资合计）				
固定资产原价	9 276 239. 75	2 838 030. 00	2 082 615. 00	1 820 545. 00
减：累计折旧	2 137 113. 75	1 321 364. 00	948 020. 75	675 944. 99
固定资产净值	7 139 126. 00	1 516 666. 00	1 134 594. 25	1 144 600. 01
工程物资				
在建工程				
固定资产清理				
待处理固定资产净损失				
固定资产合计	7 139 126. 00	1 516 666. 00	1 134 594. 25	1 144 600. 01

续表

项 目	2010 年年末	2009 年年末	2008 年年末	2007 年年末
无形资产				
开办费				
长期待摊费用	144 413.92		257 463.02	55 556.00
其他长期资产	80 247 552.00			
无形资产及其他资产合计	80 391 968.00		257 463.02	55 556.00
递延所得税资产				
资产总计	1 991 243 008.00	1 211 060 992.00	1 354 208 128.00	1 033 594 129.60
短期借款	380 000.00			
应付票据			27 150.00	
应付账款	105 665 832.00	66 434 552.00	138 966 448.00	45 810 232.63
预收账款	316 693 792.00	118 558 848.00	104 126 008.00	166 583 909.14
代销商品款				
应付职工薪酬——工资	4 504.52	2 982 332.25	1 629 213.38	839 533.51
应付股利		160.00	34 640.00	51 550 134.65
应交税费	12 870 916.00	13 559 989.00	42 776 364.00	7 138 954.84
其他应交款	−219 834.48	−42 989.25	−46 046.91	80 851.64
其他应付款	28 073 878.00	9 288 716.00	9 614 311.00	6 919 027.23
应付利息	182 273 808.00	276 544 672.00	313 827 616.00	104 993 536.49
一年内到期的长期负债				
其他流动负债				
流动负债合计	1 029 862 912.00	487 486 112.00	672 683 904.00	383 916 180.13
长期借款	200 000.00			
应付债券				
长期应付款				
住房周转金				
其他长期负债				
长期负债合计	200 000.00			
递延所得税负债				
负债合计	1 229 862 912.00	487 486 112.00	672 683 904.00	383 916 180.13
少数股东权益	21 725 494.00	4 899 830.50		
股本	173 200.00	173 200.00	173 200.00	108 250.00
资本公积金	368 316 192.00	368 316 192.00	368 316 192.00	368 316 195.15

续表

项 目	2010 年年末	2009 年年末	2008 年年末	2007 年年末
盈余公积金	75 491 736.00	68 441 696.00	62 869.08	52 896 138.81
其中：公益金	22 120 528.00	19 770 512.00	17 912 974.00	14 588 660.40
未分配利润	122 646.68	108 717 104.00	77 138 952.00	120 215 615.51
股东权益合计	739 654 592.00	718 675 008.00	681 524 224.00	649 677 949.47
负债和股东权益合计	1 991 243 008.00	1 211 060 992.00	1 354 208 128.00	1 033 594 129.60

表 5 - 9 天辰华业公司利润表

单位：元

项 目	2010 年年末	2009 年年末	2008 年年末	2007 年年末
一、主营业务收入	823 740 992.00	398 189 984.00	1 237 222 656.00	273 662 875.06
减：销售折扣与折让				
主营业务收入净额	823 740 992.00	398 189 984.00	1 237 222 656.00	273 662 875.06
减：主营业务成本	603 787 072.00	288 890 752.00	1 010 343 678.00	198 932 788.48
主营业务税金及附加	48 072 996.00	21 865 914.00	63 048 172.00	19 279 110.22
二、主营业务利润	171 880 896.00	87 433 318.00	163 830 806.00	55 450 976.36
加：其他业务利润	6 993.00	25 339.23		10 463 992.00
减：存货跌价损失				
销售费用	79 884 312.00	28 409 012.00	30 608 558.00	15 573 984.06
管理费用	18 326 438.00	11 242 198.23	28 299 038.00	8 756 605.01
财务费用	-3 585 709.00	-4 195 289.00	-4 350 822.00	-4 927 375.59
三、营业利润	77 262 848.00	52 002 736.00	109 274 032.00	46 511 754.88
加：投资收益	-707 468.00	2 934 850.75	2 109 964.25	2 048 711.31
补贴收入				
营业外收入	223 061.59	54 242.60	130 303.34	63 096.00
减：营业外支出	304 001.62	762 251.75	676 947.75	913 809.95
四、利润总额	76 474 439.97	54 229 576.00	110 837 352.00	47 709 752.24
减：所得税费用	21 664 038.00	17 078 974.00	44 351 080.00	
减：少数股东损益	7 850 781.00	-169.57		
加：财政返还（含所得税返还）				
五、净利润	46 959 620.97	37 150 771.57	66 486 272.00	47 709 752.24

2. 其他相关信息

1）存货明细（如表 5 – 10 所示）

表 5 – 10　天辰华业公司存货明细

公告日期	存货项目	存货金额	跌价准备	货币名称
2010 – 12 – 31	开发产品	527 622 294.44		人民币/元
	出租开发产品	86 773 907.21		人民币/元
	周转材料	93 003.55		人民币/元
	原材料	120 108.35		人民币/元
2009 – 12 – 31	开发产品	351 405 411.27	1 521 314.74	人民币/元
	出租开发产品	136 225 338.45	10 432 487.49	人民币/元
	开发成本	141 804 679.65		人民币/元
2008 – 12 – 31	开发产品	303 230 721.27	6 969 496.88	人民币/元
	出租开发产品	121 825 483.26	10 432 487.49	人民币/元
	开发成本	313 750 707.64		人民币/元

2）固定资产变化情况

2009 年固定资产原值比 2008 年增加 75 万元左右，2010 年固定资产原值比 2009 年增加大约 643.6 万元，主要为房屋建筑物和运输工具的增加。

3）销售状况

2008 年，公司开发建设的回龙观文化居住区后期 D05、D06 项目，近 40 万平方米住宅均在当年竣工、交用并确认收入，使公司 2008 年的竣工面积及销售收入与其他年份相比有大幅增长。

2009 年，公司共完成竣工面积 176 452 平方米，比上年减少 65.86%；曙光花园二期工程住宅及底商部分已竣工并实现销售收入 25 019.5 万元。2003 年实现主营业务收入 39 819 万元。

2010 年，公司共完成开复工面积 6.48 万平方米，实现主营业务收入 82 374.10 万元。主要原因是公司开发的观澜国际花园项目（也称为"曙光花园二期"）在 2010 年的销售业绩良好，同时公司收购的北京耀辉置业有限公司开发的橙色年代住宅项目在报告期内实现销售收入 39 265.45 万元。

4）会计政策变更情况

2010 年，企业根据财政部文件财会［2004］3 号，关于印发《关于执行〈企业会计制度〉和相关会计准则有关问题解答（四)》的通知规定，将公司以出租为目的的自行开发房产从"存货"项目转入"其他长期资产"项目列示，对 2009 年度的会计报表进行追溯调整，调减存货——出租开发产品 82 135 733.33 元，调增其他长期资产 82 135 733.33 元。

◇ **分析要求**

利用分析资料中的报表信息和会计报告中的其余信息对天辰华业公司 2008 年、2009 年、2010 年的营运能力进行分析，评价该企业的营运能力状况。

◇ **分析重点**

利用总资产周转率指标、流动资产周转率指标、固定资产周转率指标这 3 类指标进行营运能力分析。

1. 总资产周转率指标

总资产周转率用来考察企业全部资产的综合利用效率，即企业的资产运用情况及通过使用资产而产生销售额的能力。在此，资产管理的任何一个环节都会影响指标的高低。资产的计价方法（如固定资产折旧、存货发出计价等）将会影响到总资产周转率的计算，而且影响程度较大。

$$总资产周转率 = 销售收入净额／总资产平均值 \qquad (5-7)$$
$$总资产周转天数 = 360／总资产周转率$$

其中"销售收入净额"为利润表中"主营业务收入"与"销售折扣与折让"之差（当"其他业务收入"占很大比重时，要将"其他业务收入"加总到"销售收入净额"中）。总资产平均值为期初资产与期末资产的平均值。

2. 流动资产周转率指标

1）流动资产周转率整体指标

$$流动资产周转率 = 销售收入净额／流动资产平均余额 \qquad (5-8)$$
$$流动资产周转天数 = 360／流动资产周转率$$

2）应收账款周转率

应收账款周转率反映公司应收账款的变现速度和管理效率。它是利用赊销收入净额与应收账款平均余额进行对比所确定的指标。有周转率和周转天数两种表示方法。

$$应收账款周转率 = 赊销收入净额／应收账款平均余额 \qquad (5-9)$$
$$应收账款周转天数 = 360／应收账款周转率$$

式中，赊销收入净额 = 销售收入 - 销售折扣与折让 - 现销收入。一般情况下，企业往往难以区分赊销收入和现销收入，所以应收账款周转率也往往采用"销售收入净额"替代"赊销收入净额"来计算。

$$应收账款平均余额 = （期初应收账款余额 + 期末应收账款余额）／2$$

需要注意的是，一个企业应收账款周转情况的好坏，应当结合公司经营业务的特点、商业往来惯例、公司信用政策及行业平均水平进行综合分析。应收账款周转率并不是越高越好，可能是公司信用政策过于严厉的结果，从长远来看，将会影响公司销售量的扩大。

　　3）存货周转率

　　存货周转率是衡量存货变现能力的强弱和存货是否过量的指标。它是由销货成本与平均存货进行对比所确定的指标。有存货周转率和存货周转天数两种表示方法。

$$存货周转率 = 销货成本/平均存货$$
$$存货周转天数 = 360/存货周转率 \tag{5-10}$$

　　其中平均存货为期初存货余额（即资产负债表中"存货原值"扣除"存货跌价准备"后的余额）与期末存货余额的平均值。

　　分析存货周转率时需要注意两点。第一，存货批量的影响。存货批量很小时，存货可以很快地转换，存货周转率较快，但存货批量过小，甚至低于安全储备量时，会导致经常性的缺货，影响公司正常的生产经营。第二，公司采用不同的存货计价方法，会影响存货周转率的快慢，因此与其他企业进行比较时，应考虑存货计价方法不同所产生的影响。

3. 固定资产周转率指标

　　固定资产周转率反映企业固定资产的周转情况，衡量固定资产的利用效率。尽管固定资产本身并不产生销售额，但要是没有固定资产，以产品为主要业务的公司，其销售额就会受到限制。

　　值得注意的是，固定资产过于陈旧或企业属于劳动密集型行业，由于固定资产技术太低，这一比率虽然会大幅度提高，但是没有意义。

$$固定资产周转率 = 销售收入净额/固定资产平均净值 \tag{5-11}$$
$$固定资产周转天数 = 360/固定资产周转率$$

　　上述的这些周转率指标的分子、分母分别来自资产负债表和利润表，而资产负债表数据是某一时间点的静态数据，利润表数据则是整个报告期的动态数据。因此，为了使分子、分母在时间上具有一致性，就必须将取自资产负债表上的数据折算成整个报告期的平均额。在进行分析时，还应注意各资产项目的组成结构，如各种类型存货的相互搭配、存货的质量、适用性等。

◇ 分析提示与参考答案

1. 计算天辰华业公司相关的营运能力财务指标

　　1）总资产周转率

　　2010 年总资产周转率 = 823 740 992/[（1 991 243 008 + 1 211 060 992）/2]
　　　　　　　　　　　　= 0. 514 5

　　2010 年总资产周转天数 = 360/0. 514 5 = 699. 71

　　其余年份的总资产周转率和总资产周转天数可按相同方法计算。计算结果列于表 5 - 11 中。

表 5 – 11　　天辰华业总资产周转情况指标汇总

项　　目	2010 年	2009 年	2008 年
总资产周转率	0.514 5	0.310 4	1.036 3
总资产周转天数	699.71	1 159.79	347.39

2）流动资产周转率

2008 年至 2010 年的流动资产周转率列于表 5 – 12 中。

表 5 – 12　　天辰华业流动资产周转情况指标汇总

项　　目	2010 年	2009 年	2008 年
流动资产周转率	0.541 9	0.318 1	1.064 2
流动资产周转天数	664.33	1 131.72	338.28
应收账款周转率	183.669 9	35.324 6	61.194 3
应收账款周转天数	1.96	10.19	5.88
存货周转率	0.809 1	0.362 2	1.511 8
存货周转天数	444.95	993.93	238.13

3）固定资产周转率

2008 年至 2010 年的固定资产周转率列于表 5 – 13 中。

表 5 – 13　　天辰华业固定资产周转情况指标汇总

项　　目	2010 年	2009 年	2008 年
固定资产周转率	190.332 9	300.377 9	1 085.666 7
固定资产周转天数	1.89	1.198	0.33

2. 对上述计算结果的理论分析

1）企业总体营运能力变化动因分析

从 2008 年、2009 年、2010 年各自的营运能力来看，天辰华业公司的变动很大。2008 年总资产周转速度较高，主要原因在于固定资产和存货的周转速度较快。企业 2009 年总资产的周转速度慢很多，主要是存货周转速度大大降低，应收账款周转速度也不理想，从而影响了企业总体资产的周转速度。企业 2010 年的总体营运能力高于 2009 年，对流动资产营运能力和固定资产营运能力进行分析可知，该企业 2010 年的存货周转率、应收账款周转率均高于 2009 年。但是，固定资产周转率要低于 2009 年，也就是说固定资产在 2010 年的周转速度慢。

2）企业相关营运能力变化具体原因分析

从该企业 2009 年和 2010 年的报表数据中可以看出，2010 年企业存货大量减少，而主营业务收入大幅度提升，这两项数据的变化使得企业 2010 年的存货周转率要高于 2009 年。从财务附注中可以看出，2010 年存货减少的主要原因是"出租开发产品"和"开发产品"两项存货的减少，因为公司把以出租为目的的自行开发房产从"存货"项目转入"其他长期资产"项目列示，减少了 2010 年"存货"的报表数额。另外，在 2010 报告年度，公司主营业务收入比 2009 年增加 106.87%，这意味着该年度确认的销售成本要高于 2009 年，而 2009 年较低的销售成本会降低存货周转率，以上两个因素的共同作用使得 2010 年存货周转率要高于 2009 年的表现。销售收入相差较大，也引起了应收账款周转率的差距。由于公司的信用政策未发生变化，存货的计价方式也未发生变化，所以 2009 年与 2010 年流动资产周转速度的变化主要归因于销售收入的变化。

从表 5 - 13 的计算结果可知，企业 2010 年固定资产的周转率低于 2009 年，虽然 2010 年销售收入大幅度增长，但是企业在 2010 年固定资产也有了很大的增长，主要表现为房屋建筑物和运输工具的增加，而且固定资产的增长幅度大于销售收入的增长幅度，所以降低了 2010 年的固定资产周转率。

2009 年的存货周转率低于 2008 年的主要原因在于 2009 年的销售收入大大低于 2008 年的销售收入，根据配比原则确认的销售成本自然低于 2008 年。2009 年，公司共完成竣工面积比上年减少 65.86%，实现主营业务收入比上年减少 67.81%，两方面均有较大幅度的下降，主要原因是公司 2009 年所开发项目的规模比 2008 年的规模小。2009 年企业固定资产虽然大于 2008 年，但是固定资产的增长大于销售收入的增长，所以 2009 年的固定资产周转率比 2008 年有所下降。应收账款周转率也受销售收入大幅度变化的影响而比较低。

综上所述，该企业 2009 年各项指标相对较低的主要原因是销售收入大幅度减少，但是从信用政策和存货计价方式看并没有发生变化，所以该年营运指标较低并不能简单评价为营运能力差，主要是该年度企业开发项目小。

企业 2009 年和 2010 年固定资产周转率都大大低于 2008 年，主要的问题在于固定资产的增长小于销售收入的增长。但是考虑到天辰华业开发是一家房地产开发公司，固定资产并不像制造企业一样制造产品用于销售，所以该企业的流动资产周转率更为重要。企业在 2009 年和 2010 年固定资产周转率的降低并不是大问题。从总体上来说，天辰华业公司的营运能力指标虽然各年起伏较大，但是经过具体分析，引起这些比率变化的主要原因在于收入的变化，所以营运能力相对比较稳定。当然，为了进一步评价企业的营运能力还需要和同行业其他企业对比，相关指标的计算方法如本节前面阐述。

◇ **基本知识点**

营运能力是指企业使用资产的效率。企业拥有或者控制的生产资料表现为各项资产占用，而创造的财富主要是各种产出。企业投入的资金或资产是否能够有效运用、快速收回并取得较高的回报是至关重要的。企业的经营过程是资金运动和物质运动的统一。经营过程中各环节无阻力，物质与资金运动流畅，运动速度快，则说明企业的营运能力强。当企业的经营过程中某个环节发生某些障碍，例如，购买原材料的资金短缺，产品销售不出去形成积压，物质与资金运动缓慢，则说明企业营运能力差。

企业经营的目标是企业价值最大化，而价值是从两方面来衡量的，一方面是风险，风险可以反映为企业的偿债能力；另一方面是企业的收益，收益是通过企业的营运能力来体现的。企业的偿债能力与营运能力是密切相关的。当企业的长期资产、固定资产占用资金过多或出现有问题资产、资产质量不高时，就会形成资金积压，降低营运能力即资金运用效率，从而增加风险，偿债能力也相应减弱。资产经营风险实际上是资产价值不能实现的风险，通过营运能力分析，可揭示存量资产可能存在的问题，从而有效防止或消除资产经营风险。一般来说，企业营运能力越强，资产的变现能力越强，企业遭遇现金拮据的可能性越小，企业到期不能偿债的可能性就越小，风险也就越小。对偿债能力的分析是根据资产负债表上的数据计算的，得到的相关数据仅仅从数量上反映了企业的偿债能力。在资产负债表上，负债是实际存在的，到期必须偿还；而资产这一栏只是根据历史成本计量列示的，这些数据并不能标明其质量、变现能力或周转能力如何。因此，在分析完偿债能力之后，只是对企业的偿债能力有一个大体的了解，还需要对资产的质量进行进一步的分析。如果质量较高，则其周转率必然较高。这就需要对企业的营运能力进行分析。同时，不同的资产对企业经营具有不同的影响，其流动性强弱也不同。企业的资产结构不合理，很难有较好的营运能力，即较高的资产运用效率。相应地，通过营运能力分析，可以发现并揭示与企业经营性质、经营时期不相适应的结构、比例，及时加以调整，就可优化资产结构。

5.4　盈利能力分析

◇ **分析目的**

通过本案例的分析，理解盈利能力的分析方法。盈利能力的大小是利润相对于一定的收入或资源投入而言的。由于利润是衡量企业经营成果的重要尺度，所以企业经营业绩的好坏最终可以通过企业的获利能力来反映。作为报表的外部使用者，投资者、债权人等财务分析主体对企业进行盈利能力分析是其行为决策的重要依据。对于报表的内部使用者，即经营者而言，盈利能力分析是衡量经营者业绩的重要判断标准，也是发现经营管理缺陷的重要途径。

◇ **分析资料**

春程食品股份有限公司（股票代码000885）是由洛阳春程集团有限责任公司独家发起，将集团公司的肉类分公司、大同分公司、周口清真分公司、汕头分公司等4家分公司经评估确认后的全部经营性净资产折资入股，采用社会募集方式设立的股份有限公司。公司于

1998 年 12 月 2 日公开发行每股面值为 1.00 元的人民币普通股 6 000 万股，发行后，公司总股本为 16 000 万股。1998 年 12 月 31 日在河南省工商行政管理局完成注册登记后成立。1999 年 3 月 19 日，在深圳证券交易所公开挂牌交易。由于 2006 年、2007 年两个会计年度经审计显示的净利润为负值，公司股票于 2008 年 4 月 17 日开始实行特别处理，股票简称变更为"ST 春程"。2009 年 3 月 25 日起，公司股票暂停上市。2010 年 1 月 15 日，公司股票恢复上市并实施退市风险警示，简称变更为" ＊ST 春程"。

公司的行业性质为食品加工业，经营范围包括：西式低温肉制品、中式肉制品、中西式灌肠、清真食品、速冻食品、方便食品、肉制品，以及包装材料的生产、加工和销售。

1. " ＊ST 春程"简要报表项目

" ＊ST 春程"的简要报表项目列于表 5 – 14 中。

表 5 – 14 ST 春程简要报表项目汇总   单位：元

项　　目	2009 年	2008 年	2007 年	2006 年
资产负债表中项目				
资产总计	292 858 944.00	380 081 376.00	452 692 000.00	583 635 201.51
股东权益合计	96 130 984.00	178 976 144.00	101 922 592.00	311 658 492.75
股本	160 000 000.00	160 000 000.00	160 000 000.00	160 000 000.00
负债和股东权益合计	292 858 944.00	380 081 376.00	452 692 000.00	583 635 201.51
利润表中项目				
一、主营业务收入	129 461 088.00	167 823 696.00	61 641 668.00	103 060 357.11
减：折扣与折让	0.00	0.00	0.00	0.00
主营业务收入净额	129 461 088.00	167 823 696.00	61 641 668.00	103 060 357.11
减：主营业务成本	120 847 432.00	153 065 424.00	73 414 784.00	129 100 996.80
主营业务税金及附加	566 142.50	476 647.75	309 976.75	739 896.69
二、主营业务利润	8 047 511.00	14 281 625.00	– 12 083 095.00	– 26 780 536.38
加：其他业务利润	– 380 383.78	– 491 954.75	– 1 134 431.38	1 276 200.67
减：存货跌价损失	0.00	0.00	0.00	0.00
销售费用	32 371 418.00	15 554 204.00	7 970 295.00	14 808 371.65
管理费用	46 145 748.00	– 14 466 065.00	41 728 156.00	139 558 126.21
财务费用	5 678 662.00	4 571 122.50	15 761 583.00	13 063 025.35
三、营业利润	– 76 528 704.00	8 130 409.50	– 78 677 560.00	– 192 933 858.92
加：投资收益	– 14 205 628.00	12 853 460.00	0.00	0.00
补贴收入	7 440 000.00	3 418 300.00	0.00	0.00

续表

项　目	2009 年	2008 年	2007 年	2006 年
营业外收入	570 356.44	726 058.00	741 682.81	13 455.90
减：营业外支出	587 735.06	220 670.31	1 069 825.00	34 885 585.31
四、利润总额	−83 311 712.00	24 907 556.00	−79 005 704.00	−227 805 988.33
减：所得税费用	0.00	0.00	0.00	0.00
减：少数股东损益	53 840.37	−178 016.62	−24 343.41	0.00
加：财政返还（含所得税返还）	0.00	0.00	0.00	0.00
五、净利润	−83 365 552.00	25 085 574.00	−78 981 360.00	−227 805 988.33
非经常性损益	8 352 689.11	55 849 300.72	−1 179 707.86	略
扣除非正常性损益后的净利润	−91 718 238.33	−30 763 727.52	−77 801 651.14	略
优先股股利	0.00	0.00	0.00	0.00

2. 其他相关资料

2007 年，企业主营业务的毛利率状况如下：① 西式灌肠系列产品完成销售收入 2 470 万元，占总主营业务收入的 40%，销售成本为 3 883 万元，产品毛利率为 −57%；② 软包装系列肉制品完成销售收入 203 万元，占总主营业务收入的 3%，销售成本为 294 万元，产品毛利率为 −45%。③ 西式低温肉制品系列完成销售收入 107 万元，占总主营业务收入的 2%，销售成本为 199 万元，产品毛利率为 −86%。④ PVDC 薄膜系列完成销售收入 2 584 万元，占总主营业务收入的 42%，销售成本为 1 913 万元，产品毛利率为 26%。

2008 年的管理费用为 −14 466 065.26 元，主要原因是由于公司收回原大股东春程集团欠款转回坏账准备冲减管理费用 30 608 693.69 元所致。2008 年的财务费用比上年同期大幅度下降，主要原因为：① 洛阳市财政部门为支持公司重新创业、恢复生产，向公司提供 500 万元贷款贴息；② 2008 年 5 月，该公司投资设立了洛阳新春程食品发展有限公司，经中国工商银行洛阳分行九都支行和洛阳市商业银行同意，分别将 7 500 万元和 1 000 万元的银行借款转移至新设立的公司，由于借款减少相应降低了利息支出。此外，2008 年企业转让子公司的部分股权取得股权收益 16 315 919.35 元。

2009 年，公司报告期内共实现主营业务收入 129 461 087.07 元，其中食品加工收入 106 395 904.98 元，占总收入的 82.18%；包装材料收入 22 048 302.16 元，占总收入的 17.03%；商业零售收入 1 016 879.93 元，占总收入的 0.78%。企业毛利率较高，包装行业主营业务收入较上年大幅度下降。其中食品加工行业毛利率为 1.34%，包装行业毛利率为 32.57%，商品零售收入毛利率为 1.12%。

◇ **分析要求**

利用以上资料对"＊ST春程"的盈利能力进行分析，判断该企业的盈利安全性、稳定性、持续性。特别需要对该企业2008报告年度的盈利状况展开具体分析，判断该年度的盈利质量。

◇ **分析重点**

运用净资产收益率、总资产报酬率、销售利润率、成本费用利润率、每股收益、收益质量的关注等价值量指标，分析企业的盈利能力。

1. 净资产收益率

净资产收益率是企业一定时期内净利润与平均净资产的比率，体现了投资者投入企业的自有资本获取净利润的能力。计算公式为：

$$净资产收益率（ROE）＝净利润/净资产平均余额 \qquad (5-12)$$

净资产平均余额为期初和期末净资产的平均值。

该指标可以判断企业获利能力在同行业中所处的地位及与同行业的差异，企业的ROE越高，说明企业自有资本获取利润的能力越强。

2. 总资产报酬率

总资产报酬率是指企业一定时期内获得的报酬总额与资产平均总额的比率。该比率反映企业全部经济资源的利用效果，是全面反映企业获利能力和投资产出状况的指标。如果总资产报酬率小于净资产报酬率，说明企业获得了财务杠杆收益，反之，则企业现有负债产生了负的财务杠杆效应。计算公式为：

$$总资产报酬率（ROA）＝息税前利润（EBIT）/平均资产总额 \qquad (5-13)$$

平均资产总额是指企业期初与期末资产总额的平均值，息税前利润等于利润总额加上利息支出（即用"财务费用"的值）。

3. 销售利润率

该指标反映销售收入转化为利润水平的一类指标，衡量企业生产经营方面的获利能力。它表示企业每单位销售收入能够带来的销售利润，反映了主营业务的获利能力。计算公式为：

$$销售利润率＝销售利润/销售收入净额 \qquad (5-14)$$

上式中销售利润是企业销售收入扣除销售成本、销售费用、销售税金及附加后的利润，主要表现为企业的主营业务利润。该指标体现了企业经营活动最基本的获利能力，体现了企业主营业务利润对利润总额的贡献，以及对企业全部收益的影响程度。此外，该指标受行业特点影响较大，通常说来，资本密集越高的企业该指标越高。

4. 成本费用利润率

该指标是企业一定时期内的利润同成本费用总额的比率，用来表示企业为取得利润而付出的代价，从企业支出与收益的关系来评价企业的获利能力。计算公式为：

$$成本费用利润率 = 利润总额 / 成本费用总额 \qquad (5-15)$$

成本费用总额是指企业能够施以重大影响的销售成本、销售费用、管理费用和财务费用之和。该指标从企业耗费的角度评价企业收益状况，有利于促进企业加强内部管理。

5. 每股收益

该指标在上市公司财务分析中颇受关注。每股收益是指净利润扣除优先股股利后的余额与普通发行在外的加权平均股数之比，反映了每股发行在外的普通股所能分摊到的净收益额。计算公式为：

$$每股收益 = (净利润 - 优先股股利) / 普通股在外加权平均股数 \qquad (5-16)$$

6. 收益质量的关注

对收益质量的关注主要体现在收益的稳定性、收益的安全性。收益的稳定性是指企业收益水平变动的基本趋势，如果一连几个会计年度，收益水平波动不大或者是逐步上升，这种收益水平是比较稳定的。收益的稳定性取决于企业的业务结构、商品结构及企业所面临外部环境的稳定性。该质量标准可以观察企业各年"主营业务利润"的变化，还可以采用主营业务鲜明率反映收益的稳定性。

$$主营业务鲜明率 = 主营业务利润 / 利润总额 \qquad (5-17)$$

收益的安全性可以反映为企业利润结构组成的合理性，如果企业的利润总额大部分是由非常项目带来的收益，例如"投资收益"带来大部分收入，那么企业面临的不确定风险加大，收益安全性不够。可以采用非经常性损益占净利润比例反映收益的安全性问题。

$$非经常性损益占净利润比例 = 1 - 扣除非经常性损益后的净利润 / 净利润 \qquad (5-18)$$

该指标的绝对值越大，说明收益的安全性越差。

◇ **分析提示与参考答案**

1. 各项指标的计算结果如表 5-15 所示。

表 5-15　各价值量指标的计算结果

项　目	2009 年	2008 年	2007 年
净资产收益率	-60.605%	17.860 9%	-38.193 9%
总资产报酬率	-23.072 8%	7.079 6%	-12.205 4%
销售利润率	6.216 2%	8.509 9%	-19.602 2%
成本费用利润率	-40.52%	15.65%	-56.76%
每股收益	-52.10%	15.68%	-49.36%
主营业务鲜明率	-9.659 5%	57.338 5%	15.294%
非经常性损益占净利润比例	-10.02%	222.64%	1.49%

2. 对计算结果的理论分析

从整体上来看，该企业在 2007 年、2008 年、2009 年这 3 个会计报告年度，2007 年和 2008 年的业绩表现均不理想，只有 2008 年产生盈利。

2007 年度的财务信息显示，该企业主营业务利润为负数，主要原因是企业重点经营的西式灌肠产品损失较大。但是从主营业务鲜明率为 15.294% 来看，真正造成该年度巨额亏损的原因不在于主营业务，而是大额度的管理费用造成的。从成本费用利润率的指标高达 -56.76% 也可以看出企业该年的费用负担较重。该年度"非经常性损益占净利润比例"为 1.49%，说明非经常性业务的损益对该年度的利润影响效果并不明显。所以可以判断，企业该年度的主要问题出在主业盈利能力太差，另外，管理费用金额太大。

2008 年度，盈利能力各项指标数值均为正数，净利润也为正数，这是否说明企业具有较好的盈利能力呢？从总资产报酬率和净资产收益率及每股收益的结果来看，企业在该年度的盈利能力较强。但是我们仔细分析 2008 年的利润构成情况，发现收益稳定性和安全性不够。从该公司 2008 年的主业收入来看，比 2007 年有大幅度的提升，并且主营业务产生较高的盈利，主营业务鲜明率也较高。但是，该年度的主营业务利润不足以抵消该年度发生的营业费用，企业最后有净利润的原因主要在于管理费用的大额冲回，以及该年度较小数额的财务费用和出售子公司的部分股票。从"非经常性损益占净利润的比例"来看，该年度高达 222.64%，说明此年度的盈利安全性较差，此年的盈利大部分是由偶然因素所引起的，仅冲回关联方坏账准备和出售子公司部分股权这两项交易就给企业该报告年度增加了 109.68% 的利润总额。主业的盈利能力虽然比上一年度有所提高，但是主业所带来的利润不足以弥补企业日常的费用支出。企业的盈利能力依然不理想。

2009 年度，主营业务收入及净利润与上年度相比有较大变化，主要原因是主营业务中毛利率较高的包装行业市场份额太小，而食品加工虽然在企业的销售份额中占较大的比重，但是该行业的毛利率太低不能给企业带来充足的利润。主营业务鲜明率较低，说明主营业务虽有盈利但对企业整体利润影响太小，企业盈利的稳定性不够。成本费用利润率在该年度为 -40.52%，说明成本问题依然是影响企业利润的重要因素，尤其是期间费用的大额支出，是减少总利润的关键因素。该年度对现控股股东关联方西安海拓普集团股份有限公司欠款追加计提坏账准备，增加管理费用 16 314 856.20 元，但是剔除掉该偶然事件后企业的期间费用仍然很高，主业带来的利润无法抵消期间费用，从而使得净利润为负。"非经常性损益占净利润比例"为 -10.02%，该比例并不高，说明影响净利润的因素主要是期间费用太高且主营业务的盈利性不强，从而使该年度企业的每股收益降到 -52.10%，减少了股东价值。

综上所述，可以判断"＊ST 春程"的盈利能力不理想，3 年的财务资料显示主营业务盈利性较差，但是期间费用较高，报表显示净利润为正数的 2008 年也是因为偶然因素引起的，企业核心业务的盈利能力是确保企业长久经营的关键，核心业务盈利能力不强则无法保证盈利能力的稳定性和安全性。主营业务的盈利能力不强使得在 2009 年企业重新陷入亏损状态。此外，该企业在 2007 年、2008 年、2009 年 3 年期间其他利润均为负数，企业的营业方向值得考虑。

◇▌**基本知识点**

　　盈利能力是指企业赚取利润的能力，盈利能力分析是衡量经营者业绩的重要判断标准，也是发现经营管理缺陷的重要途径。

　　首先，对于投资者而言，企业盈利能力的分析是投资决策的重要依据。投资者经常通过判断企业的盈利能力，预测未来收益或估计投资风险。对于上市公司而言，盈利能力的提高有利于股票价格的上升，投资者可以利用对盈利能力的分析作为其投资决策的依据，获得更多的资本收益。投资者将资金投入某一企业之后，对该企业的盈利能力进行分析，可以了解其资本的保值增值情况。一般而言，企业的获利能力越强，企业资本损失的可能性越小，资本的保值增值效果越好。此外，投资者对企业盈利能力进行分析可以判断企业可能的利润分配水平。因为利润是企业分配的基础和前提，从股利分配上看，扣除所得税后的营业收益是股利分配的依据和基础，从长远观点看，这一数额是股利分配的最大限额。

　　其次，债权人进行盈利能力分析的意义。对于债权人而言，企业的偿债能力除了企业本身的流动性要求和资本结构要求之外，企业未来偿付资金的能力非常重要。从长远来看，利润是偿债的主要资金来源，尤其是企业的长期债务偿还需要稳定的资金来源支撑。企业的盈利能力将对企业的偿债能力产生直接的影响。由于企业盈利能力与未来现金流量之间存在潜在的相关性，盈利能力分析是企业稳定性的重要组成部分。通过对企业盈利能力的分析，债权人可以更好地把握企业偿债能力的高低，以维护自身债权的安全、有效。

　　最后，企业经营者进行盈利能力分析的意义。从企业的角度，企业从事经营活动，其直接目的是最大限度地获取利润并维持企业的持续稳定经营和发展。盈利能力较强的企业比盈利能力弱的企业具有更强的生命力和发展前景。基于企业经营者的受托地位，企业经营者必须通过自己的努力使企业赚取更多的利润。各项盈利能力的指标反映了企业的获利能力，也体现了经营者的经营业绩。通过与同行业其他企业的业绩表现相比较，并扣除掉不可控因素之后，盈利能力分析可以作为企业经营者的经营业绩衡量标准。此外，通过对盈利能力的形成原因、现状及发展趋势的深入分析，可以发现企业经营中存在的不足之处和重大问题，进而有针对性地采取措施，提高企业未来的盈利能力。

● **小资料**

雷曼兄弟名列美加五百大企业年度排行榜第一位

　　截至 2006 年 5 月 31 日，全球投资银行雷曼兄弟第 2 季度净收益为 10 亿美元，获每股摊薄后获利为 1.69 美元，较去年同期的净收益 6.83 亿美元，获每股摊薄后获利 1.13 美元，分别上升 47% 与 50%。雷曼公布的 2006 年上半年净收益为 21 亿美元，较上年同期上升 34%。

　　2006 年第 2 季度雷曼表现不俗，荣登财经类专业杂志 BARRONS 美加五百大企业年度排行榜第一位；荣膺 Business Week 2006 年表现最佳企业 50 强，获得创纪录的资本市场及投资管理净收入。

——摘自《新财经》. 2006.07 总第 76 期第 16 页.

5.5　预计财务报表分析

◇ **分析目的**

　　财务分析是财务管理的基础，通过财务分析使企业经营管理者了解企业的生产经营状况和财务状况，更好地为企业服务。

◇ **分析资料**

　　财务分析以企业的会计核算资料为基础，通过对会计所提供的核算资料进行加工整理，得出一系列科学的、系统的财务指标，以便进行比较、分析和评价。

　　会计提供的核算资料包括日常核算资料和财务报告，但财务分析主要是以财务报告为基础，日常核算资料只是作为一种补充资料。财务报告是企业向政府部门、投资者、债权人等与本企业有利害关系的组织或个人提供的，反映企业在一定时期内的财务状况、经营成果及影响企业未来经营发展的重要经济事项的书面文件。提供财务报告的目的在于为报告使用者提供财务信息，为他们进行财务分析、经济决策提供充足的依据。企业的财务报告主要包括资产负债表、利润表、现金流量表、其他附表，以及财务状况说明书。这些报表及财务状况说明书集中、概括地反映了企业的财务状况、经营成果和现金流量情况等财务信息。对其进行财务分析，可以更加系统地揭示企业的偿债能力、资金营运能力、获利能力等财务状况。下面以大华集团为例主要介绍进行财务分析常用的三张基本会计报表：资产负债表、利润表和现金流量表如表 5–16、表 5–17 和表 5–18 所示。

表 5–16　资产负债表

2010 年 12 月 31 日　　　　　　　　　　　　　　　　　单位：万元

资　　产	年初数	年　末　数	负债及股东权益	年初数	年　末　数
流动资产：			流动负债：		
货币资金	340	490	短期借债：	400	420
交易性金融资产	30	80	应付票据	50	70
应收票据	20	15	应付账款	264	355
应收账款	650	690	预收账款	20	10
减：坏账准备	6.5	6.9	应付工资	0.8	0.6
应收账款净额	643.5	683.1	应付福利费		
预付账款	22	14	应付股利		

续表

资　　产	年初数	年　末　数	负债及股东权益	年初数	年　末　数
应收补贴款			应交税费	60	50
其他应收款	13.5	4.9	其他应交税	5.2	6.4
存货	580	690	其他应付款	15	18
待摊费用	23	1	预提费用	5	8
待处理流动资产净损失	8	2	一年内到期的长期负债	80	62
一年内到期的长期债券投资	30		其他流动负债		
其他流动资产					
流动资产合计	1 710	1 980	流动负债合计	900	1 000
长期投资：			长期负债：		
长期投资	110	180	长期借款	500	550
固定资产：			应付债券	320	420
固定资产原值	2 400	2 900	长期应付款	104	100
减：累计折旧	600	750	其他长期负债		
固定资产净值	1 800	2 150	长期负债合计	924	1 070
固定资产清理			递延税项：		
在建工程	150	150	递延所得税负债		
待处理固定资产净损失			负债合计	1 824	2 070
固定资产合计	1 950	2 300	股东权益：		
无形资产：			股本	1 500	1 500
无形资产	20	32	资本公积	132	240
递延及其他资产：			盈余公积	219	459
长期待摊费用	10	8	其中：公益金	85	158
其他资产			未分配利润	125	231
递延及其他资产合计	10	8			
递延所得税资产			股东权益合计	1 976	2 430
资产合计	3 800	4 500	负债及股东权益合计	3 800	4 500

表 5－17　利润表

2010 年度　　　　　　　　　　　　　　　　　　单位：万元

项　　目	本　月　数（略）	本年累计数
一、主营业务收入		8 720
减：折扣与折让		200
主营业务收入净额		8 520
减：主营业务成本		4 190.40
主营业务税金及附加		676

项　　目	本　月　数（略）	本年累计数
二、主营业务利润		3 653.60
加：其他业务利润		851.40
减：销售费用		1 370
管理费用		1 050
财务费用		325
三、营业利润		1 760
加：投资收益		63
补贴收入		
营业外收入		8.5
减：营业外支出		15.5
四、利润总额		1 816
减：所得税费用		556
五、净利润		1 260

表 5 - 18　现金流量表

2010 年度　　　　　　　　　　　　　　　单位：万元

项　　目	金　额
一、经营活动产生的现金流量：	
销售商品、提供劳务收到的现金	8 898
收到的租金	74
收到的增值税销项税额和退回的增值税	1 498
收到的除增值税以外的其他税费返还	450
收到的其他与经营活动有关的现金	300
现金流入小计	11 220
购买商品、接受劳务支付的现金	6 620
经营租赁所支付的现金	10
支付给职工及为职工支付的现金	258
支付的增值税款	1 280
支付的所得税款	540
支付的除增值税、所得税外的其他税费	722
支付的其他与经营活动有关的现金	470
现金流出小计	9 900
经营活动产生的现金流量净额	1 320

项　　目	金　　额
二、投资活动产生的现金流量：	
收回投资所收到的现金	105
分得股利或利润所收到的现金	52
取得债券利息收入所收到的现金	13
处置固定资产、无形资产和其他长期资产收回的现金净额	15
收到的其他与投资活动有关的现金	
现金流入小计	
购建固定资产、无形资产和其他长期资产所支付的现金	855
权益性投资所支付的现金	16
债权性投资所支付的现金	60
支付的其他与投资活动有关的现金	14
现金流出小计	945
投资活动产生的现金流量净额	−760
三、筹资活动产生的现金流量：	
吸收权益性投资所收到的现金	
发行债券所收到的现金	150
借款所收到的现金	100
收到的其他与筹资活动有关的现金	
现金流入小计	250
偿还债务所支付的现金	330
发生筹资费用所支付的现金	2
分配股利或利润所支付的现金	150
偿付利息所支付的现金	123
融资租赁所支付的现金	5
减少注册资本所支付的现金	
支付的其他与筹资活动有关的现金	
现金流出小计	610
筹资活动产生的现金流量净额	−360
四、汇率变动对现金的影响	
五、现金及现金等价物净增加额	200

◇ 分析要求

1. 短期偿债能力分析

1）流动比率

流动比率是企业流动资产与流动负债的比率。根据表 5 – 16 中大华集团的流动资产和流动负债的年末数，该公司 2010 年年末的流动比率为：

$$流动比率 = 流动资产/流动负债 = 1\,980/1\,000 = 1.98$$

这表明大华集团每有 1 元的流动负债，就有 1.98 元的流动资产作保障。流动比率是衡量企业短期偿债能力的一个重要财务指标，这个比率越高，说明企业偿还流动负债的能力越强，流动负债得到偿还的保障越大。但是，过高的流动比率也并非好现象，因为流动比率过高，可能是企业滞留在流动资产上的资金过多，未能有效地加以利用，可能会影响企业的获利能力。

根据西方的经验，流动比率在 2∶1 左右比较合适，大华集团的流动比率为 1.98，应属于正常范围。实际上，对流动比率的分析应该结合不同的行业特点、企业流动资产结构及各项流动资产的实际变现能力等因素。有的行业流动比率较高，有的行业较低，不可一概而论。但是，单凭这种经验判断也并非可靠，有时流动比率较高，但其短期偿债能力也未必很强，因为可能是存货积压或滞销的结果，而且企业也很容易伪造这个比率，以掩饰其偿债能力。比如，年终时故意将借款还清，下年年初再借入，这样就可以人为地提高流动比率。流动比率在评价企业短期偿债能力时，存在一定的局限性。如果流动比率较高，但流动资产的流动性较差，则企业的短期偿债能力仍然不强。

2）速动比率

速动比率是速动资产与流动负债的比率。通过速动比率来判断企业短期偿债能力比用流动比率有所进步，因为它撇开了变现力较差的存货。速动比率越高，说明企业的短期偿债能力越强。根据表 5-16 中的有关数据，大华集团 2010 年年末的速动比率为：

$$速动比率 = 速动资产/流动负债 = (1\,980 - 690)/1\,000 = 1.29$$

3）现金比率

现金比率是企业经营活动现金净流量与流动负债的比率。根据表 5-17 和表 5-18 中的相关数据，大华集团 2010 年的现金比率为：

$$现金比率 = 经营活动现金净流量/流动负债 = 1\,320/1\,000 = 1.32$$

需要说明的是，经营活动所产生的现金净流量是过去一个会计年度的经营结果，而流动负债则是未来一个会计年度需要偿还的债务，二者的会计期间不同。因此，这个指标是以过去 1 年的现金流量来估计未来 1 年的现金流量。使用这一财务比率时，需要考虑未来一个会计年度影响经营活动的现金流量变动的因素。

2. 长期偿债能力分析

长期偿债能力是指企业偿还长期负债的能力，企业的长期负债主要有长期借款、应付长期债券、长期应付款等。对于企业的长期债权人和所有者来说，不仅关心企业的短期偿债能力，更关心企业的长期偿债能力。因此，在对企业进行短期偿债能力分析的同时，还需分析企业的长期偿债能力，以便于债权人和投资者全面了解企业的偿债能力及财务风险。

1）资产负债率

资产负债率是企业负债总额与资产总额的比率，也称为负债比率或举债经营比率，它反映了企业的资产总额中有多少是通过举债而得到的。这个比率越高，企业偿还债务的能力越差；反之，偿还债务的能力越强。

根据表 5 - 16 中的有关数据，大华集团 2010 年年末的资产负债率为：

$$资产负债率 = 负债总额/资产总额 = 2\ 070/4\ 500 = 0.46$$

这表明大华集团的资产有 46% 是来源于举债，或者说大华集团每 46 元的债务，就有 100 元的资产作为偿还的后盾。

2）股东权益比率与权益乘数

股东权益比率是股东权益总额与资产总额的比率，该比率反映资产中有多少是所有者投入的。其计算公式为：

$$股东权益比率 = 股东权益总额/资产总额 \qquad (5-19)$$

从式（5 - 19）可知，股东权益比率与资产负债率之和等于 1。因此，这两个比率是从不同的侧面来反映企业长期财务状况的，股东权益比率越大，资产负债率就越小，企业的财务风险也越小，偿还长期债务的能力就越强。根据表 5 - 16 中的有关数据，大华集团 2010 年年末的股东权益比率为：

$$股东权益比率 = 2\ 430/4\ 500 = 0.54$$

股东权益比率的倒数，称作权益乘数，即资产总额是股东权益的多少倍。该乘数越大，说明股东投入的资本在资产中所占比重越小。其计算公式为：

$$权益乘数 = 资产总额/股东权益总额 \qquad (5-20)$$

根据表 5 - 16 中的有关数据，大华集团 2010 年年末的权益乘数为：

$$权益乘数 = 4\ 500/2\ 430 = 1.85$$

3）产权比率

产权比率是负债总额与所有者权益的比率，也称负债股权比率。其计算公式为：

$$产权比率 = 负债总额/所有者权益 \qquad (5-21)$$

从式（5 - 21）中可以看出，这个比率实际上是资产负债率的另一种表现形式，它反映了债权人所提供资金与股东所提供资金的对比关系，因此它可以揭示企业的财务风险及股东权益对债务的保障程度。该比率越低，说明企业长期财务状况越好，债权人贷款的安全越有保障，企业财务风险越小。根据表 5 - 16 中的有关数据，大华集团 2010 年年末的产权比率为：

$$产权比率 = 2\ 070/2\ 430 = 0.85$$

3. 企业营运能力分析

企业的营运能力反映了企业的资金周转状况，对此进行分析，可以了解企业的营业状况及管理水平。评价企业营运能力常用的比率有存货周转率、应收账款周转率、流动资产周转率、固定资产周转率、总资产周转率。

1）存货周转率

存货周转率，也称存货利用率，是企业一定时期的销货成本与平均存货的比率。

根据表 5 - 16 中的有关数据，大华集团 2010 年的存货周转率为：

$$平均存货 = (期初存货余额 + 期末存货余额)/2 = (580 + 690)/2 = 635$$

$$存货周转率 = 销货成本/平均存货 = 4\ 190.4/635 = 6.60$$

存货周转率说明了一定时期内企业存货周转的次数，可以用来测定企业存货的变现速度，衡量企业的销售能力及存货是否过量。存货周转率反映了企业的销售效率和存货使用效率。在正常情况下，如果企业经营顺利，存货周转率越高，说明存货周转得越快，企业的销售能力越强，营运资金占用在存货上的金额也会越少。

2）应收账款周转率

应收账款周转率是企业一定时期赊销收入净额与应收账款平均余额的比率。它反映了企业应收账款的周转速度。

赊销收入净额是指销售收入扣除了销货退回、销货折扣及折让和现销收入后的赊销净额。在这里，我们假设大华集团的销售都是赊销，根据表 5 - 16 和表 5 - 17 中的有关数据，大华集团 2010 年的应收账款周转率为：

$$应收账款平均余额 = (期初应收账款余额 + 期末应收账款余额)/2 = (650 + 690)/2 = 670$$

$$应收账款周转率 = 赊销收入净额/应收账款平均余额 = 8\ 520/670 = 12.72$$

用应收账款周转次数来反映应收账款的周转情况是比较常见的，如上面计算的大华集团应收账款周转率为 12.72，表明该公司 1 年内应收账款周转次数为 12.72 次。但是，也可以用应收账款周转天数来反映应收账款的周转情况。

应收账款周转天数表示应收账款周转一次所需天数。平均收账期越短，说明企业的应收账款周转速度越快。根据大华集团的应收账款周转率，计算出的应收账款平均收账期为：

$$应收账款周转天数 = 360/应收账款周转率 = 360/12.72 = 28.30 （天）$$

大华集团的应收账款周转天数为 28.30 天，说明大华集团从赊销产品到收回账款的平均天数为 28.30 天。应收账款周转天数与应收账款周转率成反比例变化，对该指标的分析是制定企业信用政策的一个重要依据。

3）流动资产周转率

流动资产周转率是销售收入与流动资产平均余额的比率，它反映的是全部流动资产的利用效率，表明在一个会计年度内企业流动资产周转的次数，它反映了流动资产周转的速度。该指标越高，说明企业流动资产的利用效率越好。根据表 5 - 16 和表 5 - 17 中的有关数据，大华集团 2010 年的流动资产周转率为：

$$流动资产平均余额 = (流动资产期初余额 + 流动资产期末余额)/2 = (1\ 710 + 1\ 980)/2 = 1\ 845$$

$$流动资产周转率 = 销售收入/流动资产平均余额 = 8\ 520/1\ 845 = 4.62$$

流动资产周转率是分析流动资产周转情况的一个综合指标，流动资产周转得快，可以节约流动资金，提高资金的利用效率。但是，其取值究竟为多少才算好，并没有一个确定的标准。通常应比较企业历年的数据并结合行业特点对其进行分析。

4）固定资产周转率

固定资产周转率，也称固定资产利用率，是企业销售收入与固定资产平均净值的比率。

这项比率主要用于分析对厂房、设备等固定资产的利用效率，该比率越高说明固定资产的利用率越高，管理水平越好。如果固定资产周转率与同行业平均水平相比偏低，说明企业的生产效率较低，可能会影响企业的盈利能力。根据表5-16和表5-17中的有关数据，大华集团的固定资产周转率为：

固定资产周转率 = 销售收入/固定资产平均净值 = 8 520/[(1 800 + 2 150)/2] = 4.31

5）总资产周转率

总资产周转率是企业销售收入净额与资产平均总额的比率。

根据表5-16和表5-17中的有关数据，大华集团2010年的总资产周转率为：

总资产周转率 = 销售收入净额/资产平均总额 = 8 520/[(3 800 + 4 500)/2] = 2.053

4. 企业盈利能力分析

盈利是企业的重要经营目标，是企业生存和发展的物质基础，它不仅关系到企业所有者的利益，也是企业偿还债务的一个重要来源。因此，企业的债权人、所有者及管理者都十分关心企业的盈利能力。评价企业盈利能力的财务比率主要有资产报酬率、股东权益报酬率、销售毛利率、销售净利率、成本费用净利率等。

1）资产报酬率

资产报酬率，也称资产收益率、资产利润率或投资报酬率，是企业在一定时期内的净利润与资产平均总额的比率。其计算公式为：

资产报酬率 = 净利润/资产平均总额 × 100%

根据表5-16和表5-17中的有关数据，大华集团2010年的资产报酬率为：

资产报酬率 = 1 260/[(3 800 + 4 500)/2] × 100% = 30.36%

资产报酬率主要用来衡量企业利用资产获取利润的能力，它反映了企业总资产的利用效率。大华集团的资产报酬率为30.36%，说明大华集团每100元的资产可以赚取30.36元的净利润。这一比率越高，说明企业的盈利能力越强。

在用资产报酬率分析企业的盈利能力和资产利用效率的同时，也可以用资产现金流量回报率来进一步评价企业的资产的利用效率。其计算公式为：

资产现金流量回报率 = 经营活动现金净流量/资产平均总额 × 100%

该指标客观地反映了企业在利用资产进行经营活动过程中获得现金的能力，因而更进一步反映了资产的利用效率。该比率越高，说明企业的经营活动越有效率。

2）股东权益报酬率

股东权益报酬率，也称净资产收益率、净值报酬率或所有者权益报酬率，它是一定时期企业的净利润与股东权益平均总额的比率。其计算公式为：

股东权益报酬率 = 净利润/股东权益平均总额 × 100%

股东权益平均总额 = （期初股东权益 + 期末股东权益）/2

根据表 5 - 16 和表 5 - 17 中的有关数据，大华集团 2010 年的股东权益报酬率为：

股东权益报酬率 = 1 260/[(1 976 + 2 430)/2] × 100% = 57.19%

股东权益报酬率是评价企业盈利能力的一个重要财务比率，它反映了企业股东获取投资报酬的高低。该比率越高，说明企业的获利能力越强。股东权益报酬率也可以用以下公式表示：

股东权益报酬率 = 资产报酬率 × 平均权益乘数

由此可见，股东权益报酬率取决于企业的资产报酬率和平均权益乘数两个因素。

因此，提高股东权益报酬率可以有两种途径：一是在权益乘数，即企业资金结构一定的情况下，通过增收节支，提高资产利用效率，来提高资产报酬率；二是在资产报酬率大于负债利息率的情况下，可以通过增大权益乘数，即提高资产负债率，来提高股东权益报酬率。但是，第一种途径不会增加企业的财务风险，而第二种途径会导致企业的财务风险的增大。

3）销售毛利率

销售毛利率，也称毛利率，是企业的销售毛利与销售收入净额的比率。其计算公式为：

销售毛利率 = 销售毛利/销售收入净额 × 100%

= (销售收入净额 − 销售成本)/销售收入净额 × 100%

公式中，销售毛利是企业销售收入净额与销售成本的差额，销售毛利率反映了企业的销售成本与销售收入净额的比例关系，毛利率越大，说明在销售收入净额中销售成本所占比重越小，企业通过销售获取利润的能力越强。根据表 5 - 17 的有关数据，大华集团 2010 年的销售毛利率为：

销售毛利率 = (8 520 − 4 190.40)/8 520 × 100% = 50.82%

从计算可知，大华集团 2010 年产品的销售毛利率为 50.82%，说明每 100 元的销售收入可以为公司提供 50.82 元的毛利。

4）销售净利率

销售净利率是企业净利润与销售收入净额的比率。其计算公式为：

销售净利率 = 净利润/销售收入净额 × 100%

销售净利率说明了企业净利润占销售收入的比例，它可以评价企业通过销售赚取利润的能力。销售净利率表明企业每 1 元销售净收入可实现的净利润是多少。该比率越高，企业通过扩大销售获取收益的能力越强。根据表 5 - 17 的有关数据，大华集团 2010 年的销售净利率为：

销售净利率 = 1 260/8 520 × 100% = 14.79%

从计算可知，大华集团的销售净利率为 14.79%，说明每 100 元的销售收入可为公司提供 14.79 元的净利润。评价企业的销售净利率时，应比较企业历年的指标，从而判断企业销售净利率的变化趋势。但是，销售净利率受行业特点影响较大，因此，还应该结合不同行业的具体情况进行分析。

前面介绍了资产报酬率，该比率可以分解为总资产周转率与销售净利率的乘积，其计算公式为：

$$资产报酬率 = 总资产周转率 × 销售净利率$$

由此可见，资产报酬率主要取决于总资产周转率与销售净利率两个因素。企业的销售净利率越大，资产周转速度越快，则资产报酬率越高。因此，提高资产报酬率可以从两个方面入手，一方面加强资产管理，提高资产利用率；另一方面加强销售管理，增加销售收入，节约成本费用，提高利润水平。

5）成本费用净利率

成本费用净利率是企业净利润与成本费用总额的比率。它反映企业生产经验过程中发生的耗费与获得的收益之间的关系。其计算公式为：

$$成本费用净利率 = 净利润/成本费用总额 × 100\%$$

公式中，成本费用是企业为了取得利润而付出的代价，主要包括销售成本、销售费用、销售税金、管理费用、财务费用和所得税等。这一比率越高，说明企业为获取收益而付出的代价越小，企业的获利能力越强。因此，通过这个比率不仅可以评价企业获利能力的高低，也可以评价企业对成本费用的控制能力和经营管理水平。根据表 5－16 中的有关数据，大华集团 2010 年的成本费用总额为 8 167.40 元（4 190.40 + 676 + 1 370 + 1 050 + 325 + 556），则大华集团 2010 年的成本费用大华集团净利率为：

$$成本费用净利率 = 1\ 260/8\ 167.40 × 100\% = 15.43\%$$

■ 小讨论

（1）进行财务分析的作用与目的是什么？

（2）如何从不同的角度评价企业的资产负债率？

（3）熟悉企业短期偿债能力、营运能力的财务指标。

本章关键词中英文对照

1. 财务分析　　　　　financial analysis
2. 财务报表　　　　　financial statement
3. 资产负债表　　　　balance sheet
4. 利润分配表　　　　income statement
5. 现金流量表　　　　statement of cash flow
6. 杜邦分析法　　　　DuPont analysis law
7. 偿债能力　　　　　liquidity
8. 流动比率　　　　　current ratio
9. 速动比率　　　　　quick ratio

10. 现金比率　　　　　　　cash proportion

11. 资产负债率　　　　　　ratio of assets to liabilities

12. 营运能力　　　　　　　service ability

13. 存货周转率　　　　　　rate of inventory turnover

14. 应收账款周转率　　　　rate of accounts receivable turnover

15. 盈利能力　　　　　　　profitability

16. 总资产报酬率　　　　　return on total asset

17. 销售利润率　　　　　　sell profit rate

18. 每股收益　　　　　　　earnings per share

◇ **案例分析练习**

分析 A、B 两个公司的资产负债表和利润表，如表 5-19～表 5-22 所示。

要求：

（1）分析 A、B 两个公司的偿债能力。

（2）分析 A、B 两个公司的营运能力。

（3）分析 A、B 两个公司的盈利能力。

（4）对比 A、B 两个公司的主要财务指标，并将结果填入表 5-23 中。

表 5-19　资产负债表

编制公司：A 公司　　　　　　　　　　2010 年 12 月 31 日　　　　　　　　　　单位：元

资产	年初数	期末数	负债和所有者权益（股东权益）		年初数	期末数
流动资产：			流动负债：			
货币资金	504 520 228.58	812 191 441.04	短期借款：		230 000 000.00	610 614 000.00
交易性金融资产			应付票据		166 227 725.12	432 952 327.47
			应付账款		580 502 003.39	1 355 971 889.65
应收票据	11 327 752.00	3 500 000.00	预付账款		79 283 212.41	517 729 939.45
应收股利	3 264 000.00	149 220 925.75	应付职工薪酬	工资	3 412 031.27	
应收账款	670 229 632.25	690 010 219.65		福利费	57 659 758.37	93 790 949.25
其他应收款	112 270 206.53	214 057 364.97	应付股利		2 893 500.00	917 500.00
减：坏账准备	7 536 819.48	11 420 556.43	应交税费		37 925 213.81	-73 677 453.97
应付账款净额	774 963 019.30	892 647 028.19	其他应交款		722 749.07	769 708.92
预付账款	146 383 893.08	161 598 078.99	其他应付款		129 985 409.23	151 495 864.50

续表

资　产	年初数	期末数	负债和所有者权益（股东权益）	年初数	期末数
应收补贴款			预提费用	27 558 288.78	39 439 560.34
存货	1 221 591 464.54	3 152 615 489.98	风险准备		
减：存货跌价准备	20 205 761.79	31 759 095.83	预计负债		
存货净额	1 201 385 702.75	3 120 856 394.15	一年内到期的长期负债		69 468 511.58
待摊费用	1 580 508.99	2 277 132.61	其他流动负债		
流动资产合计	2 643 425 104.70	5 142 291 000.73	流动负债合计	1 385 638 403.03	3 130 004 285.61
长期投资：			长期负债：		
长期股权投资	279 077 388.42	362 575 668.15	长期借款	406 000 000.00	876 000 000.00
减：长期投资减值准备			应付债券		
长期投资净额	279 077 388.42	362 575 668.15	长期应付款		186 320 000.00
固定资产：			其他长期负债		
固定资产原值	374 157 817.63	740 894 797.11	长期负债合计	406 000 000.00	1 062 620 000.00
减：累计折旧	51 441 384.74	93 314 121.57	递延税款：		
固定资产净值	322 716 432.89	647 580 675.54	递延所得税负债		
减：固定资产减值准备			负债合计	1 791 638 403.03	4 192 324 285.61
固定资产净额	322 716 432.89	647 580 675.54	所有者权益（股东权益）：		
在建工程	94 521 074.04	12 830 662.86	实收资本（或股本）	344 500 000.00	413 400 000.00
固定资产清理	148 919.09	4 478 960.76	资本公积	714 888 296.11	647 768 296.11
固定资产合计	417 386 426.02	664 890 299.16	盈余公积	94 317 325.99	147 440 191.13
无形资产及其他资产			其中：法定公益金	37 530 748.31	55 238 370.02
无形资产	29 798 681.58	62 449 718.34	未分配利润	429 998 076.11	840 706 296.68
开办费		34 856.50	外币报表折算差额		53 712.47
长期待摊费用	5 654 500.52	9 451 239.12			
无形资产及其他资产合计	35 453 182.10	71 935 813.96	所有者权益（股东权益）合计	1 583 703 698.21	2 049 368 496.39
资产总计	3 375 342 101.24	6 241 692 782.00	负债和所有者权益合计	3 375 342 101.24	6 241 692 782.00

表 5 - 20　利润表

编制单位：A公司　　　　　　　2010 年 12 月 31 日　　　　　　　　单位：元

项　目	上 期 数	本 期 数
一、主营业务收入	2 501 690 036.97	4 515 954 359.32
减：主营业务成本	1 390 145 272.33	2 891 305 429.82
主营业务税金及附加	2 690 669.63	2 859 274.82
二、主营业务利润（亏损以"-"号填列）	1 108 854 095.01	1 621 789 654.68
加：其他业务利润（亏损以"-"号填列）	1 969 317.23	2 474 634.87
减：存货跌价损失	13 806 279.73	11 553 334.04
销售费用	435 416 042.64	568 322 469.02
管理费用	538 519 145.72	689 467 135.18
财务费用	49 528 666.92	111 132 170.15
三、营业利润（亏损以"-"号填列）	73 553 277.23	243 789 181.16
加：投资收益（亏损以"-"号填列）	97 720 637.50	236 350 516.20
补贴收入	32 681 724.02	8 311 781.46
营业外收入	6 356 359.84	6 005 793.43
减：营业外支出	2 012 311.13	551 835.01
四、利润总额	208 299 687.46	493 905 437.24
减：所得税费用	13 598 124.73	30 074 351.53
五、净利润（净亏损以"-"号填列）	194 701 562.73	463 831 085.71
加：年初未分配利润	267 017 307.83	429 998 076.11
其他转入		
六、可供分配的利润	461 718 870.56	839 829 161.82
减：提取法定盈余公积	21 147 196.30	35 415 243.43
提取法定公益金	10 573 598.15	17 707 621.71
七、可供投资者分配的利润	429 998 076.11	840 706 296.68
减：应付优先股股利		
提取任意盈余公积		
应付普通股股利		
转作股本的普通股股利		
八、未分配利润	429 998 076.11	840 706 296.68

单位负责人：　　　　　财会负责人：　　　　　复核：　　　　　制表：

表 5 – 21　资产负债表

编制公司：B 公司　　　　　　　　　　2010 年 12 月 31 日　　　　　　　　　　单位：元

资　　产	年初数	期末数	负债和所有者权益 （股东权益）	年初数	期末数
流动资产：			流动负债：		
货币资金	2 994 947.74	13 322 775.22	短期借款	386 158 000.00	371 250 000.00
			应付票据		3 099 369.55
			应付账款	139 234 465.78	112 204 622.85
交易性金融资产	6 016 673.55	7 291 825.50			
应收票据		80 000.00	预收账款	43 673 447.98	54 541 283.10
应收股利			应付工资		
应收账款	59 207 715.03	55 515 383.35	应付福利费	2 784 949.13	4 917 371.35
其他应收款	114 606 911.68	92 549 049.80	应付股利		
减：坏账准备	49 954 716.36	49 900 501.73	应交税费	– 2 379 793.27	2 256 586.38
应收账款净额	123 859 910.35	98 163 931.42	其他应交款	– 3 557.07	17 932.18
预付账款	4 583 686.17	1 874 427.76	其他应付款	63 088 193.83	74 097 559.49
应收补贴款			预提费用	39 018 320.83	47 101 529.71
存货	344 745 217.81	343 022 444.62	风险准备		
减：存货跌价 准备	56 498 756.82	49 454 764.24	预计负债		
存货净额	288 246 460.99	293 567 680.38	一年内到期的长 期负债	37 267 645.00	28 144 120.54
待摊费用	92 878.17		其他流动负债		
其他流动资产	31 721 820.22	2 362 570.38	流动负债合计	711 941 041.76	694 531 005.60
流动资产合计	457 423 499.02	416 663 210.66			
长期投资：			长期负债：		
长期股权投资	150 703 573.82	148 372 112.93	长期借款	68 838 654.05	51 322 925.51
长期债权投资	879 805.43	851 588.76	应付债券		
长期投资合计	457 423 499.02	416 663 210.66	长期应付款		
减：长期投资 跌价准备	29 118 164.05	29 106 747.01	住房周转金	327 175.76	– 35 393 027.30
长期投资净额	122 465 215.20	120 116 954.68	其他长期负债		
固定资产：			长期负债合计	69 165 829.81	15 929 898.21
固定资产原值	305 860 419.73	335 540 238.19	递延税款：		
减：累计折旧	99 529 347.11	118 642 175.05	递延所得税负债		

续表

资　　产	年初数	期末数	负债和所有者权益（股东权益）	年初数	期末数
固定资产净值	206 331 072.62	216 898 063.14	负债合计	781 106 871.57	710 460 903.81
减：固定资产减值准备					
固定资产净额	206 331 072.62	216 898 063.14	所有者权益（股东权益）：		
在建工程	29 438 183.00	27 716 608.01	实收资本（或股东）	357 091 534.80	357 091 534.80
固定资产清理			资本公积	161 044 319.58	161 044 319.58
固定资产合计	235 769 255.62	244 614 671.15	盈余公积	59 972 810.42	59 972 810.42
无形资产及长期待摊费用：			其中：公益金	19 997 088.97	19 997 088.97
无形资产	49 014 445.07	16 643 516.98	未分配利润	−493 208 130.92	−489 953 443.04
开办费			外币报表折算差额		
长期待摊费用	1 331 844.44	574 626.00			
其他长期资产	3 146.10	3 146.10			
无形资产及长期待摊费用合计	50 349 435.61	17 221 289.08	所有者权益（股东权益）合计	84 900 533.88	88 155 221.76
资产总计	866 007 405.45	798 616 125.57	负债和所有者权益合计	866 007 405.45	798 616 125.57

表 5 − 22　利润表

编制公司：B 公司　　　　　　　　　2010 年 12 月 31 日　　　　　　　　　单位：元

项　　目	上　期　数	本　期　数
一、主营业务收入	207 500 982.86	313 894 844.77
减：主营业务成本	239 871 936.20	290 747 646.33
主营业务税金及附加	38 685.38	641 991.43
二、主营业务利润（亏损以"−"号填列）	−32 409 638.72	22 505 207.01
加：其他业务利润（亏损以"−"号填列）	1 884 229.30	8 525 718.49
减：存货跌价损失	3 798 061.25	−7 043 992.58
销售费用	13 544 913.95	14 417 169.10
管理费用	111 878 767.14	45 449 965.91
财务费用	42 347 424.70	28 575 132.95
三、营业利润（亏损以"−"号填列）	−202 094 576.46	−50 367 349.88

续表

项　　目	上　期　数	本　期　数
加：投资收益（亏损以"－"号填列）	10 192 316.62	34 979 548.97
补贴收入		
营业外收入	27 334 149.58	20 596 709.72
减：营业外支出	21 823 060.55	1 954 220.93
四、利润总额	－186 391 170.81	3 254 687.88
减：所得税费用		
五、净利润（净亏损以"－"号填列）	－186 391 170.81	3 254 687.88
加：年初未分配利润	－306 816 960.11	－493 208 130.92
其他转入		
六、可供分配的利润	－493 208 130.92	－489 953 443.04
减：提取法定盈余公积		
提取法定公益金		
七、可供投资者分配的利润	－493 208 130.92	－489 953 443.04
减：应付优先股股利		
提取任意盈余公积		
应付普通股股利		
转作股本的普通股股利		
八、未分配利润	－493 208 130.92	－489 953 443.04

单位负责人：　　　　　财会负责人：　　　　　复核：　　　　　制表：

表 5 – 23　A、B 两个公司的主要财务指标对比

指　　标	A 公　司	B 公　司
流动资产		
固定资产净值		
资产总额		
资产负债率		
负债总额		
股东权益总额		
未分配利润		
股东权益报酬率		
本年主营业务利润		
本年营业利润		
净资产与股东投资比		

企业利润分析

【本章内容与要点】

本章包括营业收入与营业成本确认分析，利润总额确认分析，合同收入、合同毛利、合同费用确认分析，利润敏感性案例分析，本量利分析——盈亏临界点案例分析，经营决策分析，计算产品销售量和税前利润，目标利润分析和影响目标利润规划的综合因素分析等9个案例。通过本章的学习，理解和掌握企业利润形成的基本原理，理解本量利分析内涵，掌握成本、业务量和利润之间的关系，掌握利润分析的相关方法。

6.1 营业收入与营业成本确认分析

◇ **分析目的**

通过本案例的学习，熟练掌握企业在实际运营活动中各类营业收入与相应营业成本的组成、确认及计量原则，正确计算企业营业收入与营业成本。

◇ **分析资料**

红星公司为增值税一般纳税企业，适用的增值税率为17%。该公司2010年度发生如下销售业务，销售价款均不含应向购买方收取的增值税额。

① 红星公司与A企业签订一项购销合同，合同规定，红星公司为A企业建造并安装两台电梯，合同价款为800万元；A企业在红星公司交付商品前预付价款的20%，其余价款将在红星公司将商品运抵A企业并安装，经检验合格后才予以支付。红星公司于本年度12月25日将完成的商品运抵A企业，预计于次年1月31日全部安装完成。该电梯的实际成本为580万元，预计安装费用为10万元。

② 红星公司本年度销售给C企业一台机床，销售价款为50万元。红星公司已开出增值税专用发票，并将提货单交与C企业；C企业已开出商业承兑汇票，期限为3个月，到期日为次年2月3日。由于C企业的车间内运转该项新设备的场地尚未确定，经红星公司同意，机床待次年1月20日再予提货。该机床的实际成本为35万元。

③ 红星公司本年度 1 月 5 日销售给 D 企业一台大型设备，销售价款为 200 万元。按合同规定，D 企业于 1 月 5 日先支付货款的 20%，其余价款分 4 次平均支付，于每年 6 月 30 日和 12 月 31 日支付。设备已发出，D 企业已验收合格。该设备的实际成本为 120 万元。

④ 红星公司本年度委托 M 商店代销一批零配件，代销价款为 40 万元；本年度收到 M 商店交来的代销清单，代销清单列明已销售代销零配件的 80%，M 商店按代销价款的 5% 收取手续费。该批零配件的实际成本为 25 万元。

⑤ 红星公司本年度销售给 Q 企业一台机床，销售价款为 35 万元，该企业已支付全部价款。该机床本年 12 月 31 日尚未完工，已发生的实际成本为 15 万元。

⑥ 红星公司于 4 月 20 日以托收承付方式向 B 企业销售一批商品，成本为 6 万元，增值税发票上注明：售价 10 万元，增值税 17 000 元。该批商品已经发出，并已向银行办妥托收手续。此时得知 B 企业在另一项交易中发生巨额损失，资金周转十分困难，已经拖欠另一家公司的货款。

⑦ 红星公司本年度 12 月 1 日销售一批商品，增值税发票上的售价为 8 万元，增值税额达 13 600 元，销售成本为 6 万元。货到后买方发现商品质量不合格，电话告知红星公司，提出只要红星公司在价格上给予 5% 的折让，3 天内保证付款，红星公司应允并已通知买方。

⑧ 红星公司上年度 12 月 18 日销售 A 商品一批，售价为 5 万元，增值税额为 8 500 元，成本为 2.6 万元。合同规定的现金折扣条件为 "2/10, 1/20, n/30"。买方于上年度 12 月 27 日付款，享受现金折扣 1 000 元。红星公司对现金折扣采用总价法处理。本年度 5 月 20 日该批产品因质量严重不合格被退回。

◇ 分 析 要 求

计算并分析红星公司 2010 年度实现的营业收入和营业成本。

◇ 分 析 重 点

注意在普通销售、托收承付销售、分期收款销售、委托代销、订货销售，以及发生销售折让、销售退回的不同情形下，正确分辨并计量企业的销售收入与销售成本。

◇ 分析提示与参考答案

红星公司 2010 年度实现的营业收入和营业成本分别为

营业收入 $= 50 + 200 \times 60\% + 40 \times 80\% + 7.6 - 5 = 204.6$（万元）

营业成本 $= 35 + 120 \times 60\% + 25 \times 80\% + 6 - 2.6 = 130.4$（万元）

我国的会计制度规定，如果销售方对出售的商品还留有所有权的重要风险，例如，销售方对出售的商品负责安装、检验等过程，这种交易通常不确认收入。下面对销售业务进行逐项分析。

① 定购销售业务不能在 2010 年确认收入，因为安装服务为合同中的重要条款。

② 商品所有权已经转移，相关的收入已经收到或取得了收款的证据，因此应当确认收入、结转成本。营业收入为 50 万元、营业成本为 35 万元。

③ 在这种方式下应按合同约定的收款日期分期确认营业收入。根据合同，D 企业在本年度 1 月 5 日、6 月 30 日、12 月 31 日分别支付了 20% 的价款，因而 2010 年共实现营业收入 200 ×60% 万元，营业成本 120 ×60% 万元。

④ 委托代销商品应在收到受托方的代销清单时再确认营业收入。因而按代销清单所列本年营业收入为 40 ×80% 万元，营业成本为 25 ×80% 万元。

⑤ 按照订货销售业务确认收入的原则，订货销售业务应在将商品交付购买方时确认收入，并结转相关的成本。因此，该项业务不应确认收入，也不可结转相关成本。

⑥ 此项收入目前收回的可能性不大，应暂不确认收入。

⑦ 该项业务属于销售折让，也符合确认收入的条件，确认的营业收入为 76 000 元（80 000 - 4 000），同时结转营业成本 6 万元。

⑧ 此项销售退回应冲减退回月份的收入及成本。由于此项业务涉及现金折扣问题，按总价法核算，原收入的确认不考虑现金折扣，其折扣是作为财务费用来处理的。所以冲减的收入为 5 万元，成本为 2.6 万元，还应冲减财务费用、所得税等。

6.2 利润总额确认分析

◇ **分析目的**

通过本案例的学习，理解企业各关联交易业务，熟练掌握利润总额的构成，正确计算企业的利润总额。

◇ **分析资料**

甲公司为上市公司，系增值税一般纳税人，适用的增值税税率为 17%；产品的销售价格中均不含增值税额，不考虑除增值税以外的其他相关税费。甲公司 2010 年发生的有关交易如下。

① 2010 年 1 月 1 日，甲公司与 A 公司签订受托经营协议，受托经营 A 公司的全资子公司 B 公司，受托期限为 2 年。协议约定：甲公司每年按 B 公司当年实现净利润（或净亏损）的 70% 获得托管收益（或承担亏损）。A 公司系 C 公司的子公司；C 公司董事会 9 名成员中有 7 名由甲公司委派。2010 年度，甲公司根据受托经营协议经营管理 B 公司。2010 年 1 月 1 日，B 公司的净资产为 12 000 万元。2010 年度，B 公司实现净利润 1 000 万元（除实现净利润外，无其他所有者权益变动）。至 2010 年 12 月 31 日，甲公司尚未从 A 公司收到

托管收益。

②2010年2月10日，甲公司与D公司签订购销合同，向D公司销售产品一批。增值税专用发票上注明的销售价格为1 000万元，增值税额为170万元。该批产品的实际成本为750万元，未计提存货跌价准备。产品已发出，款项已收存银行。甲公司系D公司的母公司，其生产的该产品96%以上均销往D公司，且市场上无同类产品。

③2010年4月11日，甲公司与E公司签订协议销售产品一批。协议规定：该批产品的销售价格为21 000万元；甲公司应按E公司提出的技术要求专门设计制造该批产品，自协议签订日起2个月内交货。至2010年6月7日，甲公司已完成该批产品的设计制造，并运抵E公司由其验收入库；货款已收取。甲公司所售该批产品的实际成本为14 000万元。

上述协议签订时，甲公司持有E公司30%的有表决权股份，对E公司具有重大影响；相应的长期股权投资账面价值为9 000万元，未计提减值准备。2010年5月8日，甲公司将所持有E公司的股权全部转让给G公司，该股权的市场价格为10 000万元，实际转让价款为15 000万元；相关股权划转手续已办理完毕，款项已收取。G公司系甲公司的合营企业。

④2010年4月12日，甲公司向H公司销售产品一批，共计2 000件，每件产品的销售价格为10万元，每件产品的实际成本为6.5万元；未对该批产品计提存货跌价准备。该批产品在市场上的单位售价为7.8万元。货已发出，款项于4月20日收到。除向H公司销售该类产品外，甲公司2002年度没有对其他公司销售该类产品。甲公司董事长的儿子是H公司的总经理。

⑤2010年5月1日，甲公司以20 000万元的价格将一组资产和负债转让给M公司。该组资产和负债的构成情况如下。（a）应收账款：账面余额10 000万元，已计提坏账准备2 000万元；（b）固定资产（房屋）：账面原价8 000万元，已提折旧3 000万元，已计提减值准备1 000万元；（c）其他应付款：账面价值800万元。5月28日，甲公司办妥了相关资产和负债的转让手续，并将从M公司收到的款项收存银行。市场上无同类资产、负债的转让价格。M公司系N公司的合营企业，N公司系甲公司的控股子公司。

⑥2010年12月5日，甲公司与W公司签订合同，向W公司提供硬件设备及其配套的系统软件，合同价款总额为4 500万元（不含增值税额），其中系统软件的价值为1 500万元。合同规定：合同价款在硬件设备及其配套的系统软件试运转正常2个月后，由W公司一次性支付给甲公司；如果试运转不能达到合同规定的要求，则W公司可拒绝付款。至2010年12月31日，合同的系统软件部分已执行。该系统软件系甲公司委托其合营企业Y公司开发完成，甲公司为此已支付开发费900万元。上述硬件设备由甲公司自行设计制造，并于2010年12月31日完成设计制造工作，实际发生费用2 560万元。

◇ **分析要求**

分别详细说明各类关联交易，并计算2010年甲公司与A公司、D公司、E公司、H公司、M公司及W公司发生的交易对甲公司2010年度利润总额的影响。

◇ **分析重点**

分析说明各种关联方交易的确认，分析各种关联方交易中的营业收入。

◇ **分析提示与参考答案**

下面分别说明各类关联交易，计算2010年甲公司与A公司、D公司、E公司、H公司、M公司及W公司发生的交易对甲公司2010年度利润总额的影响。

1）甲公司与A公司

此项属于受托经营企业。因为C公司董事会9名成员中有7名由甲公司委派，A公司系C公司的子公司，所以甲公司与A公司是关联方。甲公司应将以下三者中较低的金额确认为其他业务收入。① 受托经营协议确定的收益，② 受托经营企业实现的净利润，③ 受托经营企业净资产收益率超过10%的，按净资产的10%计算出来的金额。

$$受托经营协议收益 = 1\ 000 \times 70\% = 700（万元）$$
$$受托经营实现净利润 = 1\ 000（万元）$$
$$净资产收益率 = 1\ 000 / (12\ 000 + 1\ 000) < 10\%$$

所以，2010年甲公司与A公司发生的交易对甲公司2010年度利润总额的影响 = 1 000 × 70% = 700（万元）（甲公司应将700万元计入其他业务收入）。

2）甲公司与D公司

此项属于上市公司与关联方之间正常的商品销售业务。因为甲公司系D公司的母公司，所以甲公司与D公司是关联方。此项甲公司与非关联方之间的商品销售未达到商品总销售量的20%，且实际交易价格（1 000万元）超过所销售商品账面价值的120%（750 × 120% = 900万元），甲公司应将商品账面价值的120%确认为收入。2010年甲公司与D公司发生的交易对甲公司2010年度利润总额的影响 = 750 × 120% − 750 = 150（万元）。

3）甲公司与E公司

此项属于上市公司与关联方之间正常的商品销售业务。虽然甲公司将持有E公司的股份转让给了G公司，但在交易发生时，甲公司与E公司之间具有关联方关系。甲公司与E公司发生的交易对甲公司2010年度利润总额的影响 = 16 800（应确认的收入）− 14 000（应确认的费用）= 2 800（万元）。

4）甲公司与H公司

此项属于上市公司与关联方之间正常的商品销售业务。因为甲公司董事长的儿子是H公司的总经理，所以甲公司与H公司具有关联方关系。甲公司与H公司发生的交易对甲公司2010年度利润总额的影响 = 15 600（7.8 × 2 000应确认的收入）− 13 000（6.5 × 2 000应确认的费用）= 2 600（万元）。

5）甲公司与 M 公司

此项属于上市公司出售资产的其他销售。因为 M 公司系 N 公司的合营企业，N 公司系甲公司的控股子公司，所以甲公司与 M 公司具有关联方关系。上市公司向关联方出售净资产，实际交易价格超过相关资产、负债账面价值的差额，计入资本公积，不确认为收入。此项实际交易价格超过相关资产、负债账面价值的差额 = 20 000 − [（10 000 − 2 000）+（8 000 − 3 000 − 1 000）− 800] = 8 800（万元），应确认为资本公积。甲公司与 M 公司发生的交易对甲公司 2010 年度利润总额的影响为 0（万元）。

6）甲公司与 W 公司

甲公司与 W 公司不具有关联方关系。甲公司的收入不应确认，根据配比原则，相关的成本也不应确认，要到试运转 2 个月后 W 公司付款时才能确认相关收入。2010 年甲公司与 W 公司发生的交易对甲公司 2010 年度利润总额的影响 = 0（万元）。

◉ **小资料**

致富的方法

"利润的分配很简单，利润能够得到充分的利用，整个事业控制也较容易。"

"一再投资，不要让你的利润空闲着，你的利润要继续投资下去，最好投资别的事业或你控制的事业上，那样，才能钱滚钱，替你增加好几倍的财富。"

"请专家替你报税。一位机灵的税务专家，可以替你免很多的税。"

6.3　合同收入、合同毛利、合同费用确认分析

◇ **分析目的**

通过本案例的学习，熟练掌握企业确定每年的合同收入、合同毛利、合同费用的方法，把握利润的来源，为进一步的财务分析提供真实的信息基础。

◇ **分析资料**

某建筑公司与 A 公司签订了一项总金额为 900 万元的建造合同，承建一座发电站。合同规定发电机由 A 公司负责采购，并于 2009 年 1 月交给建筑公司。工程于 2005 年 8 月开工，预计 2010 年 6 月完工。最初预计合同总成本为 800 万元，2006 年年底由于原材料价格上涨等因素，使得预计合同总成本变为 960 万元；2008 年 A 公司要求改变部分设计，并同意增加变更收入 50 万元；并且 2008 年年底由于原材料价格下降等因素，使得预计合同总成本变为 900 万元。2009 年 4 月，A 公司才将发电机交付给建筑公司，建筑公司因客户延期交货而要求客户支付延误工期款 100 万元，客户同意这项索赔，但只同意支付延误工期款 50

万元。2010 年 5 月，建筑公司提前 1 个月完成了合同，工程质量优良，客户同意支付奖励款 30 万元。完工后建筑公司将残余物资变卖后获得收益 5 万元。有关资料如表 6 - 1 所示。

表 6 - 1　某建筑公司承建发电站收入与成本资料　　　　　　　单位：万元

项　　目	2005 年	2006 年	2007 年	2008 年	2009 年	2010 年
已发生的成本	100	240	480	630	810	890
尚需发生的成本	700	720	480	270	90	0
已结算价款	50	150	200	220	310	100
实际收到价款	45	130	190	230	290	145

◇　**分 析 要 求**

分别计算该建筑公司每年的合同收入、合同毛利及合同费用。

◇　**分 析 重 点**

在特殊行业中，根据工程进度分析每年的营业收入。

◇　**分析提示与参考答案**

下面分别计算每年的合同收入、合同毛利及合同费用。

1）2005 年

完工进度 $= 100 \div (100 + 700) = 12.5\%$

确认的合同收入 $= 900 \times 12.5\% = 112.5$（万元）

2005 年确认的毛利 $= (900 - 800) \times 12.5\% = 12.5$（万元）

确认的合同费用 $= 112.5 - 12.5 = 100$（万元）

2）2006 年

完工进度 $= 240 \div (240 + 720) = 25\%$

确认的合同收入 $= 900 \times 25\% - 112.5 = 112.5$（万元）

2006 年确认的毛利 $= (900 - 960) \times 25\% - 12.5 = -27.5$（万元）

确认的合同费用 $= 112.5 - (-27.5) = 140$（万元）

合同预计损失 $= (960 - 900) \times (1 - 25\%) = 45$（万元）

3）2007 年

完工进度 $= 480 \div (480 + 480) = 50\%$

确认的合同收入 $= 900 \times 50\% - (112.5 + 112.5) = 225$（万元）

2007 年确认的毛利 $= (900 - 960) \times 50\% - (12.5 - 27.5) = -15$（万元）

确认的合同费用 $= 225 - (-15) - 45 = 195$（万元）

合同预计损失 = (960 - 900) × (1 - 50%) = 30（万元）

4）2008 年

完工进度 = 630 ÷ (630 + 270) = 70%

确认的合同收入 = 900 × 70% - (112.5 + 112.5 + 225) = 180（万元）

2008 年确认的毛利 = (900 + 50 - 960) × 70% - (12.5 - 27.5 - 15) = 23（万元）

确认的合同费用 = 180 - 23 - 30 = 127（万元）

5）2009 年

完工进度 = 810 ÷ (810 + 90) = 90%

确认的合同收入 = 900 × 90% - (112.5 + 112.5 + 225 + 180) = 180（万元）

2009 年确认的毛利 = (900 + 50 - 960) × 90% - (12.5 - 27.5 - 15 + 23) = -2（万元）

确认的合同费用 = 180 - (-2) = 182（万元）

6）2010 年

确认的合同收入 = (1 000 + 30) - (112.5 + 112.5 + 225 + 180 + 180) = 220（万元）

2010 年确认的毛利 = [(1 000 + 30) - (890 - 5)] - (12.5 - 27.5 - 15 + 23 - 2) = 154（万元）

确认的合同费用 = 220 - 154 = 66（万元）

◇ **基本知识点**

公司的收入主要包括营业内收入和非营业内收入。反映公司长久获利能力的是营业内收入。一般来说，在短期内增加营业内收入比较困难，相对而言，增加营业外收入就要容易得多。

增加营业外收入，如剥离坏账，减免利息，国家税收的优惠或退税，一次性出让某个固定资产、无形资产或某个项目、某个子公司、某个参股公司的股权，等等。比较常见的做法是，上市公司把一个劣质资产高价卖给关联方，获得一笔意外之财，从而大大提升公司的利润。

增加营业内收入，主要是通过多计收入、提前计算收入、人为创造收入等方法来实现。所谓多计收入，就是把公司生产的产品或服务，以明显高于市场价的价格卖给客户或关联方。所谓提前计算收入，就是把还没有销售出去的产品也计算到当期的收入中，例如公司把本来是存货的产品、还在生产线上的产品、根本还没有的产品，提前一次性卖给某一家销售公司（往往也是关联公司），将未来的收入提前实现。所谓人为创造收入，就是公司出钱贷款给客户来购买自己的产品等。

■ **小讨论**

（1）收集我国上市公司的资料，举例说明改变营业收入的具体情况。

（2）讨论如何发现并预防公司任意改变营业收入的行为。

6.4　利润敏感性案例分析

◇ **分析目的**

通过本案例的学习和讨论，理解各参数变化对利润的影响程度。

◇ **分析资料**

索拉企业只生产一种产品，单价为 2 元，单位变动成本为 1.2 元，预计明年的固定成本为 40 000 元，产销量计划达 100 000 件。

◇ **分析要求**

（1）预计明年的利润。

（2）计算各参数发生多大变化时，会使盈利转为亏损。

（3）计算各参数变化对利润的影响程度，即计算敏感系数。

◇ **分析重点**

利用企业利润敏感性分析要点，分析影响利润的参数。

◇ **分析提示与参考答案**

1. 预计明年利润

$$P = 100\,000 \times (2 - 1.2) - 40\,000 = 40\,000 \text{（元）}$$

2. 各参数的界限

单价、单位变动成本、销售量和固定成本的变化，会影响利润的高低。这种变化达到一定程度，会使企业进入盈亏临界状态，使企业的经营状况发生质变。敏感分析的目的之一，就是提供能引起目标变化的界限，此方法称为最大最小法。

1）单价的最小值

单价下降会使利润下降，下降到一定程度，利润将变为 0，它是企业能忍受的单价最小值。设单价为 S_P

$$100\,000 \times (S_P - 1.2) - 40\,000 = 0, \quad S_P = 1.6 \text{（元）}$$

单价降至 1.6 元，即降低 20%（0.4/2）时企业由盈利进入亏损。

2）单位变动成本的最大值

单位变动成本上升会使利润下降，并逐渐趋近于零，此时的单位变动成本是企业能忍受

的最大值。设单位变动成本为 V_C

$$100\,000 \times (2 - V_C) - 40\,000 = 0, \quad V_C = 1.6 \text{（元）}$$

单位变动成本升至 1.6 元，即上升 33%（0.4/1.2）时企业由盈利进入亏损。

3）固定成本最大值

固定成本上升也会使利润下降，并趋近于零。设固定成本为 F_C

$$100\,000 \times (2 - 1.2) - F_C = 0, \quad F_C = 80\,000 \text{（元）}$$

固定成本增至 80 000 时，即增加 100%（40 000/40 000）时企业由盈利进入亏损。

4）销售量最小值

销售量下降会使利润下降，下降到一定程度，利润将变为 0，即企业的盈亏临界点销售量。设销售量为 B

$$B = 40\,000 / (2 - 1.2) = 50\,000 \text{（件）}$$

销售计划如果只完成 50%，则企业的利润为零。

3. 敏感系数

各参数变化都会引起利润的变化，但其影响程度不同。有些参数略有变化就会使利润发生很大的变化，利润对这些参数的变化十分敏感，称这类参数为敏感因素。而有些因素虽然变化幅度很大，却只对利润产生微小的影响，称之为非敏感因素。反映敏感程度的指标是敏感系数：敏感系数 = 目标值变动百分比/参量值变动百分比。

1）单价的敏感程度

设单价增长 20%，则：$S_P = 2 \times (1 + 20\%) = 2.4$（元）

此时利润为：$P = 100\,000 \times (2.4 - 1.2) - 40\,000 = 80\,000$（元）

利润的变化率为：目标值变动百分比 = （80 000 - 40 000）/ 40 000 = 100%

$$\text{单价的敏感系数} = 100\% / 20\% = 5$$

2）单位变动成本的敏感程度

设单位变动成本增长 20%，则：$V_C = 1.2 \times (1 + 20\%) = 1.44$（元）

此时利润为：$P = 100\,000 \times (2 - 1.44) - 40\,000 = 16\,000$（元）

利润的变化率为：目标值变动百分比 = -（40 000 - 16 000）/40 000 = -60%

$$\text{单位变动成本的敏感系数} = -60\% / 20\% = -3$$

3）固定成本的敏感程度

设固定成本增长 20%，则：$F_C = 40\,000 \times (1 + 20\%) = 48\,000$（元）

此时利润为：$P = 100\,000 \times (2 - 1.2) - 48\,000 = 32\,000$（元）

利润的变化率为：目标值变动百分比 = -（40 000 - 32 000）/40 000 = -20%

$$\text{固定成本的敏感系数} = -20\% / 20\% = -1$$

4）销售量的敏感程度

设销售量增长 20%，则：$V = 100\,000 \times (1 + 20\%) = 120\,000$（件）

此时利润为：$P = 120\,000 \times (2 - 1.2) - 40\,000 = 56\,000$（元）

利润的变化率为：目标值变动百分比 = (56 000 – 40 000) / 40 000 = 40%

销售量的敏感系数 = 40% / 20% = 2

根据以上计算可以看出，影响利润的各因素中最敏感的是单价，其次是单位变动成本，再次是销售量，最后是固定成本。某参数对利润的敏感系数为正值，表明该参数与利润呈同向增减；敏感系数为负值，表明它与利润呈反向增减。

◇ 基本知识点

1. 利润敏感性分析法的含义

所谓利润敏感性分析是一种定量分析方法，研究当制约利润的有关因素发生某种变化时，利润的变化程度。影响企业利润的因素主要包括产品的单价、单位变动成本、销售量和固定成本。其中任何一个因素的变动都会引起企业利润的变动，甚至会使一个企业由盈变亏，也会使一个企业扭亏为盈。在现实经济环境中，影响利润的因素是经常发生变动的。有些因素增长会导致利润增长（如单价）；而有些因素降低才会使利润增长（如单位变动成本）；有些因素略有变化就会使利润发生很大的变化。

2. 各有关因素变动后（单一因素下）对利润产生的影响

根据公式：

利润 = 销售量 × 单价 – 销售量 × 单位变动成本 – 固定成本

可知：单价的变动可通过改变销售收入而从正方向影响利润；单位变动成本的变动可通过改变变动成本总额而从反方向影响利润；固定成本的变动直接从反方向改变利润；销售量的变动可通过改变边际贡献总额而从正方向影响利润。

因此，企业多采用薄利多销、高投入高产出、降低售价、扩大销售量，同时降低单位变动成本等办法以增加利润。

3. 利润敏感性分析法帮助企业决策

对于决策者来说，不仅需要了解哪些因素对利润的增加有影响，而且要通过敏感性分析，知道决策对哪些因素十分敏感，对哪些因素不太敏感。敏感性大的因素，即使发生了小的偏离，也会导致决策的错误，所以，决策者对敏感性大的因素，在估计其数值时必须特别小心，使数值尽可能精确。敏感性分析也有助于决策者在以后的生产中，随时根据主要因素的变化情况采取有效的措施，防止或设法减少损失，获得理想的经济效益。同时，分析有关参数发生多大变化时会使盈利转为亏损，各参数变化对利润变化的影响程度，以及各因素变动时如何调整销售量。抓住重点，综合利用各有关因素之间的相互关系，以保证原目标利润的实现，这对企业管理者十分重要。

一般而言，在对利润产生影响的各因素中，灵敏度最高的是单价，最低的是固定成本，销售量和单位变动成本介于两者之间。

1）慎重实施价格决策

单价为绝对敏感因素，单价的变化会引起利润以几倍于单价变化的速度发生变化。所以在经济决策中，对降价必须给予格外的关注。价格下调带来的利润损失，若不能通过扩大销售量或降低单位成本予以更大程度的补偿，那么企业的整体利润肯定会下降，目标利润难以实现。同时，价格上涨，应尽可能抑制销售量的大幅缩减和单位变动成本的大幅上升。

2）降低单位变动成本

单位变动成本同样属于利润的敏感因素，所以降低单位变动成本对实现企业的目标利润具有重要意义。从长远来看，成本的高低将是企业能否生存和发展的关键。企业降低单位成本的主要措施有：

① 源头控制，降低材料的采购成本；

② 生产过程控制，降低生产成本；

③ 实行批量生产，实现规模效益；

④ 必要时，建立责任成本控制制度，将成本控制的责任落实到个人或具体的部门。

3）扩大销售量

销售量的增加会导致企业利润的大幅度增加，但其前提是，单价的降低幅度不能太大，否则，由于价格的敏感程度大于销售量的敏感程度，销售量的增加反而会减少企业的利润。一般而言，企业扩大销售量的主要措施包括：

① 提高产品质量，以质取胜；

② 实施品牌战略，提高消费者的品牌忠诚度；

③ 大力促销。

■ 小讨论

运用利润敏感性分析，说明各参数发生何种变化将使盈利转为亏损。

◇ 基本资料

单价、单位变动成本、销售量和固定成本的变化，会影响利润的高低。这种变化达到一定的程度，会使企业的利润消失，进入盈亏临界状态，使企业的经营状况发生质变。敏感分析的目的之一，就是提供能引起目标发生质变的各参数变化的临界，其方法称为最大最小法。某油田企业的财务数据如表6-2所示。

表6-2 某油田企业财务数据

项　　目	数　　值
营业利润/亿元	166
油价/（元·吨$^{-1}$）	1 631
油气销售量/千吨	23 830
单位变动成本/（元·吨$^{-1}$）	421
固定成本/亿元	122

◇ **分析提示与参考答案**

1）销售量最小值

销售量最小值是指利润为零的销售量，它就是盈亏临界点的销量。在单价、成本不变的条件下，盈亏临界点的销售量为 10 080 千吨。

2）单位变动成本的最大值

单位变动成本上升会使利润下降，并逐渐趋于零，此时的单位变动成本是企业忍受的最大值。本例中在其他因素不变的条件下，单位变动成本的最大值为 1 116 元/吨。

3）固定成本最大值

固定成本上升也会使利润下降并趋于零。本例中在其他因素不变的条件下，固定成本最大值为 288 亿元。

4）单价最小值

单价下降会使利润下降，下降到一定程度，利润将变为零，它是企业能忍受的单价最小值。在本例中单价最小值为 936 元/吨。

1. 单因素变化对利润变化的影响程度

1）单价的敏感程度

通过计算，单价的敏感系数为 2.35，也就是说单价对利润的影响最大，从百分率来看，利润以 2.35 倍的速率随单价变化。因此价格的提高是提高利润的最有效手段，价格下跌也是企业的最大威胁。决策者根据单价的敏感系数可以知道，每降价 1%，企业将失去 2.35% 的利润，因此对价格必须格外关注。

2）单位变动成本的敏感程度

通过计算，单位变动成本的敏感系数为 - 0.6，其对利润的影响一般，属于不敏感因素。

3）固定成本的敏感程度

通过计算，固定成本的敏感系数为 - 0.74，固定成本也属于不敏感因素，不过对利润的影响程度比单位变动成本大。

4）销售量的敏感程度

通过计算，销售量的敏感系数为 1.74，即销售量对利润的影响次大，利润以 1.74 倍的速率随销售量的变化而变化。销量每降低 1%，利润将降低 1.74%，因此要保住利润不降低，销售量不能大幅度降低。

敏感系数只提供了各因素变动百分比和利润百分比之间的比例，不能直接反映变化后的利润值。为了弥补这种不足，编制了敏感分析表，如表 6 - 3 所示。列出各因素变动百分比与相应的利润预测值（各因素变动时设其他因素不变）。

表 6-3　各因素变动对利润预测值的影响　单位：亿元

因素变动率/%	-20	-10	0	10	20
单价	87.95	126.81	165.68	204.55	243.41
单位变动成本	185.75	175.72	165.68	155.65	145.61
固定成本	190.21	177.95	165.68	153.42	141.15
销售量	108.02	136.85	165.68	194.51	223.35

各因素变动百分比通常以 ±20% 为范围，本表以 10% 为间隔，也可以根据需要改为 5%、2% 或更小。

2. 多因素变化对利润变化的影响程度

所谓多因素变动就是指各种因素同时变动时对利润产生的综合影响。例如，当价格上升 10%、销售量和成本分别下降 10% 时，预测利润能上升 16%；如果价格、销售量分别下降 5%，成本降低 10%，则预测利润要减少 7% 等。同时，还可以在确定利润目标的情况下，预测为实现目标利润而应对其他因素采取何种措施。例如，设利润计划上升 10%，则在油价、销售量不变的情况下，成本需降低 8%；如果利润要上升 10%，在油价上涨 10%、成本不变的情况下，销售量可以减少 7% 等。

6.5　本量利分析——盈亏临界点案例分析

◇ **分析目的**

通过本案例的学习，理解和掌握本量利分析的基本原理和方法，掌握盈亏临界点分析，并可通过本量利分析进行简单的生产经营决策。

◇ **分析资料**

惠蒂尔公司生产简易割草机，会计师已编制了明年的预计利润表，如表 6-4 所示。

表 6-4　惠蒂尔公司预计利润表　单位：美元

项　　目	金　　额
销售收入（1 000 台，单价 400 美元）	400 000
减：变动成本（单位变动成本 325 美元）	325 000
边际贡献	75 000
减：固定成本	45 000
税前利润	30 000

◇ 分 析 要 求

（1）计算盈亏临界点。

（2）如果惠蒂尔公司明年需实现 60 000 元的目标利润，确定计划销售量及计划销售额。

（3）惠蒂尔公司通过最近的市场调查，发现有 3 种备选方案可供选择。

方案一：如果广告费增加 8 000 美元（固定成本），销售量将由 1 600 台，增加到 1 725 台；

方案二：如果每台割草机价格从 400 美元降至 375 美元，销售量将从 1 600 台增加到 1 900 台；

方案三：如果价格从 400 美元降至 375 美元，增加广告费 8 000 美元，销售量将增加到 2 600 台。

试计算各方案的利润变化及保本点的变化。

◇ 分 析 重 点

本量利基本模型是理解的基础，理解本量利分析原理，重点为盈亏临界点的含义及计算。

◇ 分析提示与参考答案

（1）盈亏临界点 = 固定成本/单位边际贡献 = 45 000/（400 - 325）= 600（台）。

（2）计划销售量 =（固定成本 + 目标利润）/单位边际贡献

$$= （45 000 + 60 000）/（400 - 325）$$

$$= 1 400 （台）$$

计划销售额 = 1 400 × 400 = 560 000（美元）。

（3）计算各方案的利润变化及盈亏临界点的变化，如表 6 - 5、表 6 - 6、表 6 - 7 所示。

表 6 - 5　方案一　　　　　　　　　　　　单位：美元

项　目	广告费增加之前	广告费增加之后
销售量	1 600	1 725
单位边际贡献	75	75
总边际贡献	120 000	129 375
减：固定费用	45 000	53 000
利润	75 000	76 375
利润增加	1 375	

则广告费增加之后的盈亏临界点

= 固定成本/单位边际贡献 = 53 000/(400 - 325) = 707（台）。

表 6 - 6　方案二   单位：美元

项　　目	价格变动之前	价格变动之后
销售量	1 600	1 900
单位边际贡献	75	50
总边际贡献	120 000	95 000
减：固定费用	45 000	45 000
利润	75 000	50 000
利润减少	25 000	

价格变动之后的盈亏临界点为 900 台。

表 6 - 7　方案三   单位：美元

项　　目	价格、广告费变动之前	价格、广告费变动之后
销售量	1 600	2 600
单位边际贡献	75	50
总边际贡献	120 000	130 000
减：固定费用	45 000	53 000
利润	75 000	77 000
利润增加	2 000	

价格、广告费变动之后的盈亏临界点为 1 060 台。

◆ **基本知识点**

（1）企业的内部管理工作，通常以数量为起点，以利润为目标。

企业管理人员在决定生产和销售数量时，特别关心其对利润的影响，但还需考虑收入和成本。对于收入，可以通过数量和单价来估计；而成本则不然，无论是总成本还是单位成本都很难把握，因为数量变化之后，单位成本也会变化，这就需要一个模型，并且利用这个模型，在销量变动时可以估计其对利润的影响，或者在目标利润变动时计算出完成目标所需要的销量水平。为此，对成本和销量之间的关系进行研究，并将成本按性态进行分类，分为变动成本和固定成本。变动成本随产量的增加而增加，固定成本为一常数，不随产量的增加而增加。成本、销量和利润的关系可以统一为一个数学模型：

利润 = 单价 × 销量 - 单位变动成本 × 销量 - 固定成本

（2）本量利分析的主要内容。

① 揭示企业成本、业务量和利润的数量依存关系

利润 = 销售收入总额 − （变动成本总额 + 固定成本总额）

= 销售单价 × 销售量 − （单位变动成本 × 销售量 + 固定成本总额）

= 边际贡献 − 固定成本总额

② 揭示企业不同条件下的经营状态

边际贡献 = 固定成本总额时，保本（保本点）

边际贡献 > 固定成本总额时，盈利（保利点）

边际贡献 < 固定成本总额时，亏损

保本点是指能使企业达到保本状态时的业务量的总称（BEP），又称盈亏临界点、盈亏平衡点、够本点。即在该业务量水平下，企业的收入正好等于全部成本；超过这个业务量水平，企业就有盈利；低于这个业务量水平，企业就会发生亏损。

保利点是指在单价和成本水平确定的情况下，为确保实现预先确定的目标利润，而应达到的销售量和销售额的统称。为此，保利点也称实现目标利润的业务量，具体包括实现目标利润销售量（保利量）和实现目标利润销售额（保利额）两项指标。

（3）在各有关因素变动后，保本或保利点会改变。

单价上涨会引起边际贡献率同向变动，保本点、保利点降低，经营向好的方向发展；反之亦然。

单位变动成本上涨会引起边际贡献率反向变动，保本点、保利点提高，经营向不利的方向发展；反之亦然。

固定成本上升会改变保本点、保利点的计算分子，保本点、保利点提高，经营向不好的方向发展；反之亦然。

（4）销售利润率与边际贡献率及安全边际率的关系。

利润 = 边际贡献 − 固定成本 = 边际贡献率 × 销售收入 − 固定成本　　　　（6 − 1）

盈亏临界点销售收入 = 固定成本 / 边际贡献率

固定成本 = 盈亏临界点销售收入 × 边际贡献率　　　　（6 − 2）

将（6 − 2）代入（6 − 1），得

利润 = 边际贡献率 × 销售收入 − 固定成本

= 边际贡献率 × 销售收入 − 盈亏临界点销售收入 × 边际贡献率

= 边际贡献率 ×（销售收入 − 盈亏临界点销售收入）

= 边际贡献率 × 安全边际额　　　　（6 − 3）

等式（6 − 3）两边同时除以销售收入，得

销售利润率 = 边际贡献率 × 安全边际率　　　　（6 − 4）

6.6 经营决策分析

◇ **分析目的**

通过本案例的学习，理解和掌握差量分析法原理，运用差量分析法进行短期经营决策。

◇ **分析资料**

恒生药品制造公司利润表和生产的单位成本资料，如表6－8和表6－9所示。

表6－8 恒生药品制造公司利润表

2004年10月

单位：元

项 目	金 额
销售收入（97 000×5.00）	485 000
销售成本（97 000×4.50）	436 500
销售利润	48 500
减：销售及管理费用	26 000
税前利润	22 500

麦迪公司是恒生公司的最大客户。每个月，恒生公司都以5元的价格卖给麦迪公司10 000单位胶囊。本周，麦迪公司通知恒生公司：以后每月他们将多购买5 000单位药品，但增加购买部分的价格必须为4元。恒生公司财务经理认为：4元的出价实在太低！以下是胶囊的生产成本，如表6－9所示。

表6－9 胶囊生产单位成本

单位：元

项 目	月产100 000单位	月产105 000单位
直接材料及人工费用	3.00	3.00
其他生产费用	1.50	1.46
单位生产成本	4.50	4.46

◇ **分析要求**

如果恒生公司具有每月生产这5 000单位药品的剩余生产能力，是否应该拒绝这项要约？

◇ **分析提示与参考答案**

增加的收入：（5 000 × 4.00）= 20 000。

100 000 单位总成本：（100 000 × 4.50）= 450 000。

105 000 单位总成本：（105 000 × 4.46）= 468 300。

5 000 单位增加的成本：18 300。

多销售 5 000 单位增加的利润：1 700。

多生产 5 000 单位的单位成本：（105 000 × 4.46 − 100 000 × 4.50)/5 000 = 3.66。

经过对增加的 5 000 单位胶囊的单位成本重新认识和计算可知，增加订单能增加公司的利润。

■ **小讨论**

（1）恒生公司多生产 5 000 单位是否会增加其他成本支出？

（2）5 000 单位额外生产的药品是否会影响原来的价格（5 元)？

（3）剩余生产能力是否有其他替代的安排？

（4）如果拒绝麦迪公司增加订货的要求会有什么影响？

6.7　计算产品销售量和税前利润

◇ **分 析 目 的**

通过本案例的学习，理解和掌握本量利分析法、贡献毛益法的原理与方法，计算该产品上年盈亏临界点销售量、实际销售量及税前利润等价值量。

◇ **分 析 资 料**

某企业经营某产品，上年有关资料为：单位售价 100 元，单位直接材料费 25 元，单位直接人工费 15 元，单位变动制造费用 15 元，全年固定性制造费用 60 000 元，单位变动性销售及管理费用 5 元，全年固定性销售及管理费用 40 000 元，安全边际率 60%，所得税率 33%。

◇ **分 析 要 求**

（1）计算该产品上年盈亏临界点销售量、实际销售量及税前利润。

（2）该企业预计本年度广告费将增加 20 000 元，单位变动销售及管理费用将降低 2 元，计算为实现税后目标利润 116 580 元所需要的销售量。

（3）该企业在计划期内为使税前销售利润率达到 27%，在单位售价可提高 5% 的条件下，安全边际率仍维持60%不变，产品的单位变动成本应降低到多少？

◇ **分析重点**

领会本量利分析法、贡献毛益法的原理与方法，正确计算盈亏临界点销售量、实际销售量、税前利润及单位变动成本等价值指标。

◇ **分析提示与参考答案**

（1）计算该产品上年盈亏临界点销售量、实际销售量及税前利润。

① 产品的单位变动成本 $= 25 + 15 + 15 + 5 = 60$（元）

② 上年盈亏临界点销售量 $= (60\,000 + 40\,000)/(100 - 60) = 2\,500$（件）

③ 上年实际销量 $= 2\,500/(1 - 60\%) = 6\,250$（件）

④ 上年利润额 $= (100 - 60) \times 6\,250 - (60\,000 + 40\,000) = 150\,000$（元）

　　　　或 $= (6\,250 - 2\,500) \times (100 - 60) = 150\,000$（元）

（2）计算实现目标利润所需的销售量。

$[(60\,000 + 40\,000 + 20\,000) + 116\,580/(1 - 33\%)]/[100 - (60 - 2)] = 7\,000$（件）

（3）计算产品的单位变动成本。

则：边际贡献率 = 销售利润率/安全边际率 $= 27\%/60\% = 45\%$

　　　变动成本率 $= 1 -$ 边际贡献率 $= 55\%$

　　单位变动成本 = 销售单价 $\times$ 变动成本率 $= 100 \times (1 + 5\%) \times 55\% = 57.75$（元）

6.8　目标利润分析

◇ **分析目的**

通过本案例的学习和讨论，理解影响目标利润规划的因素；掌握目标利润规划的方法；分析实现目标利润的有关条件；掌握目标成本控制的方法。

◇ **分析资料**

三通企业只产销一种产品，2008年销售量为10 000件，每件售价200元，单位成本为150元，其中单位变动成本120元。该企业拟使2009年的利润在2008年的基础上增加20%。

◇ **分析要求**

（1）运用本量利分析原理进行规划，从哪些方面采取措施（要求定量计算；假定采取某项措施时，其他条件不变），才能实现目标利润。

（2）对你提出的各项措施，运用敏感性分析原理，测算其对利润的敏感系数。

◇ **分 析 重 点**

采取单项措施以实现目标利润。

◇ **分析提示与参考答案**

1）所采取的措施

$$2008\ 年固定成本 = 销售量 \times （单位成本 - 单位变动成本）$$
$$= 10\ 000 \times （150 - 120） = 300\ 000\ （元）$$
$$2008\ 年利润 = 销售量 \times （单价 - 单位变动成本） - 固定成本$$
$$= 10\ 000 \times （200 - 120） - 300\ 000 = 500\ 000\ （元）$$
$$2009\ 年目标利润 = 500\ 000 \times （1 + 20\%） = 600\ 000\ （元）$$

实现目标利润的措施如下：

① 提高销量 $= [（300\ 000 + 600\ 000）/（200 - 120）] - 10\ 000 = 1\ 250\ （件）$

提高幅度 $= 1\ 250/10\ 000 = 12.5\%$

② 利润 = 销售量 × （单价 - 单位变动成本） - 固定成本

$$单位变动成本 = 单价 - \frac{利润 + 固定成本}{销售量}$$

这样为实现目标利润的单位变动成本为

$$200 - \frac{600\ 000 + 300\ 000}{100\ 000} = 110\ （元）$$

降低单位变动成本 $= 120 - 110 = 10\ （元）$

降低幅度 $= 10/120 = 8.33\%$

③ 降低固定成本 $= 300\ 000 - [10\ 000 \times （200 - 120） - 600\ 000] = 100\ 000\ （元）$

降低百分比 $= 100\ 000/300\ 000 = 33.33\%$

④ 利润 = 销售量 × （单价 - 单位变动成本） - 固定成本

$$单价 = \frac{利润 + 固定成本}{销售量} + 单位变动成本$$

这样为实现目标利润的单价为

$$\frac{600\ 000 + 300\ 000}{100\ 000} + 120 = 210\ （元）$$

提高价格 $= 210 - 200 = 10\ （元）$

提高百分比 $= 10/200 = 5\%$

2）计算敏感系数

① 销量敏感系数 = 20%/12.5% = 1.6

② 单位变动成本敏感系数 = 20%/-8.33% = -2.4

③ 固定成本敏感系数 = 20%/33.33% = -0.6

④ 单价敏感系数 = 20%/5% = 4

6.9　影响目标利润规划的综合因素分析

◇ 分析目的

通过本案例的学习和讨论，理解影响目标利润规划的综合因素。

◇ 分析资料

在现实经济生活中，影响利润的各因素相互关联，为提高产量，往往需要增加固定成本。与此同时，为把它们顺利销售出去，有时又需要降低售价或增加广告费等固定成本。因此，企业很少采取单项措施来提高利润，而大多采取综合措施以实现利润目标，这就需要进行综合计算和反复平衡。广发企业目前的损益状况如表 6-10 所示。

表 6-10　广发企业损益状况表　　　　　　　　　　　单位：元

项　　目	金　　额
销售收入（1 000 件×10 元/件）	10 000
销售成本	
变动成本（1 000 件×6 元/件）	6 000
固定成本	2 000
销售成本合计	8 000
销售费和管理费（全部固定）	1 000
利润	1 000

假设该企业目前有剩余的生产能力，可进一步增加产量，但由于售价偏高，使销路受限，为打开销路，拟降价 10%，争取实现利润 1 500 元。

◇ 分析要求

计算降价后实现目标利润所需的销量，并作综合措施分析。

◇ **分析重点**

采取综合措施以实现目标利润。

◇ **分析提示与参考答案**

(1) 销量 = (固定成本 + 目标利润)/单位变动成本。

$$= [(2\ 000 + 1\ 000) + 1\ 500]/[10 \times (1 - 10\%) - 6] = 1\ 500\ (件)$$

若销售部门认为，降低10%后可使销售量达1 500件，生产部门也有能力生产，则目标利润可以实现。否则，还需进一步分析落实。

(2) 既定销量下实现目标利润所需的单位变动成本。

若销售部门认为，降低10%后不能使销售量达1 500件，只能增至1 300件，则需在降低成本上挖掘潜力。

$$单位变动成本 = [单价 \times 销量 - (固定成本 + 目标利润)]/销量$$
$$= [10 \times (1 - 10\%) \times 1\ 300 - (3\ 000 + 1\ 500)]/1\ 300$$
$$= 5.54\ (元)$$

为实现目标利润，在降价10%的同时，还需将单位变动成本从6元降至5.54元。若生产部门认为，通过降低原材料和人工成本，此目标可以实现，则预定目标可以落实，否则，还要在固定成本的节约方面下工夫。

(3) 既定销量和单位变动成本下实现目标利润所需的固定成本。

若生产部门认为，通过努力，单位变动成本可以降至5.6元，为此，还需压缩固定成本支出。

$$固定成本 = 销量 \times 单位边际贡献 - 目标利润$$
$$= 1\ 300 \times [10 \times (1 - 10\%) - 5.6] - 1\ 500$$
$$= 2\ 920\ (元)$$

为实现目标利润，在降价10%、销量达1 300件、单位变动成本降至5.6元的同时，还需压缩固定成本80元，则目标利润可以实现。否则，可返回再协商，寻求进一步增收节支的办法。

本章关键词中英文对照

1. 利润　　　　　　　　　profit
2. 利润敏感性分析　　　　profit sensitivity analysis
3. 资本保值　　　　　　　capital keeping value
4. 增值　　　　　　　　　value increase

第7章

利润分配案例分析

【本章内容与要点】

本章包括股利与企业价值分析、剩余股利政策分析、股票股利分析 3 个案例。通过本章的学习，理解和掌握企业利润的分配政策与评价，掌握利润分配的途径和分析方法。

7.1 股利与企业价值分析

◇ 分析目的

通过本案例的学习，熟悉公司价值的含义，能够理解并能正确运用股利贴现模型评价公司价值，分析股利贴现模型评价公司价值的条件与局限性。

◇ 分析资料

乐山照明公司是一家 1999 年上市的公司。公司的主营业务是生产和经营各种电光源产品及其配套灯具，主要产品有普通灯泡、装饰灯泡、碘钨灯、溴钨灯、单端灯、汽车灯、摩托车灯、高压汞灯、高压钠灯、金属卤化物灯、T8 及 T5 细管径高效节能荧光灯和反光碗，以及主要与 T8、T5 节能灯配套的灯具等系列产品。乐山照明公司历年收益和分红情况如表 7-1、表 7-2 所示。

表 7-1　乐山照明公司历年净利润、净利润增长率和负债比例

年　　份	净　利　润/万元	净利润增长率/%	负　债　比　例/%
1999	9 472	—	
2000	14 574	53. 86	37. 52
2001	16 944	16. 26	21. 48
2002	17 593	3. 83	25. 19
2003	13 406	−23. 8	21. 27
2004	15 054	12. 29	20. 4

续表

年　份	净　利　润/万元	净利润增长率/%	负债比例/%
2005	15 837	5.2	18.5
2006	16 115	1.76	18.07
2007	17 335	7.57	14.71
2008	20 481	18.1	17
2009	22 632	10.5	9.3
2010	23 147	2.2	9.2
平　均			19.33

表 7－2　乐山照明公司历年收益和分红情况

年　份	每股收益/元	分红方案	分红比例/%
1999	1.23	10 送 4 转 1 派 3	56.91
2000	1.26	10 派 8.1	64.29
2001	0.921	10 派 6.8	73.83
2002	0.637	10 派 4.77	74.88
2003	0.486	10 派 4	82.30
2004	0.536	10 派 4.02	75.00
2005	0.574	10 送 1 派 3.5	78.13
2006	0.45	10 派 3.8	79.17
2007	0.484	10 派 4	53.33
2008	0.57	10 派 4.6	80.7
2009	0.63	10 派 4.6	73
2010	0.62	10 派 4.2	70
平　均			71.78

　　2010 年公司 10 送 4 元（含税）。过去 6 年平均的 10 年期国债收益率为 4.42%，过去 6 年两市综合指数平均股指收益率为 9.82%，2003 年以来公司股票的 β 系数为 0.756 2。

◇ **分析要求**

　　（1）如何运用定量的方法正确评价公司价值。

　　（2）指明现金流量贴现定价模型的计算步骤、分类和适用条件。

　　（3）如果运用股利贴现模型，模型中的变量如何测算。

　　（4）结合上述资料，运用固定增长模型计算出该上市公司的股票价值。

（5）说明股利贴现模型适用的条件及计算结果的局限性。

◇ 分析重点

（1）指出公司价值的确切含义。
（2）结合相关课程，简要阐述评价公司价值的各种模型或方法。
（3）重点说明股利贴现模型的各种形式及相互关系。
（4）运用股利贴现模型，根据上述资料估算上市公司乐山照明公司的价值。
（5）结合相关估算，说明股利贴现模型应用的缺陷。

◇ 分析提示与参考答案

1. 公司价值及其评价模型

企业经营的最终目标就是企业价值的最大化。企业价值的高低不仅决定着企业能否长期有效地运行，同时是投资者进行决策的重要依据，也是债权人等各利益相关者的利益得到维护与满足的保证。

理论上而言，公司价值一词有两个含义：一是公司的股权价值，即对公司普通股股东而言公司的价值；二是包括普通股、优先股、债权等公司的整体价值，即对公司普通股股东、优先股股东和债权人这些公司的利益相关者而言公司的价值。

根据各模型对于影响公司价值的关键因素的界定，可将评价公司价值的模型分为以下4类：① 以企业的资产成本为依据，称之为资产价值定价模型；② 以企业证券在市场上的价格为依据，再利用一些乘数，求出公司价值，称为相对价值定价模型；③ 以企业之获利能力为依据，称为现金流量贴现定价模型；④ 视公司股票为一买入期权，称为期权定价模型。各种定价模型均有其相应的理论基础，并发展出多种不同的计算方法。

资产价值定价模型是指通过对目标公司的资产进行估价来评估其股票价值的方法。目前国际上通行如下3种资产价值评估标准：① 账面价值，指会计报告记录的资产价值，如用账面净资产减去优先股价值，即为普通股价值；② 市场价值，它是指把该资产视为一种商品在市场上公开竞争，在供求关系平衡状态下确定的价值，可以高于或低于账面价值；③ 清算价值，清算价值是指在企业出现财务危机而破产或歇业清算时，把企业中的实务资产逐个分离而单独出售的资产价值。对于股东来说，清算价值是清算资产偿还债务以后的剩余价值。

相对价值定价模型的核心在于：一是要合理选择已有市场交易的可比公司股票的集合，以确保被评估公司股票的价值能被正确地加以评估，这些经小心谨慎选择的可比公司股票应在统一标准衡量下具有相类似的现金流模式、增长潜力和风险状况，并保证市场定价方式是公平合理的；二是需要一种标准化的价值衡量方法，以方便集合中各个公司之间进行合理的比较，从目前的实践来看，较为流行的方法有市盈率定价、市售率定价和重置成本定价法，分别利用市盈率、市净率和"托宾 Q"等指标对公司所产生的收益、销售收入和重置成本进行标准化，进而评价目标公司的价值。

现金流量贴现定价模型认为任何资产的价值都取决于其在未来一定时期内产生现金流的多少、产生的预期时间和现金流的稳定性等因素。财务理论上，大量使用现金流量概念，而不大使用会计上以权责发生制为基础的利润概念，这是因为：企业的价值从本质上说，体现在企业会给投资者带来未来的现金流；现金流不受会计政策的影响。如果将影响现金流的因素加以谨慎地考虑，那么，这些预期现金流量的现值之和就是该资产的价值。

2. 现金流量贴现定价模型、计算步骤、分类及适用条件

现金流量贴现定价模型是用现金流量的资本化方法来确定公司的内涵价值的。现金流量贴现定价模型的基本思想是：企业未来产生的现金流量就是企业最真实的收益。运用现金流量贴现定价模型的步骤是：

① 预测现金流量；

② 估计贴现率或加权平均资本成本；

③ 计算现金流量现值，估计企业价值。

这种估值模型较适用于稳定现金流量的公司，或是早期发展阶段的公司。尽管早期亏损，但可确保公司日后的高速增长机会被体现出来。具体包括以下 3 种模型。

1）股利贴现模型

采用股利贴现模型的依据是公司的价值等于预期未来全部红利的现值总和，该模型中所应用的贴现率即是持有股票所要求的收益率或是机会成本。

2）股权自由现金流模型（FCFE）

与股利贴现模型中"股利是股东所获得的唯一现金流"的假设不同，股权自由现金流模型的假设是公司股东拥有除去经营费用、本息偿还和为保持预定现金流增长率所需的全部资本性支出之后的剩余现金流，即股权自由现金流。股权自由现金流的计算公式如下：

$$股权自由现金流 = 净收益 + 折旧和摊销 - 营运资本追加额 - 资本性支出 - $$

$$优先股股利 - 偿还本金 + 新发行债务收入$$

营运资本是营业流动资产和无息流动负债的差额，因而营运资本追加额即是营运资本的变动值，营业流动资产包括公司经营所使用或需要的所有流动资产，包括某些现金余额、商业应收账款及存货等，但超额现金与有价证券不包括在内。在股权自由现金流模型中，贴现率是该公司的股权融资成本。

3）公司自由现金流模型（FCFF）

公司自由现金流是指在支付了经营费用和所得税之后，向普通股与优先股股东、债权人，这些公司权利要求者支付现金之前的全部现金流。公司自由现金流除可由股权自由现金流与优先股股东、债权人所要求的现金流相加计算之外，另一种计算方法是：

$$公司自由现金流 = EBIT(1 - 税率) + 折旧 - 资本性支出 - 营运资本追加额$$

其中

息税前收益（EBIT）＝销售收入－经营费用－折旧和摊销＝净收益＋所得税＋利息费用

应用公司自由现金流模型进行股权价值评估需要先根据公司自由现金流和以公司加权资本成本为贴现率计算出的公司整体价值，再减去非普通股权益和债务的市场价值即可。与股权自由现金流模型相比，公司自由现金流模型的优势在于因其是债务偿还前的现金流，在应用此模型估价时不需要明确考虑与债务相关的现金流。在公司财务杠杆预期将随时间发生变化的情况下，由于与债务相关的现金流变化较大，此时应用该模型相对较为简便。

现金流量贴现定价模型的理论基础即是，任何资产的价值等于其预期未来全部现金流的现值总和。因而该方法的应用是以能准确预计所评估资产未来现金流和相应期间贴现率为基础的，这就意味着该方法的评估对象公司必须具有此特征。因此，下列公司不适宜采用该方法或至少需要一定程度的调整。

- 陷入财务拮据状态的公司

处于财务拮据状态的公司（例如许多 ST 公司），现金流通常为负值，并且无法预期公司未来何时出现好转，所以使用效果不好。

- 周期性公司

周期性公司现金流受宏观经济环境影响太大，现金流不稳定并且会出现负值。

- 正在进行重组的公司和涉及购并事项的公司

这类公司的业务会发生巨大变化从而导致现金流不好预计。

- 有未被利用资产的公司

现金流量贴现法反映了公司当前所有产生现金流的资产价值，但公司常常拥有专利等尚未充分利用的资产（当前不产生现金流），这些资产价值没有体现在用贴现法计算得到的价值之中。因此需要对这一部分资产用其他方法进行估价后，再加入到用贴现模型计算出的价值之中。

- 有专利或产品选择权的公司

这类公司不适合应用现金流量贴现定价模型的原因是估计其未来的现金流较为困难。

- 非上市公司

非上市公司由于风险难以估量，从而不能准确估计其资本成本，也就是其贴现率。

3. 股利贴现模型及预测

股利贴现模型是非常基础的价值评估方法，模型的公式为

$$P = \sum_{t=1}^{n} \frac{D_t}{(1+K)^t} + \frac{F}{(1+K)^n} \qquad (7-1)$$

其中，n 为股东持有股票的年限，D_t 为股东第 t 年收到的红利，F 为股票 n 年后在股票市场上出售的价值，K 为贴现率。

上述现金流量折现模式，又可以衍化为零增长模型、固定增长模型、非固定增长模型等。

1）零增长模型

如果公司每年均发放固定的股利给股东，即假定预期股利增长率等于零，这种股票称为零增长股票。其股票价值可按永续年金现值公式计算。

$$P = D/K \tag{7-2}$$

式中：P——股票价值；

　　　D——股利；

　　　K——贴现率。

零增长模型的应用似乎受到相当的限制，毕竟假定对某一种股票永远支付固定的股利是不合理的。但在特定的情况下，在决定普通股票的价值时，这种模型也是相当有用的，尤其是在决定优先股的内在价值时。因为大多数优先股支付的股利不会因每股收益的变化而发生改变，而且由于优先股没有固定的生命期，预期支付显然是能永远进行下去的。

2）固定增长模型（Gordon 增长模型）

如果企业处于生命周期中的上升阶段，盈利能力逐年增长，每年的股息以一个固定的增长率 g 增长，其计算模型称为固定增长模型，又称 Gordon 模型，它是由戈登（M. J. Gordon）于 1962 年提出的。

$$V = \frac{D_1}{K - g} \tag{7-3}$$

式中，D_1 为企业第一年发放的股利，g 为股利的年固定增长率。该模型有一个重要的假设，即投资者要求的收益率 K 大于 g。

与零增长模型的关系：零增长模型实际上是固定增长模型的一个特例。若假定增长率等于零，股利将永远按固定数量支付，这时，固定增长模型就是零增长模型。从这两种模型来看，虽然固定增长的假设比零增长的假设有较小的应用限制，但在许多情况下仍然被认为是不现实的。但是，固定增长模型却是多元增长模型的基础。

3）非固定增长模型

在现实生活中，有些企业的盈利能力取决于各种复杂因素，其规律不稳定，是非固定增长的，有时可能连续几年保持固定不变，有时又连续几年保持固定比率增长，有时甚至没有规律。对于这种企业的价值主要通过非固定增长模型估算。假设股利的变动在一段时间内并没有特定的模式可以预测，在此段时间以后，股利按固定增长模型进行变动，则股利可以分为两个部分：第 1 部分包括在股利无规则变化时期的所有预期股利的现值；第 2 部分包括从时间点 t 来看，股利不变增长率变动时期的所有预期股利的现值。因此，该种股票在时间点的价值可通过固定增长模型的方程求出，也称为威廉斯公式。

$$P_t = \frac{D_{t+1}}{1+i} + \frac{D_{t+2}}{(1+i)^2} + \cdots + \frac{D_{t+n+1}}{(1+i)^{n+1}} + \cdots \tag{7-4}$$

式（7-4）中，P_t 为 t 时间点的企业价值，D_{t+1} 为 $t+1$ 期所得的股利，D_{t+2} 为 $t+2$ 期所得的股利，以此类推，i 为选择的贴现率。

在实际运用中，往往可以通过分段计算，对评估公式加以简化。假设公司在 k 年内超常增长，股利增长水平为 g_1，其后的正常增长水平为 g_2，按照威廉斯模型，简化后的价值评估公式为：

$$P_0 = \sum_{t=1}^{k} \frac{D_0(1+g_1)}{(1+i)^t} + \frac{D_{k+1}}{i-g_2} \times \frac{1}{(1+i)^k} \tag{7-5}$$

4. 运用固定增长模型来计算乐山照明公司的股票价值

乐山照明公司 2000 年以来净利润的平均增长率为 9.79%，剔除 2000 年异常高的增长数据（53.86%），2001 年以来净利润的平均增长率为 5.39%。如果剔除 2003 年的异常低的负增长数据（-23.8%），2004 年以来净利润的平均增长率为 8.17%。公司年年分红，平均分红率为当年净利润的 71.78%，且一直比较稳定。

所以可以用固定增长模型来计算乐山照明公司的股票价值。2010 年公司 10 送 4 元，扣除所得税后实际每股送 0.32 元，即 $D_0 = 0.32$。由于公司分红稳定，且净利润增长在 3.30% ~ 9.62% 之间，所以取中间值 6% 为红利增长率。需要另外计算的是贴现率。

无风险收益率 R_f 以过去 6 年平均的 10 年期国债收益率 4.42% 代替；过去 6 年两市综合指数平均股指收益率为 9.82%，风险溢价为 9.82% - 4.42% = 5.4%。考虑到市场未来发展前景很好，风险溢价以 6% 计算；2003 年以来公司股票的 β 系数为 0.756 2。这样，根据资本资产定价模型，公司股权收益率，即贴现率为：$k = E = 0.044\ 2 + 0.06 \times 0.756\ 2 = 8.957\ 2\%$。

根据固定增长模型，则 $V = 0.32 \times (1 + 0.06)/(0.089\ 572 - 0.06) = 11.47$（元）。如果对公司的红利增长率取值更保守，假使未来公司分红增长率为 5%，即 $g = 0.05$。则

$$V = 0.32 \times (1 + 0.05)/(0.089\ 572 - 0.05) = 8.49（元）。$$

通过以上的计算，可以发现仍有不少环节可能造成评估误差的出现，如：① 贴现率的计算未必准确。我国股票市场是否达到有效市场标准还存在争议，因此用资本资产定价模型估计贴现率不一定适宜；另外我国国债市场不发达，市场利率远未形成，估计无风险收益率缺乏足够的依据。② 未来红利的估算亦未必准确。无论零增长模型、Gordon 增长模型还是非固定增长模型多阶，哪一种模型都对股利增长率作出了假设，但假设并不一定是对未来情况的恰当反映，因此对未来股利的计算也不一定正确。

5. 股利贴现模型的缺陷

股利贴现模型是非常基础的价值评估方法，但它也具有如下缺陷。

① 难以对不支付股利或支付低股利的公司进行估价。如果要评估的公司目前不支付或即便支付其股利支付率（股利占税后利润的比率）也很低，未来也不能预期以稳定的比率支付股利，则难以用此模型进行价值评估。

② 股利支付率往往是不稳定的，使得每年的股利支付总额较税后利润更难以预期。一家公司的股利支付率往往受到下列因素的影响而波动不定。一是股利支付总额的稳定性，一家公司不会轻易变动其股利支付总额，即便在公司业绩大幅增长时也会如此，除非该公司预期业绩是能持续下去的。二是未来的资本性支出，若公司在某年有大额的资本性支出，将会

影响其股利支付金额。三是所得税，公司为达到避税的目的，有时候可能会采用股票回购或送红股的方式替代向股东发放股利。

■ **小讨论**

（1）结合乐山照明公司的资料，讨论能否用非固定增长模型来评价公司价值，并比较应用固定增长模型与非固定增长模型两种方法的结果。

（2）讨论运用不同的贴现模型估算出的公司价值有何不同，在现实中如何选用或应该注意哪些因素。

7.2　剩余股利政策分析

◇ **分析目的**

通过本案例的学习，熟悉企业制定股利政策的相关因素，从多角度区别不同股利政策的性质与特点。通过实例计算，分析企业确定剩余股利政策的步骤及具体分配的计算方法。

◇ **分析资料**

案例（1）某公司目标资产负债率为50%，当年税后净利为900万元，按10%分别提取盈余公积与公益金，下年度计划投资2 000万元。

案例（2）某网络上市公司现有资产总额2 000万元，企业已连续亏损两年；权益乘数为2，该公司目前的资本结构为最佳资本结构，权益资本均为普通股，每股面值10元，负债的年平均利率为10%。该公司年初未分配利润为 −258万元，当年实现营业收入8 000万元，固定成本700万元，变动成本率60%，所得税率25%。该公司按10%和5%提取盈余公积金和公益金。预计下一年度投资计划需要资金4 000万元。

◇ **分析要求**

结合案例详细说明，按剩余股利政策确定。

（1）案例中的企业是否应该发放股利？

（2）案例中的公司采用何种股利政策为佳？并说明理由。如果该公司采取剩余股利政策，其当年盈余能否满足下一年度投资对权益资本的需要？若不能满足，应增发多少普通股？如果上述投资所需资金，或者通过发行长期债券（债券年利率12%）取得，或者通过发行普通股（新发行股票的面值保持10元不变）取得，当预计息税前利润为2 800万元时，你认为哪种筹资方式对公司更有利（以每股收益为标准）。

◇ **分析重点**

（1）指出企业制定股利政策的考虑因素。

（2）分别说明企业可以采取的各种股利政策及各自的优缺点。

（3）分析实行剩余股利政策适用的企业类型。

（4）结合案例简要分析实行剩余股利政策的条件。

◇ **分析提示与参考答案**

1）股利政策及其影响

股利政策是关于公司是否发放股利、发放多少股利及何时发放股利等方面的方针和策略。受股利政策影响的主要有下面几个方面。

① 法律方面：保证资本完整、确保债务契约、股利出自盈利。

② 控制权的大小约束：股利派发将增加未来依靠新股发行、新股筹资的可能性，而发行又意味着企业控制权有旁落他人的可能，但少发股利又可能引起现有股东的不满，所以这种两难境地影响了企业的决策。

③ 筹资能力和偿债需要：偿债能力强，可按较高比率支付股利，用现有货币资金偿债，则应尽量少发。

④ 公司资产的流动性：流动资产多则变现能力强，强则多发股利，但不应为支付股利降低公司财产的流动性。

⑤ 投资机会：投资机会多需要大量现金，应从严支付股利。

⑥ 股利政策惯性：要作重大调整时应考虑历年股利政策的连续性和稳定性，以免影响企业声誉、股票价格、负债能力和信用。

⑦ 投资者结构或股东对股利分配的态度：考虑他们不一致的态度，以平衡公司和各类股东的关系。

在实际中，股利政策主要还是依靠定性判断。

2）股利政策的内容

股利政策主要包括：剩余股利政策、固定股利政策、固定股利支付率政策和低正常股利加额外股利政策。

（1）剩余股利政策。

剩余股利政策是指公司生产经营所获得的税后利润。首先应较多地考虑满足公司投资项目的需要，即增加资本或公积金；只有当增加的资本额达到预定的目标资本结构（最佳资本结构）后，如有剩余，才能派发股利。

这种股利政策的优点是有利于优化资本结构，降低综合资本成本，实现企业价值的长期最大化。其缺陷表现在使股利发放额每年随投资机会和盈利水平的波动而波动，不利于投资者安排收入与支出，也不利于公司树立良好的形象。剩余股利政策一般适用于公司成长阶段。

（2）固定股利政策。

固定股利或稳定的股利政策指公司将每年派发的股利额固定在某一特定水平上，不论公司的盈利情况和财务状况如何，派发的股利额均保持不变。

这种股利政策的优点是：有利于稳定公司股票价格，增强投资者对公司的信心；有利于投资者安排收入与支出。其主要缺陷表现为：公司股利支付与公司盈利相脱离，造成投资的风险与投资的收益不对称；它可能会给公司造成较大的财务压力，甚至可能侵蚀公司留存利润和公司资本。固定股利政策一般适用于经营比较稳定或正处于成长期、信誉一般的公司。

（3）固定股利支付率政策。

固定股利支付率政策是指公司确定固定的股利支付率，并长期按此比率支付股利的政策。

这种股利政策的优点：使股利与企业盈余紧密结合，以体现多盈多分、少盈少分、不盈不分的原则；保持股利与利润间的一定比例关系，体现了投资风险与投资收益的对称性。不足之处表现为：公司财务压力较大；缺乏财务弹性；确定合理的固定股利支付率难度很大。固定股利支付率政策只能适用于稳定发展的公司和公司财务状况较稳定的阶段。

（4）低正常股利加额外股利政策。

低正常股利加额外股利政策是指公司事先设定一个较低的经常性股利额，一般情况下，公司每期都按此金额支付正常股利，只有企业盈利较多时，再根据实际情况发放额外股利。

这种股利政策的优点是具有较大的灵活性，既可以维持股利的一定稳定性，又有利于优化资本结构，使灵活性与稳定性较好地相结合。其缺点是：股利派发仍然缺乏稳定性；如果公司较长时期一直发放额外股利，股东就会误认为这是"正常股利"，一旦取消，容易给投资者造成公司"财务状况"逆转的负面印象，从而导致股价下跌。

3）剩余股利政策适用于成长型企业

根据剩余股利政策，股利支付实际上是作为公司经营中的一种"生产要素"投入的。股利支付的最佳水平，理论上是指处于股利支付的边际成本与边际效用相等时的水平，即在一定条件下，满足公司盈利性投资需求而能达到融资成本最低、股权结构稳定，进而实现公司价值较大幅度提高后如有剩余，再进行分配。

股利分配政策作为公司三大财务决策之一，在公司经营中起着至关重要的作用，选择得合适与否关系到公司融资渠道的畅通与否、融资成本的高低和资本结构的合理性。剩余股利政策有利于促进公司股权结构的稳定，并在公司面临外部接管威胁时提供有效的防御屏障，因而有利于公司经营的稳定持续发展，实现公司价值（股东财富）最大化。因此剩余股利政策适用于成长型企业。

成长型企业的特征是：由于经营得当，企业规模扩张的要求强烈，企业面临的投资机会较多，如果能获得充足的资本，企业发展速度就能加快；同时，企业盈利能力增强，利润额连年有增。此阶段企业需集中力量，竭力以最低成本获取足够多的资金来源，最有效的措施便是大量留存利润，用自有资本，避免举债或多分股利，因为举债成本较高。那么实行剩余股利政策的低股利是否使公司价值也过于低呢？

从实际情况来看，高成长型企业的股票价格通常是较高的。因为对于成长型企业来说，股利与股价之间的关系已经被企业以"发展第一、兼顾股利"的政策所弱化了，股息作为股价形成的基础地位和作为评价水平的客观标准已经丧失，并转而为企业收益所代替。成长型企业在获得大量利润的情况下，提高利润留存比例相应地降低了股票利息率，减少了企业利润外流。巨额利润以利润留存形式进行再投资，无疑会优化企业的资本结构，促进企业的高速发展。这种具有巨大发展潜力的企业所发行的股票常被称为"成长股"。

成长股价格的形成，主要是以投资者对企业未来发展的预期，以及在此基础上形成的成长股的市场供求为依据的。其形成机制是：投资者预见到企业在未来具有巨大的发展潜力和潜在收益，预计短期内企业股票收益率降低，说明该企业的股票价格将有进一步上涨的空间，因此预期股票投资价值大。良好的预期投资价值使该股票供求关系发生变化，最终在供求均衡点形成长期股价。成长型企业的投资价值主要表现在：基期股票收益的增加；企业向股东分配股票股利的预期，预期由股价上涨所获得的资本利得，即由于成长股巨大的发展潜力可能使其价格上涨，投资者可以在二级市场抛售股票获得溢价收益。

综上所述，成长型企业虽然实行较低的剩余股利政策，但由于股息与股价之间的关系已被削弱，所以低股息不会使股票价格低落。相反，由于公司巨大的发展潜力和获利能力，将导致企业股票的实际价格升高。这并不是说股息决定股价的关系完全消失了，只是股价不再直接由股息决定了。成长型企业在考虑股利分配方式时，大多会尽量采取股票股利分配，因为股票股利形成的股本金仍属企业自有资金，股票股利分配并不导致资金流出，企业可以继续支配现金，以进行投资。

4）剩余股利分配计算

股份公司收益分配及股利支付程序，在此应注意以下几点。

① 掌握股份公司收益分配的顺序。股份公司在先计算出可供分配的利润之后，再进行分配。分配顺序依次为弥补以前年度亏损、提取法定公积金、提取法定公益金、提取任意公积金、向投资者分配利润或股利。在此要注意提取各类公积金所规定的比例和基数：法定盈余公积金按本年度净利润扣除弥补以前年度亏损后的余额的10%提取；法定公益金按本年度净利润的5%～10%提取；任意公积金按公司章程或股东会议决议提取。而向投资者分配利润则是按本年度净利润在弥补以前年度亏损和提取各类公积金、公益金后的余额再加上以前年度的未分配利润，向股东支付股利。

② 公司亏损情况下的收益分配。公司当年无利润，原则上不得向股东分配股利，但是为了维护股票市价和信誉，在用公积金弥补当年亏损后，经股东大会特别决议，可按不超过股票面值的6%用公积金分配股利，同时分配股利后的留存公益金不得低于注册资本

的 25% 。

③ 股份公司股利支付程序。在此应掌握股利宣告日、股权登记日、除权除息日和股利支付日的定义和顺序。股利宣告日是公司董事会将股利支付情况予以公告的日期；股权登记日是有权领取股利的股东资格登记截止日期，只有在这天登记在册的股东才有权获得股息；除息日是领取股利的权利与股票相互分离的日期；股利支付日即为向股东发放股利的日期。

◇ **分析提示与参考答案**

1. 案例（1）

当年可用于下年投资的利润 $= 900 × （1 - 10\% - 10\%） = 720$（万元），720 万元小于 $2\,000 × 50\% = 1\,000$（万元），故不发。在剩余股利政策下强调的是保持目标资金结构不变或最优资金结构不变。例如，下年度计划投资 2 000 万元，公司目标资产负债率 50% ，在本年利润分配之前其资金结构为资产负债率 50% ，所以，要保持下年度追加投资 2 000 万元（即下年度新增资产 2 000 万元）以后仍然保持资产负债率为 50% 不变，意味着下年投资所需的权益资金 $= 2\,000 × 50\% = 1\,000$（万元）。这样，当年的税后净利 900 万元全部留下来还不能满足目标资金结构的要求，所以，当年不能派发股利，同时下年还需从外部筹集 100 万元的权益资金才能满足目标资金结构的要求。一定要注意的是，当年提取盈余公积与公益金 $= 900 × （10\% + 10\%） = 180$（万元）已经属于满足下年投资所需的权益资金 1 000 万元的一部分，因此，当年是否能够派发股利应该将 900 万元和 1 000 万元相比较，而不能将 720 万元和 1 000 万元相比较。

2. 案例（2）

（1）采用剩余股利政策。因为网络企业属于成长性行业，扩张阶段应保障投资为主；连续亏损说明企业尚未进入稳定盈利阶段，无法支付固定股利。

（2）根据权益乘数得负债比率 50% ，权益资本比率 50% 。

权益资本 $= 2\,000 × 50\% = 1\,000$（万元）

普通股股数 $= 1\,000/10 = 100$（万股）

本年税后利润 $= [8\,000 × （1 - 60\%） - 700 - 1\,000 × 10\%] × （1 - 25\%）$
$= 1\,800$（万元）

下一年度投资需要权益资金 $= 4\,000 × 50\% = 2\,000$（万元）

需要增发的普通股股数 $= （2\,000 - 1\,800）/10 = 20$（万股）

满足投资对权益资本的需要后，当年没有可供分配的盈余，因此不能发放股利。

（3）采用普通股筹资方式下的每股收益：

$$（2\,800 - 1\,000 × 10\%） × （1 - 25\%）/（100 + 20） = 16.875（元）$$

采用债券筹资方式下的每股收益：

$$[2\,800 - 100 - （2\,000 - 1\,800） × 12\%] × （1 - 25\%）/100 = 20.27（元）$$

所以，以每股收益为标准，债券筹资方式对公司更有利。

7.3 股票股利分析

◇ **分析目的**

通过本案例的学习，熟悉企业发放股利的前提条件，理解并能从多角度区别现金股利与股票股利的性质与影响：对企业现金流量、股东收益、企业所有者权益、每股收益、每股价格的影响，以及在会计处理、法律效力上的不同。

◇ **分析资料**

案例（1）某上市公司2009年实现净利润2 500 000元。公司董事会于2010年3月31日提出公司当年的利润分配方案，拟对当年实现净利润进行分配。2010年5月中旬，该公司召开股东大会，对董事会提请批准的利润分配方案进行了审批，批准通过的利润分配方案与提请批准的利润分配方案存在着差异。董事会提请批准的利润分配方案和股东大会批准的利润分配方案如表7-3所示。

表7-3 利润分配方案

单位：元

项　　目	提请批准的方案	最终批准的方案
提取法定盈余公积	250 000	250 000
提取法定公益金	150 000	150 000
提取任意盈余公积	100 000	200 000
分配股利 其中：现金股利	1 200 000	2 000 000
股票股利	500 000	500 000

案例（2）某上市公司2009年每股收益为0.62元，并于2010年3月18日经2009年年度股东大会审议通过了《公司2009年度利润分配方案》，并于3月28日发布《2009年度利润分配实施公告》，具体内容如下。

① 以2009年末总股本652 800 000股为基数，用可供股东分配的利润向全体股东每10股送红股3股、向全体股东每10股派发2元现金红利（含税），共计分配利润总额为326 400 000元，剩余利润为40 012 157.58元，结转下年分配。

② 发放年度：2009年。

③ 发放范围：截至2010年3月31日下午上海证券交易所收市后，在中国证券登记结算有限责任公司上海分公司登记在册的全体股东。

④ 其股东权益具体资料如表7-4所示。

表 7 - 4　股东权益　　　　　　　　　　　　　　　　单位：元

项　目	金　额
股本	652 800 000.00
减：已归还投资	
股本净额	652 800 000.00
资本公积	30 643 663.76
盈余公积	241 084 797.59
其中：法定公益金	96 959 520.57
未分配利润	366 412 157.58
外币报表折算差额	
减：未确认投资损失	
股东权益合计	1 290 940 618.93

◇ 分 析 要 求

（1）分别说明该上市公司在董事会提出利润分配方案时与股东大会批准利润分配方案时，如何进行账务处理。

（2）说明该上市公司的股利宣告日、股权登记日、除权除息日；并计算该公司分配股利后的每股收益。

（3）根据资料及相关知识，详细分析企业发放现金股利与股票股利的性质与相关影响，并重点分析股票股利对企业价值、股东收益的影响。

◇ 分 析 重 点

（1）指出企业发放股利的前提条件。

（2）分别说明企业发放股票股利与发放现金股利的条件、对企业现金流及对股东收益的影响。

（3）试述发放股票股利对企业所有者权益的影响及对每股价值、每股价格的影响。

（4）结合相关课程，简要阐述企业发放现金股利与股票股利在会计处理上的区别。

（5）结合相关课程，说明现金股利与股票股利在法律上的效力不同。

◇ 分析提示与参考答案

股利是股息与红利的总称，是指股东依靠其所拥有的公司的股份从公司分得的利润，是董事会正式宣布从公司净利润中分配给股东，作为给每一个股东对公司投资的一种报酬。

股利是一种积累留存的利润，股东分配股利是一种权利，但分配股利需具备以下条件：

① 发放股利要经过股东大会讨论通过；② 公司税后利润弥补亏损和提取法定盈余公积金和公益金后方可分配；③ 企业当年无盈利时，不得分配，若需发放，可在用盈余公积弥补亏损后，经股东大会决议，再用盈余公积金分配。

最常见的股利分配方式主要是现金股利和股票股利。现金股利，是指以现金形式分派给股东的股利，是股利分派最常见的方式。大多数投资者都喜欢现金股利，因为是到手的利润。企业发放现金股利，可以刺激投资者的信心。现金股利侧重于反映近期利益，对于看重近期利益的股东很有吸引力。

（1）案例（1）中该上市公司应进行如下会计处理。

① 在董事会提出利润分配方案时，该公司应按照提请批准的利润分配方案进行账务处理。

借：利润分配

    ——提取法定盈余公积   250 000

    ——提取法定公益金   150 000

    ——提取任意盈余公积   100 000

    ——应付普通股股利   1 200 000

    贷：盈余公积

        ——法定公益金   150 000

        ——法定盈余公积   250 000

        ——任意盈余公积   100 000

        ——应付股利   1 200 000

该公司根据上述会计分录编制会计报表；对外披露会计报表时还必须在其披露的会计报表的附注中，说明董事会提请股东大会批准的利润分配方案中包括发放股票股利 500 000 元。

② 由于股东大会批准通过的利润分配方案与董事会提请批准的利润分配方案不一致，批准方案与原方案相比，应付现金股利增加 800 000 元，提取任意盈余公积增加 10 000 元。该公司在股东大会批准通过 2009 年利润分配方案后，应编制如下会计分录。

借：利润分配——未分配利润   900 000

    贷：应付股利   800 000

        盈余公积——任意盈余公积   100 000

同时对股票股利入账，调整相关会计报表项目年初数（2009 年年初数）。

借：利润分配——应付普通股股利   500 000

    贷：股本   500 000

（2）案例（2）中该公司的股利宣告日、股权登记日、除权除息日分别如下。

股利宣告日：2010 年 3 月 28 日。股权登记日：2010 年 3 月 31 日。除权除息日：2010 年 4 月 1 日。

（3）该公司个人投资者的实际红利及分配股利后的每股收益。

发放股票股利对每股收益会产生影响，可以通过对每股市场的调整直接算出。发放股票后每股收益 $= \dfrac{E_0}{1+D}$　式中 E_0 是发放股票股利前的每股收益，D 是股票股利发放率。所以 2009 年度每股收益为 $0.62 \div (1 + 30\%) = 0.48$ 元。

（4）股票股利，是指公司用无偿增发新股的方式支付股利，因其既可以不减少公司的现金，又可使股东分享利润，因而对长期投资者更为有利。股票股利侧重于反映长远利益，对看重公司的潜在发展能力，而不太计较即期分红多少的股东更具有吸引力。

① 现金股利与股票股利适用的条件不同。

现金股利适用于企业现金较充足，分配股利后企业的资产流动性能达到一定标准，并且具有有效广泛的筹资渠道。股票股利只要符合股利分配条件，即企业不管是否实际收到现金，只要账上能够盈利，就可以采用股票股利。

② 现金股利与股票股利对企业现金流量的影响。

发放股票股利可使股东分享公司的盈利而无须分配现金，这样一来公司留存了大量现金，便于进行再投资，有利于公司的长期发展。而发放现金股利将减少企业的货币资金，直接影响了企业内部资产的结构，致使长期资产与流动资产的比重发生变化，有利于调节企业资产的结构。

③ 现金股利与股票股利对股东收益的影响。

一般而言，当公司运转正常，发放股票股利将增加股东的现金收入，这是因为公司发放股票股利后其股价并不成比例下降。一般在发放少量股票股利（如 2% ~ 3%）后，大体不会引起股价的立即变化，可使股东得到股票价值相对上升的好处。发放现金股利将不可能得到比股利面值更大的现金收入。

（5）股票股利将不影响所有者权益的总额，资产、负债总额均不发生变化；只有在公司同时存在普通股和优先股的时候，发行股票股利才影响股本结构当中两种股本比例的变化。而现金股利将引起所有者总额的减少，但不会引起股本结构的变化。

另外，发放股票股利可以降低每股价值，从而可以抑制股票价格上涨过快。一般来说，当企业经营良好，股票价格上涨过快，反而会使投资者产生恐惧心情，害怕风险过大，不适宜大量交易。发放股票股利就可以降低每股价格，从而达到分散个别投资者风险的目的，但总体风险无法分散。此外，降低每股价格，可以吸收更多的投资者。

与此同时，发放股票股利往往会向社会传递公司将会继续发展的信息，从而提高投资者对公司的信心，在一定程度上稳定股票价格。但在某些情况下，发放股票股利也会被认为是公司资金周转不灵的征兆，从而降低投资者对公司的信心，加剧股价的下跌。发放现金股利则会增强投资者的信心，向社会传递公司的运作非常好，从而吸引更多的投资者。

（6）根据《中华人民共和国公司法》的规定，公司的利润分配方案先由公司董事会提出，最终由公司股东大会批准，并按股东大会批准的利润分配方案进行分配，所以，两种分配方案不但在时间上不一致，而且在内容上也存在差异，在会计核算上就应采取不同的方式进行。

① 在董事会确定利润分配方案时，对现金股利进行账务处理，而对股票股利不进行账务处理，只在当期会计报表中披露。因为股票股利并不影响企业的资产、负债及权益总额，也不改变负债权益比例，只是改变了权益结构。如采用与现金股利相同的处理方法，在董事会上提出利润分配方案时作负债处理，势必对公司的负债权益比例产生影响，从而有可能导致一些股东对企业财务状况产生一些误解。

② 在股东大会批准的利润分配方案与董事会提请批准的利润分配方案存在差异时，对于现金股利，必然调整会计报表相关项目的年初数或上年数；对于股票股利，在股东大会批准分配方案并实际发放时，因为企业发放股票股利时增加了资本，按我国现行规定，企业增加资本必须报工商行政管理部门批准变更注册资本，一般情况下，应当是在股东大会正式批准股票股利分配方案后，才正式申请变更注册资本的注册登记。

③ 即使两者是在同一利润分配方案中提出并批准，现金股利是作为实现净利润当年的利润分配处理，在实现净利润当年分配表中反映；股票股利则是作为发放股票股利当年的利润分配处理，在实际发放股票股利当年的利润分配表中反映。

以上会计处理上的差异可列表说明，如表 7 - 5 所示。

表 7 - 5　现金股利与股票股利会计处理差异

股利差异	董事会提出时	股东大会批准时	反映的利润分配表
现金股利	进行账务处理	调整相关会计报表项目的年初数	反映在实现净利润分配表中
股票股利	不进行账务处理，只在当期会计报表中披露	进行账务处理，不存在调整	反映在实际发放股票股利当年的利润分配表中

（7）在宣布发放现金股利后，如果企业财务发生困难，陷入了无力偿付到期债务的窘境，包括不能如期支付已宣告的股利在内，那么股东有权先行与其他无优先受偿权的债权人共同按比例分配公司的资产。因为这时股东拥有向公司索取股利的权利，而同时又成为公司的债权人，有权分享公司的资产。但若董事会分派股利的宣告违反了国家的有关法律规定或与债权人签订的协定，则董事会的宣告无法律效力，公司也就不存在向股东分派股利的义务，破产清算时，股东无权与债权人一起分享公司的资产。股票股利只增加股东的股本，因此其法律受偿顺序要后于现金股利。

■ 小讨论

1. 在以上分析的基础上，考察我国证券市场的实际情况，总结我国上市公司发放股利的基本情况，并分析缘由，以及与国外证券市场的区别。

2. 结合美国资本利得税的情况，讨论股票股利与现金股利的发放对股东税负的不同影响。

本章关键词中英文对照

1.	股利	dividend
2.	现金股利	cash dividend
3.	股票股利	stock dividend
4.	股利分配	stock dividend distribution
5.	利润分配	profit distribution
6.	企业价值	enterprise value
7.	现金流量	cash flow
8.	股权	stock right
9.	股利贴现	dividend discount
10.	股利政策	dividend policy
11.	投资机会	investment opportunity
12.	股息	dividend
13.	红利	bonus
14.	报酬	reward
15.	盈余公积金	surplus accumulation fund
16.	盈余公益金	surplus community fund

第 8 章

预算管理案例分析

【本章内容与要点】

  本章包括营业预算、企业销售预算、企业融资需求量预算、营运资金预算和某企业全面预算等5个案例。通过本章的学习，学生应该了解企业预算管理的基本原理，掌握财务预算和经营预算的分析方法。

8.1 营业预算

◇ 分析目的

  通过学习本案例，了解财务管理中营业预算的影响因素、公司营销政策及策略、公司货款的收回方式，掌握企业营业预算的编制方法。

◇ 分析资料

  某康乐中心，内部包括客房部、商务中心、餐厅和健身房。该中心针对营业旺季的经营状况编制了一份详细的预算。按照预算估计，营业旺季将历时20周，其中高峰期为8周。客房部现有单人房80间，双人房40间，双人房的收费标价预计为单人房的150%。

  1. 市场预测

  客房部：单人房的每天变动成本为5美元，双人房的每天变动成本为7美元。客房部固定成本总额为170 000美元。

  健身房：凡是在客房部居住的顾客每人每天收费2美元，外来散客每人每天收费5美元。健身房的健身设施固定成本总额为27 000美元。

  餐厅：每个客人每天将给餐厅带来3美元的边际贡献。餐厅固定成本总额为25 000美元。

  商务中心：如果出租商务中心，可以增加边际贡献总额20 000美元。

  2. 康乐中心的预订情况

  营业高峰期，客房部的所有房间已全部被预订。在其余12周内，双人房客满率为

60%，单人房客满率为 70%。另外，每天有散客 50 人。假定所有的住客和散客都使用健身房，而且都在餐厅就餐，并假定双人房每次均同时住进两个人。

◇ 分 析 要 求

（1）如果要求客房部的利润为 100 000 美元，那么每间单人房和双人房的收费标准应定为多少美元？

（2）如果客房部能够实现利润 100 000 美元，那么康乐中心的总利润可达到多少美元？

◇ 分析提示与参考答案

（1）为了计算方便，根据 1 间双人房房价相当于 1.5 间单人房房价，并根据约当数量概念，营业高峰期 8 周和营业旺季其余 12 周住客人数如表 8 - 1 和表 8 - 2 所示。

表 8 - 1　营业高峰期（8 周 = 7 × 8 = 56 天）

房　间　数	客　满　率	租房次数*/次	折合为出租单人房次	住客人数/人
单人房 80	100%	4 480	4 480	4 480
双人房 40	100%	2 240	3 360	4 480

表 8 - 2　营业旺季其余 12 周（12 周 = 7 × 12 = 84 天）

房　间　数	客　满　率	租房次数*/次	折合为出租单人房次	住客人数/人
单人房 80	70%	4 704	4 704	4 704
双人房 40	60%	2 016	3 024	4 032

由表 8 - 1 和表 8 - 2 中的数据可知，营业旺季折合出租单人房次总计为 15 568 次，住客人数总计为 17 696 人。

设单人房每天房价为 x 美元，则双人房每天房价 $y = 150\% x$ 美元。

根据"利润 = 收入 - 变动成本 - 固定成本"的本量利计算公式，可以得到：

$$100\ 000 = x(4\ 480 + 4\ 704) + 150\% x(2\ 240 + 2\ 016) -$$
$$[(4\ 480 + 4\ 704) \times 5 + (2\ 240 + 2\ 016) \times 7] - 170\ 000$$

解得：$x = 22.21$；$y = 33.32$。

即单人房的房价应定为每天每间房 22.21 美元，双人房的房价应定为每天每间房 33.32 美元。

（2）整个营业旺季的散客人数为：

---

* 假设租房次数为租房天数

$$50 \text{ 人/天} \times 7 \text{ 天/周} \times 20 \text{ 周} = 7\ 000 \text{ 人}$$

整个营业旺季房客人数为：

$$(4\ 480 + 4\ 704) \times 1 + (2\ 240 + 2\ 016) \times 2 = 35\ 392$$

康乐中心营业旺季总利润如表 8 − 3 所示。

表 8 − 3　营业旺季总利润

客房部：		100 000
健身房：		
收入：住客 = 17 696 × 2	35 392	
散客 = 7 000 × 5	35 000	
收入小计：	70 392	
减：固定成本	27 000	43 392
餐厅：		
边际贡献 = 24 696 × 3	74 088	
减：固定成本	25 000	49 088
商务中心：		
边际贡献		20 000
利润总额		212 480

◉ 小资料

第一个预算平衡的年头

1950 年，是新中国经济建设进程中扭转乾坤的一年。上半年统一全国的财政经济工作，下半年调整工商业和税收。陈云在回顾 1950 年的财政工作时说："只有两个重点，一是统一，二是调整……6 月以前是统一，6 月以后是调整。只此两事，天下大定。""天下大定"首先反映在预算上，1951 年财政预算结余 10.65 亿元，是新中国历史上第一个预算平衡略有结余的年头。

　　　　　　　　　　——摘自《中国财经报》第 1496 期。宋镜，陆晓平，柯象中.

8.2　企业销售预算

◇ **分析目的**

通过学习本案例，了解财务管理中销售预算的影响因素，理解公司的营销政策及策略，公司货款的收回方式，掌握企业销售预算的编制方法。

◇ **分析资料**

大华实业公司是一个专门经营电器的公司，该公司对其经营的彩色电视机编制 2011 年销售预算，并预计其现金收入。该企业在 2010 年第 4 季度实现销售收入 400 000 元，根据市场预测，预计 2011 年度内 4 个季度销售量分别为 1 000 台、1 300 台、1 500 台和 1 800 台。其销售价格根据市场供求情况定为 500 元/台。销售货款的收回情况一般根据以往的规律当季可收回 70% 的现金，下一季度收回 28% 的现金，其余 2% 假定为无法收回的坏账。

◇ **分析要求**

编制销售预算及现金收入计算表。

◇ **分析提示与参考答案**

先编制销售预算表，如表 8 - 4 所示。

表 8 - 4 销售预算表

2011 年度 单位：元

项 目	第 1 季度	第 2 季度	第 3 季度	第 4 季度	合 计
预计销售量/台	1 000	1 300	1 500	1 800	5 600
单位售价	500	500	500	500	500
销售收入	500 000	650 000	750 000	900 000	2 800 000

再编制现金收入计算表，如表 8 - 5 所示。

表 8 - 5 预期现金收入分析表

2011 年度 单位：元

项 目	第 1 季度	第 2 季度	第 3 季度	第 4 季度	全 年
预计销售额	500 000	650 000	750 000	900 000	2 800 000
收到上季应收销货款	112 000	140 000	182 000	210 000	644 000
收到本季销货款	350 000	455 000	525 000	630 000	1 960 000
现金收入合计	462 000	595 000	707 000	840 000	2 604 000

■ **小讨论**

在经营预算中为什么要先编制销售预算？

◉ **小资料**

瓦尔达沃夫斯基（1946）指出渐进预算的基本命题是："预算的做出是渐进的，而不是全面的。一个简单的智慧是，支出机构绝不会在每个预算年度里根据现有项目的价值和替代项目的价值来积极地评估所有的方案。相反的，支出机构的预算要求都是建立在上 1 年的预算基础之上，并特别关注边际上的增加和减少。"

——马骏. 中国公共预算改革. 中央编译出版社，2005：271.

8.3　企业融资需求量预算

◇ **分析目的**

企业融资需求量预算在企业全面预算中占有很重要的地位，通过本案例的学习，理解并掌握做好资金需求量预算的方法。

◇ **分析资料**

（1）大唐公司是一家以生产汽车零配件为主的股份有限公司。自 2006 年以来，公司财务经理发现：公司对资金需求的总量与公司销售额之间存在一定关系。如表 8－6 所示。

表 8－6　历年资金需求量与销售额数据汇点　　　　单位：十万元

年　度	2006 年	2007 年	2008 年	2009 年	2010 年
销售额	506.32	526.82	534.85	560.89	580.93
资金量（预测）	321.06	330.89	340.65	345.02	360.54
资金量（实际）	318.09	333.78	324.59	350.69	355.68

（2）在企业的财务运转中，不仅需要资金总量，更重要的是在企业的财务管理中，所需要的外部融资额及融资方式的信息。该公司近 3 年来的财务相关信息如表 8－7、表 8－8 所示。

表 8－7　大唐公司资产负债表　　　　单位：十万元

资　产	2008 年	2009 年	2010 年	负债和所有者权益	2008 年	2009 年	2010 年
流动资产				流动负债			
货币资金	20.58	13.58	17.58	短期借款	10.32	8.02	8.35
				应付票据	52.36	56.09	59.21
				应付账款	99.47	120.35	120.07
交易性金融资产	21.04	28.02	34.83	预收账款	0.24	0.29	0.17
应收票据	48.60	45.63	40.58	代销商品款			
应收股利	10.52	13.25	10.65	应付工资	0.98	0.54	0.57
应收利息	6.35	10.25	8.39	应付福利费	0.11	0.07	0.07

续表

资　　产	2008 年	2009 年	2010 年	负债和所有者权益	2008 年	2009 年	2010 年
应收账款	70.69	65.32	55.68	应付股利	3.24	5.47	4.57
减：坏账准备	6.23	5.80	6.08	应交税费	1.57	2.47	1.02
应收账款净额	64.46	59.52	49.60	其他应交款	0.87	0.24	0.58
预付账款	0.36	0.58	0.67				
应收补贴款	0.69	1.03	0.83	预提费用	1.28	1.57	1.04
其他应收款	10.30	8.23	9.35	1 年内到期的长期负债	30.47	27.04	38.27
存货	86.32	99.58	110.39	其他流动负债	20.70	21.47	25.17
减：存货跌价准备	4.31	9.55	8.20				
存货净额	82.01	90.03	102.19				
待摊费用	0.62	0.39	8.31				
待处理流动资产净损失	1.35	1.58	0.25				
其他流动资产	5.89	8.36	7.24				
流动资产合计	272.77	280.45	290.47	流动负债合计	225.61	243.62	259.09
长期投资：				长期负债：			
长期股权投资	100.63	110.22	150.65	长期借款	180.35	190.27	185.34
长期债权投资	59.83	65.28	35.00	应付债券	15.28	10.24	6.24
长期投资合计	160.46	175.50	185.65	长期应付款	30.45	27.01	50.26
减：长期投资减值准备	6.32	4.82	5.30	其他长期负债	3.94	13.30	14.14
长期投资净额	154.14	170.68	180.35				
固定资产：							
固定资产原价	550.69	570.38	600.39				
减：累计折旧	122.03	135.69	180.67	长期负债合计	230.02	240.82	255.98
固定资产净值	428.66	434.69	419.72				
工程物资	10.32	15.63	30.25	递延所得税负债	5.07	6.32	4.17
在建工程	80.65	89.02	138.32				
固定资产清理	12.36	15.28	9.32	负债合计	460.70	490.76	519.24
待处理固定资产净损失	18.02	13.25	7.70	股东权益：			
固定资产合计	550.01	572.89	605.31	股本	500.00	500.00	500.00
无形资产及其他资产：				资本公积	8.55	10.24	12.04
无形资产	55.36	50.39	59.34	盈余公积	85.37	102.31	124.95
长期待摊费用	8.32	10.33	12.35	未分配利润	15.08	18.47	5.63
其他长期资产	25.03	29.55	7.72				

续表

资　产	2008 年	2009 年	2010 年	负债和所有者权益	2008 年	2009 年	2010 年
无形资产及其他资产合计	88.71	90.27	79.41				
递延所得税资产	4.07	7.49	6.32				
				股东权益合计	609.00	631.02	642.62
资产合计	1 069.70	1 121.78	1 161.86	负债和所有者权益合计	1 069.70	1 121.78	1 161.86

表 8 - 8　大唐公司利润及利润分配表　　　　单位：十万元

项　目	2008 年	2009 年	2010 年
一、主营业务收入	534.85	560.89	580.93
减：销售折让	10.32	5.32	15.58
主营业务收入净额	524.53	555.57	565.35
减：主营业务成本	408.38	418.25	428.04
主营业务税金及附加	48.56	53.07	61.08
二、主营业务利润	67.59	84.25	76.23
加：其他业务利润	5.36	8.65	15.34
减：存货跌价准备	3.04	6.52	5.27
销售费用	8.36	5.97	3.48
管理费用	19.46	38.55	36.29
财务费用	5.24	7.67	6.28
三、营业利润	36.85	34.19	40.25
加：投资收益	10.24	13.57	9.24
补贴收入	1.35	1.78	1.39
营业外收入	5.38	4.28	5.26
减：营业外支出	3.54	4.57	3.01
四、利润总额	50.28	49.25	53.13
减：所得税费用	24.94	18.67	24.82
五、净利润	25.34	30.58	28.31
加：年初未分配利润	10.25	15.08	18.74
盈余公积转入			
六、可供分配的利润	35.59	45.66	36.78
减：提取法定盈余公积	2.53	3.06	2.83
提取法定公益金	1.27	1.53	1.47
七、可供股东分配的利润	31.79	41.07	32.48
减：应付优先股股利			
提取任意盈余公积	8.35	12.35	18.34

续表

项　目	2008 年	2009 年	2010 年
应付普通股股利	7.56	10.25	8.51
转作股本的普通股股利			
八、未分配利润	15.08	18.47	5.63

（3）2011 年预计提取固定资产折旧为 1 900 万元，固定资产建设投资为 8 000 万元。

（4）2011 年预计零星开支所需资金 20 万元。

（5）财务经理从销售部门了解到，公司 2011 年的销售额经过精确预测为 6 000 万元。

◇ **分 析 要 求**

根据上述资料计算在保持公司目前的财务比率（即 2010 年年底财务比率）的情况下，为了实现明年的销售计划，公司需从外部融资多少？

◇ **分析提示与参考答案**

通过比较近 3 年来的资产负债表和利润及利润分配表，计算下列与销售收入变化相关的各项经济指标，如表 8 - 9 所示。

表 8 - 9　与销售收入变化相关的经济指标

项　目	2008 年	2009 年	2010 年
资产销售比率/%	42.31	38.79	37.87
权益销售比率/%	29.70	33.08	32.06
销售净利率/%	4.74	5.45	4.87
股利支付率/%	29.83	33.52	30.06

表 8 - 9 中各项指标的计算过程如下（仅以 2010 年为例）。

（1）资产销售比率

在资产中，随着销售额增长而相应增加的项目一般有：货币资金、应收票据、应收账款净额、预付账款、其他应收款、存货净额等。因销售额的增长，很可能会涉及需要企业扩大生产能力而进行固定资产投资，但固定资产投资决策属于企业为了长远规划而进行的战略决策，与计划期销售收入变化不完全成正比例关系，所以预计进行的固定资产投资所引起的资金需求应单独考虑。

$$资产销售比率 = \frac{资产中随着销售额增长而自动增加的项目合计}{销售收入总额} \times 100\%$$

$$= \frac{17.58 + 40.58 + 49.6 + 0.67 + 9.35 + 102.19}{580.93} \times 100\%$$

$$= 37.87\%$$

（2）权益销售比率

在权益中，随着销售额增长而相应增加的项目一般有：应付票据、应付账款、预收账款、应付工资、应付福利费、应付股利、应交税费、其他应交款等。至于长期负债和所有者权益等项目，一般不随销售的增长而增加。

$$权益销售比率 = \frac{权益中随着销售额增长而自动增加的项目合计}{销售收入总额} \times 100\%$$

$$= \frac{59.21 + 120.07 + 0.17 + 0.57 + 0.07 + 4.57 + 1.02 + 0.58}{580.93} \times 100\%$$

$$= 32.06\%$$

（3）$销售净利率 = \dfrac{净利润}{销售收入总额} \times 100\%$

$$= \frac{28.31}{580.93} \times 100\%$$

$$= 4.87\%$$

（4）$股利支付率 = \dfrac{支付的股利}{净利润} \times 100\%$

$$= \frac{8.51}{28.31} \times 100\%$$

$$= 30.06\%$$

（5）计算外部融资量

外部融资量 =（计划销售收入 - 基期销售收入）×（资产销售比率 - 权益销售比率）+（计划期固定资产投资 - 计划期固定资产折旧）- 计划期销售收入 × 销售净利率 ×（1 - 股利支付率）+ 计划期资金零星开支量

$$=（600 - 580.93）×（37.87\% - 32.06\%）+（800 - 190）+ 600 × 4.87\% ×（1 - 30.06\%）+ 2$$

$$= 19.07 × 5.81\% + 610 + 29.22 × 69.94\% + 2$$

$$= 1.11 + 610 + 20.44 + 2$$

$$= 633.55（十万元）$$

8.4 营运资金预算

◇ 分析目的

营运资金对企业管理非常重要。通过本案例的学习，做好营运资金预算。

◇ **分 析 资 料**

凯伦公司是一家复印和印刷企业，其每家分店都是按特许经营的方式在当地进行管理的。该公司每季度的预算均由电脑上的报表系统准备，上面标明了需要加以监视和报告给特许权使用方的主要财务业绩测量数据。

某一分店的经理最近在准备 2010 年 7 月份至 9 月份的预算信息。7 月份销售额估计为 15 000 元，此后每月按 20% 的幅度呈复式增长。每月采购纸墨和其他一些费用支出的情况如表 8 – 10 所示。

表 8 – 10　凯伦公司每月费用支出表　　　　　　　　单位：元

月　份	纸墨费（每月购入）	付现费用	折旧费	广告费
7	5 500	4 000	1 000	1 000
8	6 000	4 500	1 000	1 500
9	7 500	5 000	1 200	2 000

关于该分店的其他情况列示如下。

① 如果纸墨是销售生产的唯一成本，毛利润估计是销售额的 60%。

② 特许权管理方法是：分店按其销售额的 10% 向公司交纳商誉费。这笔费用要在下一季度开始之初支付。

③ 付现费用要在产生之后的 1 个月内支付，而广告费必须即时支付。

④ 采购纸墨的 50% 是通过赊账进行的，赊账期为 1 个月。

⑤ 销售额的 80% 是现金交易，剩下的部分可用 1 个月的赊账。

⑥ 8 月份更新设备的时候，设备的折余价值 3 200 元可以换 2 650 元的现金。新设备的价款为 7 000 元。该项更新设备的折旧已经包含在 9 月份的预算数字当中了。

下面的营运资金报表 8 – 11 出现在 7 月初的资产负债表上。

表 8 – 11　营运资金报表　　　　　　　　单位：元

流动资金	7 900	流动负债	10 320
存货	4 000	应付账款	
应收账款	3 000	用于纸墨	2 500
银行存款	900	用于付现费用	3 000
		用于商誉	4 820
		营运资金	– 2 420

◇ **分 析 要 求**

(1) 计算该分店该季度的利润和存货（纸墨）情况（分月列示）。

（2）计算该季度末的应收账款、应付账款和银行存款金额。

（3）编制一份截至 2010 年 9 月 30 日的营运资金报表。

◇ **分析提示与参考答案**

（1）凯伦公司月销售收入、利润及存货情况，如表 8 - 12 所示。

表 8 - 12 凯伦公司月销售收入、利润及存货情况表　　　　单位：元

项　　目	7 月	8 月	9 月
销售收入	15 000	18 000	21 600
减：销售成本	6 000	7 200	8 640
毛利润	9 000	10 800	12 960
减：商誉费	1 500	1 800	2 160
付现费用	4 000	4 500	5 000
广告	1 000	1 500	2 000
损耗	1 000	1 000	1 200
处理损失	0	550	0
纯利润	1 500	1 450	2 600
存货（纸墨）情况			
期初存货	4 000	3 500	2 300
本期购进	5 500	6 000	7 500
合计	9 500	9 500	9 800
减：销售成本	6 000	7 200	8 640
期末存货	3 500	2 300	1 160

（2）该季度应收账款、应付账款及银行存款如下。

应收账款 ＝9 月份销售收入 ×20% ＝21 600 元 ×20% ＝4 320（元）

银行存款计算如表 8 - 13 所示。

应付账款 ＝3 750 ＋5 000 ＋54 600 ×10% ＝14 210（元）

表 8 - 13 银行存款计算表　　　　单位：元

项　　目	金　　额
银行存款期初余额	900
债务人付款	53 280（计算：3 000 ＋15 000 ＋18 000 ＋（21 600 ×80%））
资产出售	2 650
小计	52 830
支付	
销售成本	17 750（计算：2 500 ＋5 500 ＋6 000 ＋（7 500 ×50%））
付现费用	11 500（计算：3 000 ＋4 000 ＋4 500）

续表

项　　目	金　　额
广告	4 500（计算：1 000＋1 500＋2 000）
商誉费	4 820
购买资产	7 000
小计	45 570
银行存款期末余额	11 260

营运资金报表如表8－14所示。

表8－14　营运资金报表　　　　　　　　　　单位：元

项　　目	金　　额
流动资产	16 740
存货	1 160
应收账款	4 320
银行存款	11 260
流动负债	14 210
应付账款	14 210
其中：纸墨	3 750
付现费用	5 000
商誉费	5 460
营运资金	2 530

8.5　某企业全面预算

◇ 分析目的

　　全面预算管理在企业管理中占有很重要的位置，通过企业全面预算的分析，了解全面预算的过程，掌握全面预算的编制方法。

◇ 分析资料

1. 公司背景

　　山东新华集团是在一个乡办小农机厂的基础上发展起来的，以棉纺织业为主的国家大型二级企业。1978年时农机厂只有固定资产7万元，员工30名，主要生产工业用水泵。发展至今，集团拥有固定资产1.5亿元，员工2 200人，主要生产精梳40S、32S、10S纯棉纱、篷盖布、工业用橡胶帆布、缝纫线、针织内衣、服装等产品。1999年实现销售收入2.3亿元，利润 1 836 万元。

集团总部设有公司总部、总务部、供应部、财务部、人力资源部、预算部 6 个职能部门，以及棉纺厂、帆布厂、热电厂、针织厂、印染厂、制线厂 6 个分厂。此外，为保障利润全面预算管理模式的良好运行，集团还设立了全面预算管理委员会、改善提案委员会及物价管理委员会，委员会主任均由总经理兼任。预算部具体负责日常的全面预算管理工作，是实施利润全面预算管理的具体职能部门。改善提案委员会主要是研究、实施员工对管理方面的改善性建议。物价管理委员会主要是制定采购物资和产品销售价格政策等。集团总部作为集团的投资管理中心，下属分厂为二级法人企业，是集团公司的利润中心。部门以上经理人员的任用及重大投资、融资决策权均在集团总部，各部门只作为职能部门对总经理负责。

2. 案例资料

1）基本情况

山东新华集团自 1988 年开始探索、施行预算管理模式，当年实现利税 240 万元，比 1987 年增长了 60%。1989 年，企业开始全面推行利润预算管理模式，当年实现利税 550 万元，比 1988 年又翻了一番。在以后的管理实践中，新华集团一面优化措施，加大力度，推行和完善利润预算管理制度；一面不断总结利润预算管理模式的运行经验，并从管理学角度进行深入探讨，将其上升到理论的高度。经过 10 多年的不断探索，归纳、总结出了一套适合我国国情的企业利润预算管理模式。随着利润预算管理模式的推行，集团的经济效益一直保持稳定的增长，销售收入、利税连年平均以 34%、40% 的幅度稳步递增。

新华集团的全面预算管理以目标利润为导向，同传统的企业预算管理不同的是，它首先分析企业所处的市场环境，结合企业的销售、成本、费用及资本状况、管理水平等战略能力来确定目标利润，然后以此为基础详细编制企业的销售预算，并根据企业的财力状况编制资本预算等分预算。目标利润是预算编制的起点，编制销售预算是根据目标利润编制预算的首要步骤，然后再根据销定产原则编制生产预算，同时编制所需要的销售费用和管理费用预算；在编制生产预算时，除了考虑计划销售量外，还应当考虑现有的存货和年末的存货；生产预算编制以后，还要根据生产预算来编制直接材料预算、直接人工预算和制造费用预算；产品成本预算和现金预算是有关预算的汇总；预计利润表、资产负债表是全部预算的综合。同时预算指标的细化分解又形成了不同层面的分预算，构成了企业完整的预算体系。

2）山东新华集团利润全面预算管理制度

（1）总则。

① 利润全面预算管理是实现企业资源优化配置、提高企业经济效益的先进而科学的一种管理方法。本制度旨在保障利润全面预算管理的顺利运行。

② 利润全面预算管理以实现或超额实现目标利润为管理的最终目的。在目标利润的引导下，各分厂、部门都要围绕目标利润的实现进行经济活动。

③ 本制度的主要内容包括：总则、组织机构、预算体系、预算编制、预算控制与差异

分析、预算考评与激励和附则 7 部分。

④ 利润全面预算管理的预算期主要分为短期和长期，由此编制的预算分为短期预算和长期预算。短期预算是指每个会计年度元月 1 日至 12 月 31 日的预算，也称年度预算，并层层分解，由年分到季，由季分到月；长期预算是指集团公司未来 3～5 年的发展规划性预算，长期预算是制定短期预算的重要依据。

（2）组织机构。

① 利润全面预算管理的组织机构包括全面预算管理委员会、预算部及预算责任网络。

② 全面预算管理委员会是实施全面预算管理的最高管理机构，以预算会议的形式审议各预算事项，委员会主任由集团总经理兼任，各分厂厂长、各部部长兼任委员；预算部为处理利润全面预算管理日常事务的职能部门。

③ 全面预算管理委员会及预算部的职责为：审议通过有关利润管理的政策、规定、制度等；组织企业有关部门或聘请有关专家对目标利润的确定进行预测；审议通过目标利润、预算编制的方针和程序；审查整体预算方案及各部门编制的预算草案，并就必要的改善对策提出建议；在预算编制和执行过程中，对分厂与部门、部门与部门之间可能发生或已经发生的分歧进行必要的协调；将经过审查的预算提交董事会审批，董事会通过后下达正式预算；接受定期预算报告并予以审查、分析，提出改善措施；根据需要，就预算的修正进行审议并作出决定；对利润全面预算管理过程中出现的矛盾或问题进行调解或仲裁。

④ 预算部职责：传达预算的编制方针、程序，具体指导分厂、部门预算案的编制；根据预算编制方针，对分厂、部门编制的预算草案进行初步审查、协调和平衡、汇总后编制集团公司的预算案，一并报全面预算管理委员会审查；在预算执行过程中，监督、控制分厂和部门的预算执行情况；每期预算执行完毕，及时形成预算执行报告和预算差异分析报告，交全面预算管理委员会审议；遇有特殊情况时，向全面预算管理委员会提出预算修正建议；协助全面预算管理委员会协调、处理预算执行过程中出现的一些问题。

⑤ 预算责任网络是以企业的组织机构为基础，根据所承担的责任划分的，一般分为投资中心、利润中心及成本、费用中心。集团公司为投资中心，各分厂为利润中心，各车间、部门为成本和费用中心。

（3）预算体系。

预算体系是利润全面预算管理的载体，目标利润是利润全面预算管理的起点，为实现目标利润而编制的各项预算构成利润全面预算管理的预算体系，它主要包括：目标利润、销售预算、销售费及管理费预算、生产预算、直接材料预算、直接人工预算、制造费用预算、存货预算、产成品成本预算、现金预算、资本预算、预计利润表、预计资产负债表。

（4）预算编制。

预算编制是实施利润全面预算管理的关键环节，编制质量的高低直接影响预算执行的结果。预算编制要在公司董事会和全面预算管理委员会制定的编制方针指引下进行。预算编制方针应包括：企业利润规划、生产经营方针、部门费用预算编制方针、投资与研究开发方针、资本运营方针、其他基准（集团公司费用分摊基准、业绩评价基准等）。

年度预算的编制，自预算年度上 1 年的 11 月 25 日开始至 12 月 25 日全部编制完成，编制日程如表 8 – 15 所示，预算编制的流程如表 8 – 16 所示。

预算编制时，公司设立一定比例的预备费作为预算外支出。

表 8 – 15　年度预算日程表

内容（摘要）	日期 提出	董事会 决定	全面预算管理委员会	预算部	总务部	人力资源部	财务部	供应部	棉纺厂	热电厂		
（1）预算编制方针的策划制定												
（A）经营方针的设定												
（a）基本方针	11.25		○		●							
（b）部门方针（行政、生产、销售、财务等部门）	11.25				●	○	○	○	○	○	○	
（B）目标设定												
（a）目标利润预测	11.26			●	○							
（b）所需销售额、销售利润	11.26				○				○	○		
（c）所需费用	11.26				●	○	○	○	○	○		
（d）总资产	11.26				○							
（e）回收率、周转天数、周转率	11.26		11.28	11.27	○							
（f）确定目标利润		11.28	△	◎	○							
（C）基准的设定												
（a）集团公司费用分摊基准	11.28				○							
（b）业绩评价基准	11.28		11.30	11.29	○							
（D）预算编制方针的确定		11.30	△	◎	○							
			12.2	12.1								
（2）集团公司费用预算的确定	12.1	12.2	△	◎	●	○	○	○	○	○	○	
（3）通知分厂、部门预算编制方针的基准及目标	12.2				●	○	○	○	○	○	○	
（4）分厂、部门同意与否的反馈	12.5				●	○	○	○	○	○	○	

续表

内容＼摘要	日期提出	董事会决定	全面预算管理委员会	预算部	总务部	人力资源部	财务部	供应部	棉纺厂	热电厂	
			12.10	12.8							
(5) 同上、调整	12.7	12.10	△	◎	○						
(6) 集团公司费用分摊	12.11				○				○	○	
(7) 分厂、部门预算的编制（月度）	12.12				●	○	○	○	○	○	
			12.20	12.15							
(8) 整体预算编制	12.15	12.20	△	◎	○						
			12.25								
(9) 预算的决定	12.24	12.25	△		○						
(10) 下达预算并执行	12.25				○	○	○	○	○	○	

注：○作成　●受理　◎审理　△决定

表 8 – 16　山东新华集团利润全面预算管理预算编制流程图表

董事会	全面预算管理委员会	预算部	分厂、部门
• 提出预算编制方针		• 根据方针预测目标利润	
• 决定	• 对目标利润进行审议必要时往返修订		
		• 下达预算编制方针	• 制定预算草案
• 决定	• 对部门预算草案、综合预算进行审议	• 对预算草案进行汇总编制综合预算，必要时往返修订	
		• 预算编制完成，传达至分厂、部门	• 执行预算

说明：由于篇幅有所限，其他分厂与部门没有在表中列示。

（5）预算控制与差异分析。

① 控制方法原则上依金额进行管理，同时运用项目管理、数量管理等方法。

金额管理：从预算的金额方面进行管理。

项目管理：对预算的项目进行管理。

数量管理：对一些预算项目除进行金额管理外，从预算的数量方面进行管理。

② 在管理过程中，对纳入预算范围的项目由分厂、部门负责人进行控制，预算部负责监督，并借助计算机系统进行管理。预算外的支出由总经理直接控制。

③ 分厂、部门包括预算部都要建立全面预算管理簿，按预算的项目详细记录预算额、实际发生额、差异额、累计预算额、累计实际发生额、累计差异额。

④ 利润全面预算管理过程中，必须本着"先算后花，先算后干"的原则，以预算为依据计算控制，一般情况下，没有预算的要坚决控制其发生。对各分厂、部门的费用预算实行不可突破的办法，节约奖励，超预算计算机自动拒付，且预算项目之间不得挪用。

⑤ 费用预算如遇特殊情况确需突破时，必须提出申请，说明原因，经总经理批准纳入预算外支出。如支出金额超过预备费，必须由全面预算管理委员会和公司董事会审核批准。

⑥ 预算剩余可以跨月转入，但不能跨年度。

⑦ 预算执行过程中由于市场变化或其他特殊原因阻碍预算执行时，进行预算修正。

⑧ 提出预算修正的前提。当某一项或几项因素向着劣势方向变化，影响目标利润的实现时，应首先挖掘与目标利润相关的其他因素的潜力，或采取其他措施来弥补。只有在无法弥补的情况下，才能提出预算修正申请。

⑨ 预算修正的权限与程序。预算的修正权属于全面预算管理委员会和公司董事会。当遇到特殊情况需要修正时，必须由预算执行单位提出预算修正分析报告，详细说明修正原因，以及对今后发展趋势的预测，提交全面预算管理委员会审核并报公司董事会批准，然后执行。

⑩ 预算的差异分析。预算执行过程中，预算责任单位要及时检查、追踪预算的执行情况，形成预算差异分析报告。于每月3日将上月预算差异分析报告交上一级管理部门，最后由预算部形成总预算差异分析报告，交全面预算管理委员会，为全面预算管理委员会对整个预算的执行进行动态控制提供资料依据。

⑪ 预算差异分析报告应有以下内容：本期预算额、本期实际发生额、本期差异额、累计预算额、累计实际发生额、累计差异额；对差异额进行的分析；产生不利差异的原因、责任归属、改进措施及形成有利差异的原因和今后进行巩固、推广的建议。

（6）预算的考评与激励。

① 预算的考评具有两层的含义：一是对整个利润全面预算管理系统进行考核评价，即对企业经营业绩进行评价；二是对预算执行者的考核与评价。预算考评是发挥预算约束与激励作用的必要措施，通过预算目标的细化分解与激励措施的付诸实施，达到"人人肩上有指标，项项指标连收入"。

② 预算考评是对预算执行效果的一个认可过程。考评应遵循以下原则。

目标原则：以预算目标为基准，按预算完成情况评价预算执行者的业绩。

激励原则：预算目标是对预算执行者业绩评价的主要依据，考评必须与激励制度相配合。

时效原则：预算考评是动态考评，每期预算执行完毕应立即进行。

例外原则：对一些阻碍预算执行的重大因素，如产业环境的变化、市场的变化、重大意外灾害等，考评时应作为特殊情况处理。

分级考评原则：预算考评要根据组织结构层次或预算目标的分解层次进行。

③ 为调动预算执行者的积极性，公司制定一系列激励政策，设立经营者奖、效益奖、节约奖、改善提案奖等奖项。

经营者奖：根据分厂利润实际完成情况，将实际完成利润额与利润预算的差额按一定比例奖罚分厂厂长。

效益奖：根据分厂利润实际完成情况，将实际完成利润额与利润预算的差额按一定比例奖罚员工。

节约奖：根据部门费用的实际支出与工作完成情况，集团公司按一定比例激励费用发生部门；物资购买方面，在相同质量情况下，将比预算降低部分按一定比例激励购买人。

改善提案奖是对员工提出的优秀改善性建议进行奖励，对每项改善提案按 1 年内所节约费用或所创利润的一定比例奖励提案人。

以上奖励的实施、兑现，全部以日常业绩考核为基础。

◇ **分析要求**

对新华集团进行全面预算，掌握全面预算的编制方法。

◇ **分析提示与参考答案**

1. 目标利润的确定

在新华集团，目标利润是由全面预算管理委员会在公司董事会提出的预算编制方针指引下，先组织有关部门经过科学预测，再结合公司的整体发展规划、资本运营、管理上的改善、分厂实际年度的生产经营等情况来进行测定，然后交公司董事会审核确定。需要注意的是，通过预测确定的目标利润，既有集团公司的总目标利润，又有各分厂的子目标利润及集团进行资本运营所获得的收益。目标利润是施行预算管理的核心。目标一经确定便成为预算编制的总纲领，各分厂、部门在全面预算管理委员会的指导下围绕目标利润的实现进行预算编制，编制出的预算经全面预算管理委员会审议交董事会确定后，目标利润即为管理的导向。集团公司对分厂的管理控制和考核，也围绕目标利润进行。预算的制定和执行是自上而下的过程。对于各个独立的部门，由集团公司作为费用中心进行全面预算管理，部门的费用预算也是围绕集团公司目标利润的实现而制定，确定后，采取费用不可突破法进行管理，将费用控制在预算范围内。新华集团 2009 年各分厂实现的利润如表 8 – 17 所示。

表 8 – 17　2009 年新华集团各分厂利润表　　　　　　单位：万元

分　厂	实 际 利 润	结构百分比/%
棉纺厂	1 757.707 8	95.72
帆布厂	60.869 6	3.31

续表

分　　厂	实际利润	结构百分比/%
针织厂	7. 321 8	0. 4
制线厂	3. 733 3	0. 2
印染厂	6. 672 0	0. 37
合　　计	1 836. 304 5	100

根据集团公司的发展规划，2010 年要对棉纺厂进行技术改造，其新投入的资本来源除少部分靠银行贷款来解决外，主要依靠集团公司的内部积累。经预测，棉纺厂技术改造完成后，利润将增加 135. 353 万元；根据市场预测，帆布厂 2010 年将调整产品结构，淘汰原来的市场萎缩品种，增加生产市场畅销产品，预计利润将增加 9. 13 万元；其他各分厂也在巩固原有产品市场，制订新的市场开拓计划，利润都将有不同程度的增长。此外，集团新建热电厂将在 2010 年投产，预计投产后年可实现利润 380 万元；预计资本运营收益 323. 463 4 万元，综合预测后，集团公司利润的总增长幅度为 46. 5%。

根据以上预测情况，集团公司的目标利润初步确定为 2 690. 186 2 万元，利润状况如表 8 - 18 所示。

表 8 - 18　新华集团 2010 年利润预算表　　　　单位：万元

分　　厂	2009 年实际利润	利润增加额	利润增长/%	目 标 利 润	结　　构/%
棉纺厂	1 757. 707 8	135. 353 0		1 893. 060 8	70. 37
帆布厂	60. 869 6	9. 130 4		70. 000 0	2. 60
针织厂	7. 321 8	0. 732 2		8. 054 0	0. 30
制线厂	3. 733 3	1. 866 7		5. 600 0	0. 21
印染厂	6. 672 0	3. 336 0		10. 008 0	0. 37
热电厂		380. 000 0		380. 000 0	14. 13
资本运营收益		323. 463 4		323. 463 4	12. 02
合　　计	1 836. 304 5	853. 881 7	46. 5	2 690. 186 2	100

2. 销售预算的编制及责任落实

各分厂销售预算的编制和责任落实程序，是在目标利润确定的基础上进行的。预算期的销售量是结合市场需求情况和企业的生产能力确定的。对于销售预算、生产成本预算、费用预算来说，各分厂的编制原理、方法是一致的，集团公司综合预算是各分厂预算的汇总。为了简明扼要地说明问题，我们以新华集团最具有代表性的分厂——棉纺厂的预算数据，来说明预算的编制方法和控制程序。

棉纺厂目前的销售状况良好，基本上属于产销平衡，除了第 1 季度是销售淡季之外，企业基本上是全年满负荷生产。棉纺厂 2010 年的销售预算情况如表 8 - 19 所示。

棉纺厂 2010 年的成本、利润预算情况如表 8 - 20 所示。

表 8 – 19　棉纺厂 2010 年销售预算表

品名	单价/万元	第 1 季度		第 2 季度		第 3 季度		第 4 季度		合　计	
		数量/吨	金额/万元	数量/吨	金额/万元	数量/吨	金额/万元	数量/吨	金额/万元	数量/吨	金额/万元
40S	2.79	556.271 0	1 551.996 1	1 149.885 0	3 208.179 2	1 268.627 0	3 539.469 3	1 254.838 0	3 500.998 0	4 229.621 0	11 800.642 6
32S	2.477 058	325.828 0	807.094 9	518.416 0	1 284.146 5	518.416 0	1 284.146 5	511.703 0	1 267.518 0	1 874.363 0	4 642.905 9
10S	1.3	23.670 0	299.871 0	252.649 0	328.443 7	252.649 0	328.443 7	249.905 0	324.876 5	985.873 0	1 281.634 9
合计		1 112.769 0	2 658.962 0	1 920.950 0	4 820.769 4	2 039.692 0	5 152.059 5	2 016.446 0	5 093.392 5	7 089.857 0	17 725.183 4

表 8 – 20　棉纺厂 2010 年度成本、利润预算表

项目	单位	第1季度				第2季度				第3季度				第4季度				全年
		1月	2月	3月	小计	4月	5月	6月	小计	7月	8月	9月	小计	10月	11月	12月	小计	合计
一、产品产销量	吨	410.664 0	317.934 0	384.171 0	1 112.769 0	568.904 0	664.400 0	687.646 0	1 920.650 0	664.400 0	687.646 0	687.646 0	2 039.692 0	664.400 0	687.646 0	664.400 0	2 016.446 0	7 089.857 0
其中 40S	吨	206.290 0	158.935 0	191.046 0	556.271 0	308.730 0	413.683 0	427.472 0	1 149.885 0	413.683 0	427.472 0	427.472 0	1 268.627 0	413.683 0	427.472 0	413.683 0	1 254.838 0	4 229.621 0
32S	吨	120.246 0	93.096 0	112.486 0	325.828 0	175.043 0	168.330 0	175.043 0	518.416 0	168.330 0	175.043 0	175.043 0	518.416 0	168.330 0	175.043 0	168.330 0	511.702 0	1 874.363 0
10S	吨	84.128 0	65.903 0	80.639 0	230.670 0	85.131 0	82.387 0	85.131 0	252.649 0	82.387 0	85.131 0	85.131 0	252.649 0	82.387 0	85.131 0	82.387 0	249.905 0	985.873 0
二、销售额	万元	981.266 6	759.691 9	918.003 5	2 658.962 0	1 409.727 7	1 677.865 7	1 733.176 0	4 820.769 4	1 677.865 7	1 736.268 2	1 737.925 6	5 152.059 5	1 677.865 7	1 736.268 2	1 679.258 6	5 093.392 5	17 725.183 4
三、总变动成本	万元	705.341 1	546.602 3	659.964 5	1 911.907 9	988.734 5	1 166.558 0	1 203.958 3	3 359.250 8	1 166.555 8	1 207.095 1	1 208.657 6	3 582.308 5	1 166.555 8	1 207.044 7	1 167.830 7	3 541.431 2	12 394.898 4
直接材料成本	万元	555.228 0	429.854 8	519.499 6	1 504.582 4	805.070 0	958.857 4	989.198 2	2 753.125 6	958.857 0	992.335 5	997.902 9	2 949.095 4	958.857 0	992.306 7	956.184 4	2 907.348 1	10 114.151 5
直接动力成本	万元	62.010 3	48.008 0	58.009 8	168.028 1	85.904 5	100.324 4	103.834 5	290.063 4	100.324 5	103.834 5	103.834 5	307.993 4	100.324 4	103.834 5	100.266 5	304.425 4	1 070.510 3
其中 直接人工成本	万元	58.242 8	45.091 2	54.485 2	157.819 2	58.248 2	56.364 0	58.248 2	172.860 4	56.364 0	58.242 8	58.248 2	172.855 0	56.364 0	58.226 0	56.272 2	170.862 8	674.397 4
制造费用	万元	29.860 0	23.648 0	27.969 9	81.478 2	39.511 8	51.012 2	52.677 4	143.201 4	51.010 4	52.676 9	48.677 4	152.364 7	51.010 4	52.676 9	55.107 6	158.794 9	535.839 2
四、销售费用	万元	10.610 7	8.438 0	8.789 6	27.838 3	11.554 4	17.758 6	18.391 8	47.704 8	17.758 6	18.391 8	18.391 8	54.542 2	17.758 6	18.391 8	17.761 2	53.911 6	183.996 9
五、固定成本	万元	123.345 0	98.391 1	112.685 2	334.421 3	168.097 1	200.603 1	206.158 9	574.859 1	199.203 1	205.713 9	205.803 9	610.720 9	199.203 1	205.758 9	213.614 9	618.576 9	2 138.578 2
管理费用	万元	10.186 4	10.784 5	9.195 8	30.166 7	9.680 1	10.843 4	10.086 4	30.609 9	9.443 4	9.686 4	9.686 4	28.816 2	9.443 4	9.686 4	23.855 6	42.985 4	132.578 2
其中 分摊总公司固定成本	万元	113.158 6	87.606 6	103.489 4	304.254 6	158.417 0	189.759 7	196.072 5	544.279 2	189.759 7	196.027 5	196.117 5	581.904 7	189.759 7	196.072 5	189.759 3	575.591 5	2 006.000 0
六、税金	万元	36.569 2	24.659 9	37.963 4	99.192 5	91.113 2	113.899 4	119.401 7	324.414 3	115.301 6	119.802 1	119.807 0	354.910 7	115.301 6	119.807 5	101.022 5	336.131 6	1 114.649 1
七、利润	万元	105.400 6	81.600 8	98.600 8	285.602 0	150.228 5	179.046 6	185.265 5	514.540 4	179.046 6	185.265 5	185.265 3	549.577 2	179.046 6	185.265 3	179.029 3	543.341 2	1 893.060 8

3. 生产预算编制与生产成本的控制

对于企业的生产过程来说，编制生产预算一方面能够对预算年度的产量、材料、人工及动力等资源的需要量进行合理预计，以便统筹安排，另一方面将预算作为控制成本的依据，进行成本控制以保证目标利润的实现。下面是棉纺厂产品产量、库存预算及生产成本预算。生产成本预算包括直接材料预算、直接人工预算、直接动力预算及制造费用预算。

（1）棉纺厂产品产量、库存预算（如表 8-21 所示）。

表 8-21 棉纺厂 2010 年产品产量、库存预算表　　　　　单位：吨

产　品	项　　目	第 1 季度	第 2 季度	第 3 季度	第 4 季度	合　计
	期初库存	110. 385 0	110. 385 0	110. 385 0	110. 385 0	110. 385 0
40S	本期产销量	556. 271 0	1 149. 885 0	1 268. 627 0	1 254. 838 0	4 229. 621 0
	期末库存	110. 385 0	110. 385 0	110. 385 0	110. 385 0	110. 385 0
	期初库存	69. 287 0	69. 287 0	69. 287 0	69. 287 0	69. 287 0
32S	本期产销量	325. 828 0	518. 416 0	518. 416 0	511. 703 0	1 874. 363 0
	期末库存	69. 287 0	69. 287 0	69. 287 0	69. 287 0	69. 287 0
	期初库存	31. 258 0	31. 258 0	31. 258 0	31. 258 0	31. 258 0
10S	本期产销量	230. 670 0	252. 649 0	252. 649 0	249. 905 0	985. 873 0
	期末库存	31. 258 0	31. 258 0	31. 258 0	31. 258 0	31. 258 0

因为棉纺厂的产销量基本平衡，所以其预算年度内产量、期初库存与期末库存数保持一致。

（2）直接材料成本预算。

棉纺厂直接材料成本预算的编制，主要是考虑单位用料标准和单位原材料价格两个因素。单位产品用料标准参考同行先进水平并根据本企业实际情况制定，原材料单价依据公司采购的记录资料确定。棉纺厂直接材料成本预算如表 8-22 所示。

表 8-22 棉纺厂 2010 年直接材料成本预算表

产品　　项目	单位用棉量 /千克	原料单价 /（元/吨）	单位原料成本 /（元/吨）	总产量 /吨	总材料成本 /万元
40S	1 368	12 682. 099 4	17 349. 112	4 229. 621 0	7 338. 016 8
32S	1 168	10 852. 206 0	12 675. 377	1 874. 363 0	2 375. 825 8
10S	1 050	3 867. 096 0	4 060. 451	985. 873 0	400. 308 9
合　计				7 089. 857 0	10 114. 151 5

（3）直接动力成本预算。

新华集团各分厂所需电能的标准电费单价，是依据本地区适用的普通电费标准确定

的，每吨标准纱用量是按照国家统一标准来折合。棉纺厂的直接动力主要是电能。电费单价、每吨标准纱用电量、每品种折合标准纱系数相乘，便可以得到每个棉纱生产品种的动力单位成本，即生产每吨某品种棉纱的电费成本。某品种的动力单位成本与其相应的产量相乘，便可得到生产该产品的直接动力总成本。棉纺厂直接动力成本预算如表 8 – 23 所示。

表 8 – 23　棉纺厂 2010 年直接动力成本预算表

项目 产品	标准纱用电量 /千瓦时	电费单价 /元	吨纱折标准 21S 吨数/吨	动力单位成本 /元	产品产量 /吨	总动力成本 /万元
40S	1 400	0.598 0	2.180 6	1 825.598 3	4 229.621 0	772.158 9
32S	1 400	0.598 0	1.683 1	1 409.091 3	1 874.363 0	264.114 9
10S	1 400	0.598 0	0.414 8	347.270 6	985.873 0	34.236 5
合　计					7 089.857 0	1 070.510 3

（4）直接人工预算。

棉纺厂生产的棉纱有 3 个品种，各个品种的单位产品用工量均参考同行业先进水平，并根据本企业的实际水平确定。吨纱产品用工工资标准结合本地区的整体工资水平综合计算。依据这两个指标，便可计算出每个品种的吨纱直接人工成本，再乘以每个品种的总产量，便可得到每个品种的直接人工总成本。棉纺厂的直接人工成本预算如表 8 – 24 所示。

表 8 – 24　棉纺厂 2010 年直接人工成本预算表

项目 产品	吨纱产品用工	吨纱产品用工 工资标准/元	吨纱人工成本 /元	产品年产量 /吨	人工总成本 /万元
40S	75.896 4		1 156.767 4	4 229.621 0	489.268 8
32S	55.460 0	15.241 4	845.288 0	1 874.363 0	158.437 7
10S	17.763 1		270.734 5	985.873 0	26.690 9
合　计				7 089.857 0	674.397 4

（5）制造费用预算。

制造费用预算是不与特定产品或批量相关联、无法直接归属到某一产品成本中的一种费用，计入产品成本时需要在产品之间进行分配。需要说明的是，在新华集团，各分厂不直接提取折旧费，而由集团公司向各分厂提取综合固定费用，如折旧费、投资利息等，以逐步弥补公司的长期资本支出。所以，在棉纺厂制造费用预算中，除本厂固定费用外，还要承担集团公司收取的综合制造费用部分。综合固定费用预算由集团公司按照对分厂的资本投入规模确定，分厂必须向集团公司按预算额缴纳。综合固定费用将在后面的集团公司综合预算中说明。棉纺厂制造费用预算表及制造费用分配表如表 8-25、表 8-26 所示。

表 8-25 棉纺厂 2010 年制造费用预算表 单位：万元

项 目	年预算金额	月预算金额
机物料	69.999 9	5.833 3
大 修	129.600 0	10.800 0
包装料	223.002 0	18.583 5
水 暖	78.787 7	6.565 6
外 修	15.000 0	1.250 0
计量器具鉴定	0.600 0	0.050 0
技术比武运动会	18.849 6	1.570 8
合 计	535.839 2	44.653 2

表 8-26 棉纺厂 2010 年制造费用分配表

产品	年折标准纱产量/吨	分 配 率	应 分 配 额/万元	吨纱制造费用/元
40S	11 927.531 0		388.762 5	919.142 6
32S	3 861.750 0	0.032 593 71	125.868 8	671.528 4
10S	650.676 0		21.207 9	215.118 0
合 计	16 439.957 0		535.839 2	

（6）单位产品成本预算。

将棉纺厂直接材料成本预算、直接动力成本预算、直接人工成本预算和制造费用预算汇总，就可得到棉纺厂单位产品生产成本预算和产品总成本预算。棉纺厂单位产品生产成本预算和产品总成本预算如表 8-27、表 8-28 所示。

表 8-27 棉纺厂 2010 年单位产品生产成本预算表 单位：元

产品 项 目	40S	32S	10S
直接材料	17 349.112 0	12 675.377 0	4 060.451 0
直接人工	1 156.767 4	845.288 0	270.734 5
直接动力	1 825.598 3	1 409.091 3	347.270 6
制造费用	919.142 6	671.528 4	215.118 0
合 计	21 250.620 3	15 601.284 7	4 893.574 1

表 8 – 28　棉纺厂 2010 年产品总成本预算表　　　　　单位：元

项　目　＼　产　品	40S	32S	10S	合　计
产品产量/吨	4 229.621 0	1 874.363 0	985.837 0	7 089.857 0
直接材料	7 338.016 8	2 375.825 8	400.308 9	10 114.151 5
直接人工	489.268 8	158.437 7	26.690 9	674.397 4
直接动力	772.158 9	264.114 9	34.236 5	1 070.510 3
制造费用	388.762 5	125.868 8	21.207 9	535.839 2
合　计	8 988.207 0	2 924.247 2	482.444 2	12 394.898 4

单位产品成本预算是成本控制的依据，各分厂应严格按照预算标准组织产品的生产活动，这一成本标准也是考核分厂控制活动的依据。

4. 费用预算的编制

新华集团，各分厂的销售活动和管理活动是由分厂独立进行的，各分厂销售费用预算和管理费用预算是根据需要分别设置相应的项目进行编制的。棉纺厂 2010 年销售费用预算表如表8 – 29所示。

表 8 – 29　棉纺厂 2010 年销售费用预算表　　　　　单元：万元

项　目	年预算金额	月预算金额
销售折扣	55.324 1	4.610 3
差旅费	11.453 1	0.954 4
运杂费	113.219 7	9.435 0
通信费	4.000 0	0.333 3
合　计	183.996 9	15.333 0

管理费用预算如表8 – 30所示。

表 8 – 30　棉纺厂 2010 年管理费用预算表　　　　　单元：万元

项　目	年预算金额	月预算金额
差旅费	1.200 0	0.100 0
办公费	2.700 0	0.225 0
培训费	1.800 0	0.150 0
年终奖	56.000 4	4.666 7
咨询费	36.460 0	3.038 3
微机室	1.000 0	0.083 3
节日补助	2.800 0	0.233 3

续表

项　目	年预算金额	月预算金额
会务费	0.900 0	0.075 0
免检费	0.500 0	0.041 7
车　辆	11.177 8	0.931 5
认证费	1.400 0	0.116 7
技术革新奖励基金	0.840 0	0.070 0
其　他	15.800 0	1.316 7
合　计	132.578 2	11.048 2

　　各分厂除了本厂发生的管理费用之外，还要分摊集团公司的部分综合固定费用。分摊的数额由集团公司统筹规划，根据对分厂的资本投入规模和分厂的具体情况确定。根据集团公司固定管理费用分摊基准，棉纺厂需要承担集团公司固定管理费用 2 006 万元。棉纺厂分摊集团公司综合管理费用预算表如表 8 - 31 所示。

表 8 - 31　棉纺厂分摊集团公司综合管理费用预算表

产　品	年产量折标准纱产量/吨	分　配　率	应 分 配 额/万元	吨纱管理费用/元	月　平　均/万元
40S	11 927.531 0		1 455.394 7	3 440.957 7	121.282 9
32S	3 861.750 0	0.122 197 83	471.209 9	2 513.973 5	39.267 5
10S	650.676 0		79.395 4	805.330 9	6.616 3
合　计	16 439.957 0		2 006.000 0		167.166 7

　　由集团公司统筹规划资本层面上的运营，各分厂固定资产投入也应按相应的预计发生额分摊。

5. 费用预算的分配与考核

　　将生产经营过程中发生的各种费用与产品的产销量挂钩，对其进行考核、分析并在产品之间进行分配，并不是为了计算财务会计上所需要的产品成本。因为在各种费用中，除了制造费用计入产品成本以外，销售费用、管理费用和财务费用是不计入产品成本的。将这些不计入产品成本的期间费用按照产品品种和产销量进行分配，完全是出于管理上的需要。一方面，分配的标准成为衡量费用预算控制的重要指标，以及进行差异分析的一个重要因素；另一方面，通过费用与品种和产销量的配比，容易客观地评价费用的控制水平和每种产品的利润情况。棉纺厂生产经营活动发生的销售费用和管理费用在预算的产销量之间进行分配，形成销售费用和管理费用分配表。棉纺厂销售费用分配表如表 8 - 32 所示。

表 8 - 32　棉纺厂 2010 年销售费用分配表

产品	折标准纱产量 /吨	分配率	应分配额 /万元	吨纱销售费用 /元
40S	11 927.531 0		133.493 6	315.615 9
32S	3 861.750 0	0.011 920 54	43.220 9	230.589 8
10S	650.676 0		7.282 4	73.867 5
合　计	16 439.957 0		183.996 9	

棉纺厂管理费用分配表如表 8 - 33 所示。

表 8 - 33　棉纺厂 2010 年管理费用分配表

产品	年产量折标准纱 产量/吨	分配率	应分配额 /万元	吨纱管理费用 /元	月平均/万元
40S	11 927.531 0		96.188 3	227.415 9	8.015 7
32S	3 861.750 0	0.008 064 39	31.142 7	166.150 8	2.595 2
10S	650.676 0		5.247 2	53.223 8	0.437 3
合　计	16 439.957 0		132.578 2		11.048 2

如前所述，棉纺厂还要分摊集团公司的综合固定管理费用，这样，将销售费用、管理费用和所承担的集团公司综合固定管理费用汇总，便形成了棉纺厂综合管理费用分配表。棉纺厂综合管理费用分配表如表 8 - 34 所示。

表 8 - 34　棉纺厂 2010 年综合管理费用分配表

产品	年产量折标准 纱产量/吨	分配率		应分配额			吨纱管理 费用/元	月平均 /万元
		总公司	分　厂	总公司 /万元	分　厂 /万元	合　计		
40S	11 927.531 0	0.122 019 783	0.008 064 39	1 455.394 7	96.188 3	1 551.580 3	3 668.373 6	129.298 6
32S	3 861.750 0			471.209 9	31.142 7	502.352 6	2 680.124 3	41.862 7
10S	650.676 0			79.395 4	5.247 2	84.642 6	858.554 8	7.053 6
合计	439.957 0			2 006.000 0	132.578 2	138.578 2		178.214 9

6. 综合预算

新华集团的综合预算包括两个层面的内容：一是分厂综合预算，将分厂的销售预算、生产预算、费用预算综合起来，形成分厂的综合预算；二是将分厂预算与集团公司的部门预算进行汇总，形成整个集团公司的综合预算。

1）分厂综合预算

分厂综合预算除了要有收入、成本和费用指标以外，还要考虑到流转税的情况。棉纺厂

2010 年利润预算如表 8 – 35 所示。

表 8 – 35　棉纺厂 2010 年利润预算表　　　单位：万元

产品	销售收入	销售成本	销售费用	管理费用			预算利润（含税）	税金（销项 – 进项）	预算利润（不含税）
				本厂	总公司	合计			
1	2	3	4	5	6	7	8 = 2 – 3 – 4 – 7	9	10 = 8 – 9
40S	11 800.642 6	8 988.207 0	133.493 6	96.188 3	1 455.394 7	1 551.583 0	1 127.359 0		
32S	4 642.905 9	2 924.247 2	43.220 9	31.142 7	471.209 9	502.352 6	1 173.085 2	1 114.649 1	1 893.060 8
10S	1 281.634 9	482.444 2	7.282 4	5.247 2	79.395 4	84.642 6	707.265 7		
合计	17 725.183 4	394.898 4	183.996 9	132.578 2	2 006.000 0	2 138.578 2	3 007.709 9	1 114.649 1	1 893.060 8

也可以将综合利润预算细化，使分厂的收入、成本费用预算都集中体现于 1 张表中，如表 8 – 35 所示是棉纺厂的综合预算。

依据表 8 – 28、表 8 – 29 和表 8 – 31 提供的现金流量情况，可以编制棉纺厂现金流量预算表。棉纺厂上期赊销本期收现额为 200 万元，棉纺厂现金流量预算如表 8 – 36 所示。

表 8 – 36　棉纺厂 2010 年现金流量预算表　　　单位：万元

项　　目	现金收入	现金支出	现金余额
期　　初			1 200.000 0
上期赊销本期收现额	200.000 0		
本期现金收入	17 525.183 4		
本期现金支出　直接材料		10 114.151 5	
直接动力		1 070.510 3	
直接人工		674.397 4	
制造费用		535.839 2	
销售费用		183.996 9	
管理费用		132.578 2	
上交税金		1 114.649 1	
上交总公司固定费用		2 006.000 0	
上交总公司利润		1 893.060 8	
小　　计		17 725.183 4	
期　　末			1 200.000 0

2）集团公司综合预算

集团公司综合预算是对分厂预算与集团公司各部门预算，以及集团公司费用预算的汇总，只要将公司各部门费用预算汇总起来，再与前面分厂的综合预算汇总，便形成集团公司的综合预算。集团公司的部门预算包括：综合性费用预算、公司总部费用预算、总务部费用预算、财务部费用预算、供应部费用预算、人力资源部费用预算。需要说明的是，公司财务部费用预算包括预算部费用预算，总务部费用预算包括物价管理委员会、改善提案委员会费用预算。

（1）综合性费用预算。

综合性费用预算是指集团公司的折旧费、福利费、奖金、工会经费等综合性支出。新华集团2010年的综合性费用支出预算如表8－37所示。

表8－37　新华集团2010年综合性费用支出预算表　　　　单位：万元

项　目	金　额	结构百分比/%
折　旧	1 223.463 4	62.95
利　息	600.000 0	30.87
福利基金	3.600 0	0.19
厂长奖金	12.000 0	0.62
防暑降温费	2.000 0	0.10
保险费	7.336 0	0.38
工会经费	0.600 0	0.03
过节费	20.000 0	1.03
年终综合奖	12.000 0	0.62
大型办公用品购置	3.600 0	0.19
预算外支出	30.000 0	1.54
大修基金	12.000 0	0.62
养老保险金	16.000 0	0.82
微机室	0.240 0	0.01
环保费	0.600 0	0.03
合　计	1 934.439 4	100

（2）集团总部费用预算。

集团总部费用预算涉及集团公司总部的办公费、交际费、质量年检费、技术咨询费及新产品开发费等项目。2010年新华集团公司总部费用预算如表8－38所示。

表8－38　新华集团2010年总部费用预算表　　　　单位：万元

项　目	金　额	结构百分比/%
办公费	3.000 0	3.50
交际费	21.600 0	25.17

项　　目	金　　额	结构百分比/%
新产品开发费	20. 000 0	23. 31
差旅费	18. 000 0	20. 98
电话费	3. 600 0	4. 20
文体宣传费	3. 000 0	3. 50
外宾费	12. 000 0	13. 99
会议协会费	2. 000 0	2. 33
质量年检费	0. 800 0	0. 93
技术咨询费	1. 800 0	2. 09
合　　计	85. 800 0	100

（3）总务部费用预算。

总务部费用预算包括节日补助、警卫费、防暑降温费、劳保费、车辆费等项目及物价管理委员会、改善提案委员会的一些费用项目。2010 年新华集团总务部费用预算如表 8 - 39 所示。

表 8 - 39　新华集团总务部 2010 年费用预算表　　　　单位：万元

项　　目	金　　额	结构百分比/%
节日补助	0. 339 5	0. 47
办公费	0. 273 6	0. 38
交际费	0. 960 0	1. 32
工资、奖金	34. 844 4	47. 93
差旅费	0. 264 0	0. 36
机物料	0. 235 8	0. 32
警卫消防费	1. 305 7	1. 80
茶水费	6. 254 7	8. 60
劳保费	4. 678 8	6. 44
电费	6. 798 7	9. 35
零星医疗	0. 316 0	0. 43
电话费	1. 440 0	1. 98
文体宣传费	0. 506 5	0. 70
捷达车	3. 480 7	4. 79

续表

项　目	金　额	结构百分比/%
微型车	1.453 4	2.00
皇冠车	0.160 6	0.22
奔驰车	8.100 1	11.14
园林费	0.942 1	1.30
办公楼	0.055 2	0.08
其他费用	0.285 6	0.39
合　计	72.695 4	100

（4）财务部费用预算。

新华集团财务部及预算部的办公费、交际费、工资、奖金、差旅费等项目，在财务部费用预算中列示。新华集团 2010 年财务部预算如表 8-40 所示。

表 8-40　新华集团 2010 年财务部预算表　　　　　　　单位：万元

项　目	金　额	结构百分比/%
伙食补助	4.406 7	16.90
办公费	0.144 0	0.55
交际费	0.360 0	1.38
工资、奖金	3.727 2	14.30
差旅费	0.096 0	0.37
工资、奖金（厂级负责人）	14.644 8	56.16
银行手续费	1.200 0	4.60
微机室	0.554 4	2.13
会务费	0.108 0	0.41
租车费	0.180 0	0.69
财务票据购置	0.390 0	1.50
驻厂信贷费用	0.264 0	1.01
合　计	26.074 8	100

（5）供应部费用预算。

新华集团供应部是集团公司材料采购的综合部门。该部门发生的一些日常和年终费用，办公费、交际费、差旅费、工资、奖金等，在供应部费用预算中列示。新华集团 2010 年供应部的费用预算如表 8 – 41 所示。

表 8 – 41　新华集团 2010 年供应部费用预算表　　　　　　单位：万元

项　　目	金　　额	结构百分比/%
办公费	0.480 0	2.69
交际费	1.200 0	6.72
工资、奖金	5.004 0	28.03
差旅费	1.620 0	9.07
运杂费	3.357 6	18.81
丰田车	3.468 0	19.42
电话费	2.224 8	12.46
会务费	0.100 0	0.56
业务补助费	0.400 0	2.24
合　　计	17.854 4	100

（6）人力资源部费用预算。

人力资源部费用支出，如办公费，电话费、差旅费、工资、奖金等在人力资源部费用预算中列示。新华集团人力资源部 2010 年费用预算如表 8 – 42 所示。

表 8 – 42　新华集团人力资源部 2010 年费用预算表　　　　　　单位：万元

项　　目	金　　额	结构百分比/%
办公费	0.060 0	0.99
工资、奖金	3.648 0	60.08
差旅费	0.600 0	9.88
电话费	1.680 0	27.67
微机室	0.084 0	1.38
合　　计	6.072 0	100

（7）新华集团综合预算。

综合上述部门费用预算和各分厂预算，便形成新华集团公司的综合预算。在新华集团综合收入预算中，有固定管理费用一项，它是集团公司向分厂收取的用于弥补集团公司资本性支出、折旧及利息的费用。各分厂缴纳数额的确定主要是以分厂占用的资产规模为依据。新华集团 2010 年综合收入与综合支出预算如表 8 – 43、表 8 – 44 所示。

表 8 – 43　新华集团 2010 年综合收入预算表　　　　　　　单元：万元

项　目	总　收　入		
	固定管理费用（含折旧）	分厂利润	小　计
棉纺分厂	2 006.000 0	1 893.060 8	3 899.060 8
帆布分厂	230.000 0	70.000 0	300.000 0
针织分厂	21.936 0	8.054 0	29.990 0
制线分厂		5.600 0	5.600 0
印染分厂		10.008 0	10.008 0
热电厂		380.000 0	380.000 0
资本运营收益		323.464 3	323.463 4
合　计		2 690.186 2	4 948.122 2

表 8 – 44　新华集团 2010 年综合支出预算表　　　　　　　单位：万元

部　门	支出金额	备　注
综合性费用	719.976 0	
集团总部	85.800 0	
总务部	72.695 4	
财务部	26.074 8	
供应部	17.854 4	
人力资源部	6.072 0	
合　计	928.472 6	

　　综合收入减去综合支出为预算利润，预算利润减去企业应缴所得税为净利润。有了综合收入、综合支出，结合所得税应缴税额即可编制预算利润。新华集团 2010 年预算利润如表 8 – 45 所示。

表 8 – 45　新华集团 2010 年预算利润　　　　　　　单位：万元

项　目	金　额
综合收入	4 948.122 2
综合支出（含折旧 1 223.463 4 万元）	2 151.936 0
预算利润	2 796.186 2
所得税费用	922.741 4
净利润	1 873.444 8

　　集团综合预算利润为 2 796.186 2 万元，比开始预测的目标利润 2 690.186 2 万元多 106

万元，是因为集团公司在预算编制过程中对一些支出项目进行了必要的压减。因此，也使利润增长率有所变化，由原来的 42.6% 变为 52.3%。

如果产品销售过程中都是现销，而无赊销情况，综合收入等于现金收入；同时企业应支付的费用也及时付现，综合支出等于现金支出，那么，便可结合期初现金余额、银行存款、技改投入等数据，把综合收入、支出数额作为现金收入、支出数额，据以编制现金流量表。新华集团 2010 年现金流量如表 8 - 46 所示。

表 8 - 46　新华集团 2010 年现金流量表　　　　　　单位：万元

项　　　目	现 金 收 入	现 金 支 出	现 金 余 额
期　　初			1 000.000 0
银行存款	2 200.000 0		
现金收入	4 948.122 2		
综合性费用		719.976 0	
公司总部费用		85.800 0	
总务部费用		72.695 4	
财务部费用		26.074 8	
供应部费用		17.854 4	
人力资源部费用		6.072 0	
上交所得税		922.741 4	
技改投资		5 000.000 0	
小　　计		6 851.214 0	
期　　末			1 296.908 2

7. 预算执行差异分析

预算的执行差异分析与预算的编制一样，也在两个层面上进行：一是分厂的预算执行差异分析，二是部门的预算执行差异分析。考虑到事物的同质性，各分厂、部门的预算执行差异分析的基本原理是一致的，这里只介绍具有代表性的棉纺厂和总务部的预算执行差异分析过程。

（1）分厂预算执行差异分析。

对于分厂来说，必须围绕目标利润这一目标展开工作，集团公司对分厂及分厂负责人的经营业绩评价也围绕这一目标进行。

（2）新华集团利润全面预算管理的差异分析处理及奖惩措施。

新华集团对预算差异的分析处理，坚持不同项目不同处理的原则。具体的预算差异分析处理及奖惩措施如下。

① 对费用预算实行不可突破的方法。各分厂、部门的费用预算指标确定后，即输入计算机管理系统，修改权由全面预算管理委员会控制，某项费用预算如有突破，计算机系统会自动拒付。同时费用预算由预算部进行日常监控，严格执行利润全面预算管理制度规定，每

月进行一次分析，并形成差异分析报告提交全面预算管理委员会。

②对生产量、原材料、机物料、可变费用、销售额、利润等预算指标实行车间、分厂、总公司三级控制。车间一日一分析，分厂对车间一日一督查，及时发现存在的问题并分析其原因，采取有效措施进行事前控制。预算部对分厂的预算执行情况一月一分析，并形成差异分析报告提交全面预算管理委员会。为调动预算执行者的积极性，集团公司制定一系列激励政策，设立经营者奖、效益奖、节约奖、改善提案奖等奖项。

③经营者奖是集团公司为激励经营者即分厂厂长而设置的奖项；以年度为单位，根据利润实际完成情况计算奖励金额。超额完成预算，按实际与利润预算差额部分的3%～5%奖励分厂厂长；完不成预算则予以惩罚，按实际与利润预算差额的2%处以罚金。

以上奖项的实施、兑现，全部以日常的业绩考核为准。

■ 小讨论

（1）根据新华集团全面预算管理委员会的职责条款，分析其是否充分发挥了主要职能，并简要说明应补充的内容。

（2）新华集团采用的目标利润预算管理与传统的预算管理有何不同？你认为哪一种形式更适合市场经济的要求？

（3）新华集团全面预算管理的体系构成包括哪些方面？它们之间的关系如何？

（4）以新华集团利润全面预算管理制度为基础，分析该公司预算编制的方针是什么？你认为还有哪些方面需要改进？

（5）分析预算考评应遵循的原则。新华集团在遵循预算考评原则方面还有哪些问题需要考虑？

（6）分析新华集团采用的激励约束机制，并简要说明其施行的效果如何？

（7）新华集团的全面预算有何优点？又有何缺陷？

（8）新华集团预算管理委员会和预算部的关系如何？其职责各是什么？

◤ 本章关键词中英文对照

1. 财务预算　　　　　　financial budget
2. 全面预算　　　　　　complete budget
3. 销售预算　　　　　　sale budget
4. 生产预算　　　　　　produce budget
5. 现金预算　　　　　　cash budget
6. 预计利润表　　　　　estimate income statement
7. 预计资产负债表　　　estimate balance sheet

纳税筹划案例分析

【本章内容与要点】

本章包括商家利用不同促销方式的筹划、投资时的纳税筹划、个人所得税纳税筹划、企业所得税纳税筹划、固定资产折旧筹划、企业合并中的税务筹划策略、巧用纳税人身份节省税款和成套销售未必好等 11 个案例。结合国内税务制度的特点，对纳税筹划基本知识进行讲解，通过案例分析把纳税筹划理念具体运用到企业日常成本管理、采购与销售管理、利润分配管理、企业新设、合并与拆分、投融资等各个经营环节，帮助企业建立健全高效、合法的纳税制度与财务管理制度。

9.1　商家利用不同促销方式的筹划

◇ 分析目的

较常见的让利促销活动主要有打折、赠送，其中赠送又可分为赠送实物（或购物券）和返还现金两种情况。本案例具体分析商家在业务活动中涉及的税种及承担的税负，以选择较为恰当的促销方式。

◇ 分析资料

某商场商品的销售利润率为 40%，即销售 100 元商品，其成本为 60 元。商场是增值税一般纳税人，购货均能取得增值税专用发票。为了促销，商场欲采用 3 种方式：

① 商品 7 折销售；

② 购物满 100 元，赠送价值 30 元的商品（成本 18 元，均为含税价）；

③ 购物满 100 元，返还 30 元现金。

◇ 分析要求

分析比较商家采用以上 3 种促销方式分别涉及的税种及应承担的税负。

◇ **分析重点**

商场对外销售商品，要考虑增值税销项税额的计算，赠送商品或返还现金还要考虑代收的个人所得税额，最后计算企业所得税。

◇ **分析提示与参考答案**

假定消费者同样是购买一件价值100元的商品，对于商家来说以上3种方式的应纳税情况及利润情况如下（暂不考虑城建税和教育费附加）。

（1）商品7折销售。

价值100元的商品售价70元。

应缴增值税额 $= [70 \div (1 + 17\%)] \times 17\% - [60 \div (1 + 17\%)] \times 17\% = 1.45$（元）。

利润额 $= 70 \div (1 + 17\%) - 60 \div (1 + 17\%) = 8.55$（元）。

应缴所得税额 $= 8.55 \times 25\% = 2.14$（元）。

税后净利润 $= 8.55 - 2.14 = 6.41$（元）。

（2）购物满100元，赠送价值30元的商品。

销售100元商品：应缴增值税额 $= [100 \div (1 + 17\%)] \times 17\% - [60 \div (1 + 17\%)] \times 17\% = 5.81$（元）。

赠送30元商品视同销售：应缴增值税额 $= [30 \div (1 + 17\%)] \times 17\% - [18 \div (1 + 17\%)] \times 17\% = 1.74$（元）。

合计应缴增值税额 $= 5.81 + 1.74 = 7.55$（元）。

税法规定，为其他单位和部门的有关人员发放现金、实物等应按规定代扣代缴个人所得税；税款由支付单位代扣代缴。为保证让利顾客30元，商场赠送的价值30元的商品应不含个人所得税额，该税应由商场承担。因此，赠送该商品时商场需代顾客缴纳的个人所得税额为：$[30 \div (1 + 20\%)] \times 20\% = 5$（元）。

利润额 $= 100 \div (1 + 17\%) - 60 \div (1 + 17\%) - 18 \div (1 + 17\%) - 5 = 13.8$（元）。

由于赠送的商品成本及代顾客缴纳的个人所得税款不允许税前扣除，因此应纳企业所得税额 $= [100 \div (1 + 17\%) - 60 \div (1 + 17\%)] \times 25\% = 8.55$（元）。

税后净利润 $= 13.8 - 8.55 = 5.25$（元）。

（3）购物满100元，返还现金30元。

应缴增值税额 $= [100 \div (1 + 17\%) - 60 \div (1 + 17\%)] \times 17\% = 5.81$（元）。

应代顾客缴纳个人所得税额为5元（计算同上）。

利润额 $= 100 \div (1 + 17\%) - 60 \div (1 + 17\%) - 30 - 5 = -0.81$（元）。

应纳所得税额为8.55元（同上）。

税后净利润 $= -0.81 - 8.55 = -9.36$（元）。

上述 3 种方案中，方案 1 最优，方案 2 次之，方案 3 最差。但如果前提条件发生变化，则方案的优劣会随之改变。

从以上分析可以看出，顾客购买价值 100 元的商品，同样是让利 30 元，但对于商家来说税负和利润却大不相同。因此，当制定一项经营决策时，首先要进行相关的税务问题筹划，以降低税收成本，获取最大的经济效益。

◇ 基本知识点

税务筹划，是指纳税人依据所涉及的现行税法（并不限一国一地），在遵守税法、尊重税法的前提下，运用纳税人的权利，根据税法中的"允许"与"不允许"、"应该"与"不应该"，以及"非不允许"与"非不应该"的项目、内容等，进行旨在减轻税负的谋划与对策，具有非违法性、超前性、动态性、低风险和高效益性等特点。偷税、逃税、抗税、骗税等行为，因其与税法相抵触，不是税务筹划行为。

9.2 投资时的纳税筹划

◇ 分析目的

企业为了保证投资决策的正确有效，必须进行投资项目的可行性分析，从而确定不同项目的优劣。企业投资的税收筹划大致可以分为两类，第一类是在进行投资环境分析时将税收作为一项因素。投资环境包括政治形势、经济发展、资源供应、基础设施、通货膨胀及政府政策等方面，其中政府政策就包括税收政策。投资者应认真考虑税种、税率、减免税等各方面规定。第二类是在投资项目、投资方式等不同方案的选择中，考虑税收对投资收益的影响。这一类税收筹划将在具体预测某种投资行为的过程中，比较税收对投资收益的影响，从而选择收益最大的方案。

◇ 分析资料

某企业投资房地产业 1 000 万元，3 年后建成的房地产价值 2 500 万元。如果将房产出售可得到 1 500 万元的收益，出售过程中另发生其他费用 75 万元；如果将房产出租则年租金收入 120 万元，出租过程中另发生其他费用 30 万元，年利率 6%。

◇ 分析要求

分析比较房地产销售业和租赁业哪种行业的利润高。

◇ **分析重点**

房地产销售业和租赁业哪种行业的利润高呢？这不仅需要考虑价格、利息等因素，还要考虑税收因素，尤其是对出售房地产开征土地增值税以后，这种超率累进税率最高为60%，而出租则只缴5%的营业税。人们往往认为房产出租比出售合算，不少人将房地产出售改为出租来作为避税的一种手段。实际上不能只是单纯地看一两个税种，也不能只考虑税收。税收只是影响利润的一个因素，应该全面地分析比较企业所面临的各种经济因素，制定不同的计划，从中选择税负最轻、收益最大的计划。

◇ **分析提示与参考答案**

1. 方案1：出售

企业投资房地产业1 000万元，3年后建成的房地产价值2 500万元，房产出售可得到1 500万元的收益。这1 500万元的收益所应缴纳的各种税款如下。

① 营业税 = 房产收入额 × 建筑业税率 + 房产收入额 × 转让不动产税率 = 2 500 × 3% + 2 500 × 5% = 200（万元）。

② 印花税 = 房产收入额 × 印花税税率 = 2 500 × 0.05% = 1.25（万元）。

③ 城市维护建设税 = 营业税额 × 城市维护建设税税率 = 200 × 7% = 14（万元）。

④ 教育费附加 = 营业税额 × 征收率 = 200 × 3% = 6（万元）。

⑤ 土地增值额 = 1 500（万元）。

土地增值率 = 土地增值额/扣除项目 × 100% = 1 500 /1 000 × 100% = 150%。

土地增值税 = 土地增值额 × 适用税率 – 扣除项目 × 速算扣除率
= 1 500 × 50% – 1 000 × 15% = 600（万元）。

⑥ 其他各种费用为75万元。

所得税前利润 = 1 500 – 821.25 – 75 = 603.75（万元）。

企业所得税 = 603.75 × 25% = 150.937 5（万元）。

税后利润 = 603.75 – 150.937 5 = 452.812 5（万元）。

2. 方案2：出租

如果房产出租则年租金120万元，应缴纳的各种税款如下。

① 房产税 = 年租金 × 房产税税率 = 120 × 12% = 14.4（万元）。

② 城镇土地使用税 = 定额税率 × 土地使用面积 = 10（万元）。

③ 营业税 = 租金 × 营业税税率 = 120 × 5% = 6（万元）。

④ 城市建设维护税 = 营业税额 × 城建税税率 = 6 × 7% = 0.42（万元）。

⑤ 印花税 = 租金 × 印花税税率 = 120 × 1% = 1.2（万元）。

⑥ 教育费附加 = 营业税额 × 征收率 = 6 × 3% = 0.18（万元）。

⑦ 其他费用为 30 万元。

年利润 = 120 – 30 – 32. 2 = 57. 8（万元）。

所得税费用 = 年利润 × 25% = 57. 8 × 25% = 14. 45（万元）。

税后利润 = 57. 8 – 14. 45 = 43. 35（万元）。

该项房产出租年净收入为 43. 35 万元，按年利率 6% 计算，预期 10 年收益的现值为 319. 056 万元（43. 35 万元 × 7. 36）。这两种计划表明，房产出售的收益高于出租 100 多万元（452. 812 5 万元 – 319. 056 万元），即使忽略通货膨胀的因素，企业也应该选择房屋出售。当然，上述筹划只是在预定条件下的结果，在现实中面对种种不确定的经济因素，也可能会得出相反的结果。

◇▌ *基本知识点*

企业纳税筹划的主要方法

纳税筹划的方法非常多，可以从不同的角度总结出各种各样的方法。例如，纳税的主要根据是收入指标和费用成本指标，通常的筹划方法就是分散收入法，转移收入法，针对费用采用费用分摊法或增加费用法等。纳税筹划的基本方法有以下 5 种。

1. 充分利用现行税收优惠政策

充分利用国家现行的税收优惠政策进行纳税筹划，是纳税筹划方法中最重要的一种。

税收优惠政策是国家为鼓励某些产业、地区和产品的发展，特别制定的一些优惠条款以达到从税收方面对资源配置进行调控的目的。企业进行纳税筹划必须以遵守国家税法为前提，如果企业运用优惠政策得当，就会为企业带来可观的税收利益。我国的税收优惠政策比较多，企业应充分了解、掌握国家的优惠政策。

我国的税收优惠政策涉及范围非常广泛，包括对产品的优惠、对地区的优惠、对行业的优惠和对人员的优惠等。

企业不能改变税率高的法律事实，但可以通过掌握税收优惠政策来自觉地采用一些能最大限度地减少企业纳税负担的纳税筹划方法。

比如：我国规定，任何企业在吸纳下岗人员方面都有新的优惠政策，其涉及的行业非常广泛。若企业属于服务性质，假设其吸纳的下岗再就业人员的比例达到公司员工比例的 30% 以上，且该企业是新办的，那么企业就可以向主管税务机关申请，要求免征 3 年的企业所得税。

企业在不同地区注册，如开发区、高新区、沿海经济特区或中西部地区，所享受的优惠政策都各不相同。

2. 选择最优纳税方案

纳税筹划的第 2 个方法是在多种纳税方案中，选择最优的纳税方案。企业在开展各项经营活动之前，需要有很多的替代方案。经济学实际上是"选择"的概念，使得资源配置最合理，从而使投入产出比最佳。纳税筹划遵循经济学的一些基本要求，不同的经营活动安排对应不同的缴税情况。在这种情况下，企业应当尽量选择交税最少、收益最大的方案。

比如：民营企业的业主或董事个人想买股票，有两种选择：① 通过公司的账户把资金打到证券公司的营业部；② 以个人的名义到证券公司开户。在股票上涨、挣到钱的情况下，哪一种方式给他带来的税收收益最大呢？由于我国现在对个人买卖股票差价的所得，没有征收个人所得税，所以，以个人的名义到证券公司开户的方式所带来的税收收益最大。如果以公司的名义购买股票，投资的收益就要补交相应的所得税税款，这样就加大了税负。若预计未来能够有 10 万元的股票收益，那么就要补交 25% 的企业所得税；相反，个人买卖除了缴纳一些佣金和印花税以外，不用再缴纳其他任何税种。

3. 充分利用税法及税收文件中的一些特定的条款

尽量利用税法及税收文件中的一些特定的条款是纳税筹划的第 3 种方法。采用这种纳税筹划方法要求企业对国家的税收政策有充分的了解。

比如：某企业把母公司生产的产品移送到外地的分公司，其账面上作了减少库存商品的处理，而不是销售。如果国税部门稽查发现，其库存商品减少是从一个机构移向了区外或者县外的另一个机构，那么应视同为销售，令其补交增值税，甚至还有可能罚款。企业面临这样的裁定，是因为税务部门根据《增值税暂行条例细则的有关规定》而作出了决定。如果企业提供不出相应的文件，就只有被迫接受裁定，但是如果纳税筹划人员或者企业办税人员了解到国家还有一个新的政策来补充这项规定，就可以依据规定办事。1998 年国家税务总局有一个文件指明企业在向其分支机构移送货物时，如果由总机构开票，并且由总机构收管，那么总机构向分支机构移送货物时，就不能被视同为销售。这里有两个关键点：① 必须是由总机构开票；② 必须是由总机构向客户直接收款。如果这两点都具备，税务部门的认定就需要服从 1998 年文件的要求。因此企业不但要了解一些税收优惠政策，还要了解一些税收的具体政策。

4. 充分利用财务会计规定

纳税筹划的第 4 个方法是指企业应当充分利用财务会计的规定。如果财务会计规定与税法有冲突，根据法律的规定，财务会计规定应当服从于税法的调整。如果税法作出规定，企业运作就要满足税法的要求；如果税法没有作出规定，税法就要自动地服从于会计的规定。我国目前颁布了新的企业会计制度，这些新的企业会计制度如果没有与税法相冲突的，那么税务部门在检查企业纳税的情况下，如果找不到相应的税收政策，就需要服从于财务会计规定。

比如：企业对外捐赠产品，或赠送一些产品给客户或者本企业的职工，这就视同销售，需要缴纳增值税。但是视同销售以后，就存在着缴纳所得税的账务处理的问题。目前，我国对视同销售所得税的账务处理没有统一的规定，税法没有统一规定，税收政策也没有统一规定，这时企业应该利用财务会计的规定，采用优先的方法。财务会计规定有两个方面：① 将企业视同销售的产品按照市场价格调成产品销售收入，然后取得相应的成本；② 由于视同销售没有收到相应的现金流，可以直接按库存商品的减少来处理。这两种账户处理方法一直存在争议，但并没有作出统一的规定。这时企业应当争取采用汇总方法，不作销售收入处理，而转化为相应的成本并减少相应的库存，这样就可以减轻所得税税负。

5. 税负转嫁

纳税筹划的第 5 种方法是税负转嫁。税负转嫁是一种基本的纳税筹划方法，其操作原理是转移价格，包括提升和降低价格。

比如：某生产企业想将自己的产品卖出去，与某知名商家达成协议，并获许设置专柜来销售自己的产品。商家却借机对该企业提出了很多苛刻的要求，例如收取摊位、展览、广告及其他各种费用，却不能给企业开增值税专用发票，甚至也不开普通发票，只开收据（当然这违反发票管理法的规定）。商家无论给企业开什么票，其后果都会加大生产厂家的税负。这是因为：① 销售价格上升后，生产企业的销项税在增加的同时，不能得到抵扣；② 如果企业收到一些不合法的票据，则不能在所得税税前列支，这样就加大了生产企业的税负。

1）购买方转嫁税负

企业之间买卖产品是其最基本的业务之一，但总会出现这样的情况：购买方在没有付款给销售方的情况下，要求销售方先开增值税发票，然后根据企业资金的安排情况再付款给销售方，其中就会出现税负转嫁。当销售方把增值税发票开给购买方以后，销售方必须要作销项税处理；但是购买方在没付款的情况下，可以在取得销项税发票时，将商品入库。如果购买方是工业企业，就可以申请抵扣增值税，如果遇上所得税申报期，那么销售方不但要作销售收入处理，还需要补交其所得税。

比如：某企业购买一批价值 100 万元的货物，销售方在没拿回款项的情况下，收到的只是税务局要求补交税款的通知单（17 万元的增值税），以及低于按所得税税率计算的企业所得税。这样，销售方在没有收到钱，产品已经发出的情况下，需要出钱交税，从而加大了税负。购买方通过税负转嫁，不仅可以用增值税发票抵扣，而且还可以节省销售成本。这样，购买方就达到了少交增值税和企业所得税的目的。

2）销售方反转嫁

企业需要了解税负转嫁的基本原理，采用反转嫁的方法来保证自己的税收利益在正常交易当中不受损失。

关于购买方与销售方之间开具发票的问题，销售方可以采用相应的方法来解决。例如，销售方可以依据国家关于开具增值税发票的有关规定向购买方讲清楚，在没有付款的情况下，不能开票给购买方；也可以通过双方在各项活动中订立一些条款来加以说明。同时，销售方依据收到的货款额来开相应金额的发票，这样就避免了卖出货而没收到钱，然后自己掏钱垫税的情况。

销售方风险比较大，主要面临两种风险。

（1）坏账风险。指企业已经卖出货物，没有收到货款，却支付税款，最后收不到货款的情况。这样，企业不仅将产品白送别人，而且还把税款给了税务局，这些税款还不能重回（根据我国税法的有关规定）。

（2）财务风险。由于企业需要先找一笔资金去垫税，在企业资金周转不善的情况下，就会面临财务风险。

9.3　个人所得税纳税筹划——股东拿多少工资划算

◇ **分析目的**

个人所得税中规定，工资、薪金所得适用的是 3% ～ 45% 的七级超额累进税率；利息、股息、红利所得按收入全额的 20% 来计算缴纳个人所得税。对于既是经营者又是所有者的纳税人，其工资与红利均须交纳个人所得税，到底是工资多拿还是红利多拿对个人有益呢？通过本案例进行分析。

◇ **分析资料**

2010 年某日，张三碰到朋友李四，一年多没见，他的变化太大了，意气风发，满面红光。原来，他出资 10 万元和朋友王五共同成立了一家公司，经营得非常成功，第 1 年就分红 6 万元。但出于职业的敏感，张三却发现他们没进行纳税筹划。情况是这样的。

李四、王五两人共同出资 30 万元在深圳成立了 A 广告公司，两人都在本公司任职。该企业原享受深圳的企业所得税优惠税率 15%①，个人所得税（工资薪金）的起征点为 3 500 元。两人为了减少缴纳（工资薪金的）个人所得税，而把自己的工资定在起征点以下，李四、王五两人的工资皆为 3 480 元。需要花钱时，就从公司借，甚至随意拿点发票来"报销"。两人每人每月在公司"报销"2 000 元。公司每年实现税前利润 40 万元，分配现金红利 6 万元。不考虑其他特殊因素。

张三给朋友李四提出 3 个方案可供选择：

① 现行做法；

② 改"报销"费用为增加工资处理；

③ 改"报销"费用和分配现金红利为增加工资处理。

◇ **分析要求**

根据张三给出的 3 个方案，李四与王五应该选择哪个方案？

---

① 2012 年前，特区原享受企业所得税 15% 税率的企业将逐步提升至 25% 的税率。2008 年按 18% 的税率、2009 年按 20% 的税率、2010 年按 22% 的税率、2011 年按 24% 的税率执行，每年大约增加 2% 的税率从而实现平稳过渡。

◇ **分析重点**

　　根据财税〔2003〕158 号文的规定，股东在公司报销的与企业经营无关的费用不得税前列支，并应视为企业对个人投资者的红利分配。要想作出正确的选择，需要计算每种方案下两股东交纳的税金，然后选择交纳税金最少的那个方案。

◇ **分析提示与参考答案**

　　（1）方案 1，即公司的现行做法，公司与两股东需交纳的税金如下。

　　个人所得税——工资薪金：0

　　个人所得税——红利所得：$(60\,000 + 2\,000 \times 12 \times 2) \times 20\% = 21\,600$（元）

　　企业所得税：$(400\,000 + 48\,000) \times 22\% = 98\,560$（元）

　　需缴纳的税金合计为：$21\,600 + 98\,560 = 120\,160$（元）。

　　（2）方案 2，改"报销"费用为增加工资处理，则公司与两股东需交纳的税金如下。

　　个人所得税——工资薪金：$[(3\,480 + 2\,000 - 3\,500) \times 10\% - 105] \times 2 \times 12 = 2\,232$（元）

　　个人所得税——红利所得：$60\,000 \times 20\% = 12\,000$（元）

　　企业所得税：$400\,000 \times 22\% = 88\,000$（元）

　　需缴纳的税金合计为：$2\,232 + 12\,000 + 88\,000 = 102\,232$（元）

　　比方案 1 降低税负 17 928 元。

　　（3）方案 3，改"报销"费用和分配现金红利为增加工资处理，则公司与两股东需交纳的税金如下。

　　个人所得税——工资薪金：

　　$[(3\,480 + 2\,000 + 2\,500 - 3\,500) \times 10\% - 105] \times 2 \times 12 = 8\,232$（元）

　　个人所得税——红利所得：0

　　企业所得税：$(400\,000 - 60\,000) \times 22\% = 74\,800$（元）

　　需缴纳的税金合计为：$8\,232 + 74\,800 = 83\,032$（元）

　　比方案 1 降低税负 37 128 元。

　　由计算可知第 3 种方案最为适宜。

● **小资料**

5 种理财方法可免个人所得税

　　市民王先生近来手上有了些闲钱，准备投资，但他得知投资也要缴纳相关税收，他想知道哪些投资方法税负较低，收益较高。南京地税的税务专家介绍说，目前市场上可以通过 5 种理财方法达到减轻税负、增加投资收益的目的，市民不妨关注一下。

　　① 购买保险。购买部分险种不但能获取高于银行存款的收益，而且还可以规避利息税。

另外，现在许多保险公司推出了分红保险，既有保险作用，又能参与保险公司的投资分红。

② 购买国家发行的金融债券。根据《个人所得税法》的规定，个人取得的国家发行的金融债券的利息免征个人所得税。

③ 教育储蓄。《个人所得税实施办法》第 5 条规定，教育储蓄免征个人所得税。教育储蓄为零存整取定期储蓄存款，最低起存金额为 50 元，本金合计最高限额为 2 万元。开户对象为在校四年级以上的（含四年级）学生，开户时储户与金融机构约定每月固定存入的金额，分月存入，存期分为 1 年、3 年、6 年，只有凭存折和非义务教育的录取通知书原件或学校开具的证明原件支取到期存款时才能免税。

④ 购买国债。国债的利率高于同期的银行存款，而且取得的利息也不用交纳利息税。

⑤ 投资货币市场基金。货币市场基金（简称 MMF）是指一种开放式投资基金，主要投资于到期期限在 1 年以内的国债、金融债、央行票据和 AAA 级企业债、可转债等短期债券，以及债券回购、同业存款、商业票据等流动性良好的短期金融工具。目前，申购与赎回货币市场基金时不用支付手续费。

——摘自 http：//www. imoney. com. cn/2006 - 05 - 25.

财政部税务总局对个税工薪减除标准等作出规定

① 根据新修订的个人所得税法有关规定，纳税人自 2011 年 9 月 1 日起就其实际取得的工资、薪金所得，按照 3 500 元/月的费用减除标准，计算缴纳个人所得税。

② 工资、薪金所得应根据国家税法统一规定，严格按照"工资、薪金、奖金、年终加薪、劳动分红、津贴、补贴及与任职或者受雇有关的其他所得"的政策口径掌握执行。除国家统一规定减免税项目外，工资、薪金所得范围内的全部收入，应一律照章征税。

③ 工资、薪金所得减除费用标准提高后，各地一律按统一标准执行，任何地方不得擅自规定免税项目或变相提高减除费用标准。对擅自提高减除费用标准的地方，将相应减少财政转移支付数额或者调减所在地区所得税基数。对地方擅自提高的减除费用标准，税务机关不得执行，并向上级税务机关报告。

——摘自 http：//news. cyol. com.

2006 年个税实施条例：三险一金从应纳税所得中扣除

修订后的《条例》规定，单位为个人缴付的基本养老保险费、基本医疗保险费、失业保险费、住房公积金，从纳税义务人的应纳税所得额中扣除。

——摘自 http：//news. cyol. com.

2006 年个税实施条例规定，纳税义务人有下列情形之一的，应当按照规定到主管税务机关办理纳税申报：① 年所得 12 万元以上的；② 从中国境内二处或者二处以上取得工资、薪金所得的；③ 从中国境外取得所得的；④ 取得应纳税所得，没有扣缴义务人的；⑤ 国务院规定的其他情形。

——摘自 http：//news. cyol. com.

9.4　企业所得税纳税筹划——利润相同，税款悬殊

◇ **分析目的**

衡量一个企业的经营业绩最主要的指标就是生产经营利润，一般来说利润越大，企业社会地位越高，因而企业家总是千方百计地使企业生产经营利润最大化。由于各年利润控制的不同，享受到税收优惠的程度也就大不相同，从而企业的净利润相差也较大。

◇ **分析资料**

美国一家专门从事建筑材料研发与生产的企业 A，2003 年在中国北京设立一子公司 B；同年法国一家专门从事机床制造的生产性企业 C 也在北京设立一子公司 D。B、D 两公司均从 2004 年开始营业，预定生产经营期均为 15 年。2004—2010 年 B、D 两公司的经营业绩分别如表 9 - 1 和表 9 - 2 所示。

表 9 - 1　2004—2010 年 B 公司的经营业绩　　单位：万元

年度	2004	2005	2006	2007	2008	2009	2010
利润	- 50	40	- 30	20	120	200	300

表 9 - 2　2004—2010 年 D 公司的经营业绩　　单位：万元

年度	2004	2005	2006	2007	2008	2009	2010
利润	20	- 10	30	- 20	80	200	300

◇ **分析要求**

根据所给资料分析比较 B、D 两公司的经营业绩。

◇ **分析重点**

这里涉及外商投资企业缴纳企业所得税的问题。

◇ **分析提示与参考答案**

由表 9 - 1 可以看出，B 公司 7 年来的总利润为

$$(- 50 + 40 - 30 + 20 + 120 + 200 + 300) = 600（万元）$$

由表 9 - 2 可以看出，D 公司 7 年来的总利润为

$$(20 - 10 + 30 - 20 + 80 + 200 + 300) = 600（万元）$$

从账面上看，两企业的经营效果相当，营业总利润相同。

但自 2004—2010 年的 7 年内，B 公司缴纳的企业所得税为 45 万元，而 D 公司缴纳的企业所得税为 163.5 万元，两家企业缴纳税款相差悬殊。

《中华人民共和国外商投资企业和外国企业所得税法实施细则》第 72 条规定，机械制造和建材工业均属于生产性外商投资企业，因而 B 公司和 D 公司均符合生产性外商投资企业的规定，可以享受"两免三减半"①的税收优惠。

这里所说的开始获利的年度，是指企业开始生产经营后，第 1 个获得利润的纳税年度。企业开办初期有亏损的，可以依照《外商投资企业和外国企业所得税法》第 11 条的规定逐年结转弥补，以弥补后有利润的纳税年度为开始获利年度。

根据上述规定，B 公司第 1 年没有获利，第 2 年弥补第 1 年亏损后也没获利，以此类推可知 B 公司开始获利的年度为 2008 年。根据"两免三减半"的规定，该公司 2008 年和 2009 年两年的生产经营利润不用缴纳企业所得税，2010 年的生产经营利润按 15% 的税率缴纳所得税，其计算如下：

$$应纳税额 = 300 \times 15\% = 45（万元）$$

而 D 公司的情况则不如 B 公司乐观。由于该企业 2004 年便获利，因此开始获利年度为 2004 年，根据"两免三减半"原则，该企业 2004 年和 2005 年两年不用缴纳企业所得税，2006 年、2007 年和 2008 年 3 年按 15% 征收。因而应纳税额计算如下：

$$应纳税额 = (30 - 20 + 80) \times 15\% + (200 + 300) \times 30\% = 163.5（万元）$$

其应纳税额明显比 B 公司高的直接原因是享受减免的年度里经营利润比较少，实际享受到的优惠不多。而等到生产经营正常化，经营利润大幅度上升时，却已过了减免期，要按正常税率纳税。

但这其中的根本原因是 B 公司比 D 公司更加善于安排资金投入，更加合理地对企业的全部生产经营进行筹划，尽量地延迟初始获利的年度。

从案例所给资料可以看出，B 公司第 1 年开业投入规模较大，因而处于亏损状态。第 2 年企业经营稍有起色，但这样下去就可能在 2006 年开始获利。由于企业刚投入生产经营，市场没有打开，规模没有上去，一般收益不大，享受到的优惠不大。

因而企业决定扩大投入，比如广告费用、科研费用等，又在 2006 年出现亏损，这样不仅使企业充分享受到优惠待遇，而且前期高投入更有利于后期的高收益，有利于企业的长期发展。

◇ **分析点评**

案例中 D 公司的经理在企业一开始设立时就使企业盈利。但正如案例中所说的，早盈

---

① 自 2008 年 1 月 1 日起原享受所得税"两免三减半"等定期减免优惠的企业，新税法实施后继续按原税收法律、行政法规及相关文件规定的优惠办法及年限享受至期满为止，但因未获利而未享受税收优惠政策的从 2008 年度起计算。享受上述优惠政策的企业，是指从 2007 年 3 月 16 日以前经工商机关登记设立的企业——《国务院关于实施企业所得税过渡优惠政策的通知》国发〔2007〕39 号。

利不一定收益就大，出现的结果可能恰恰相反。

　　B 公司的负责人认真地研究了中国的税制，从一开始并不急于盈利，而是统筹安排，合理决策，使得同样的生产经营利润获得更大的实际收益。

◉ **小资料**

　　利用税收临界点进行税务筹划，这是税务筹划的基本手段之一，在现实经济生活中得到了广泛的应用。

　　　　　　　　　　　　　——摘自《税务筹划》润博财税顾问工作室 2004 – 12.

　　新企业所得税已于 2008 年 1 月 1 日起在所有中国境内的企业中实行，无论中资还是外资，亦无论上市与否。这不仅直接影响企业的纳税负担，改变中资企业善于运用的返程投资行为，而且将对中国引进外资产生结构性影响。新企业所得税的主要特点如下。

　　一、内外均等

　　新企业所得税法代替了原有的《外商投资企业和外国企业所得税法》和《中华人民共和国企业所得税暂行条例》，实现了自 1978 年以来，内外资企业所得税法的首次合二为一。所谓两税合一，最明显的标志是中外资企业所得税的基本税率一致为 25%，而此前内资企业普遍采用 33% 的税率，外资企业则享有 15% 的优惠税率，而且在计算应纳税所得额时的成本扣除项目和方法上，外资企业也较内资企业优惠。一些地方政府还出于招商引资、拉动经济增长等目的，以税收返还、减免等方式对外资提供更大的激励。

　　为享受平等待遇，很多内资企业打起了变身外资的主意，纷纷通过在避税港成立特殊目的公司（SPV）进行返程投资。商务部网站数据显示，2007 年 1 月至 11 月，以实际投入外资金额计的对华投资前十位的国家和地区中，中国香港、英属维尔京群岛、开曼群岛、萨摩亚、模里西斯等避税港占据五席，占实际使用外资的 67.12%。

　　虽然返程投资的做法有利于提高企业的净利润和竞争力，但也滋生了中资企业外资化、资本外逃和洗钱等问题。从国家角度看，不仅造成了财政收入的巨大损失，也说明我国税收制度尚不成熟。

　　为使得内外资待遇趋于公平，改进税收征管体制，新企业所得税法取消了诸如工资扣除方法等多项"不平等"内容，向原外资企业所得税规定靠拢，实现内外资企业一视同仁。对于外资企业来说，这种改变没有产生损失，而对内资企业来说，则可大大减少应纳税所得额。内资企业从计税工资扣除改为据实扣除后，各行业均能受益，金融、服务等劳动智力密集型行业更是受益匪浅。

　　二、区域优惠让位

　　旧企业所得税制度不仅导致内外资企业税负不统一，也使不同地区的税负差异巨大。比如，全国大部分地区的内资企业按照 33% 的税率计税，而在深圳等五个经济特区和上海浦东新区，各类企业从事生产经营所得和其他所得，统一按照 15% 的优惠税率计税；设在西部地区的各类企业也可享受不同程度的税收优惠。

在新企业所得税法下，区域优惠已成为"过去时"，取而代之的是产业优惠。普华永道的一份报告指出，以产业优惠为主导的新企业所得税法，可以有效促使企业把更多精力放在如何提高自主知识产权、提高劳动力供应及质量方面，而不是单纯寻找可以提供最多、最长时间税收优惠的地区。

新企业所得税法规定，中外资企业从事扶持农林牧渔业发展、基础设施建设、环境保护等项目取得的所得可享受优惠税率、税额抵免、加速扣除等优惠政策。同时，国家需要重点扶持的高新技术企业还可适用 15% 的优惠税率，此前，只有注册在经济特区、经济技术开发区等特定区域内的高新企业才可享受这一优惠措施。

地域上放宽的同时，在高新企业认定门槛方面则有所提高。实施条例强调，国家需要重点扶持的高新技术企业应该拥有核心自主知识产权，产品（服务）属于《国家重点支持的高新技术领域》规定的范围，此外，在研究开发费用占销售收入的比例、高新技术产品（服务）收入占企业总收入的比例和科技人员占企业职工总数的比例等方面均不得低于规定比例。

为使企业平稳过渡，2008 年 12 月 29 日，国务院下发《关于实施企业所得税过渡优惠政策的通知》规定，原享受企业所得税 15% 税率的企业，在新税法施行后 5 年内逐步过渡到法定税率，即 2008 年至 2012 年，分别执行 18%、20%、22%、24%、25% 的税率。同时，根据西部大开发的精神，西部地区的企业所得税优惠政策将继续执行。

三、从引资到选资

根据商务部统计，2007 年，中国非金融领域实际使用外资金额 747.68 亿美元，连续 15 年位居发展中国家首位。但是，长期以来企业所得税对外资企业的普惠制度并不能起到良好的导向作用，一些高耗能、高污染的外资企业同样享受 15% 的优惠税率，有悖中国的可持续发展战略。本次内外资企业所得税统一后，外资企业将与内资企业一同面临一系列以产业优惠为主导的变化。

——企业所得税新纪元．金融实务，2008（2）．

2009 年上半年，全国税收收入（不含关税、契税和耕地占用税、船舶吨税）全年累计完成 63 104 亿元，比上年增长 9.1%，增收 5 241 亿元，呈现出较快增长的良好态势。

——摘自中国税网 2009 - 08 - 30

9.5 固定资产折旧筹划（1）

◇▌分析目的

企业所得税的轻重、多寡，直接影响到企业税后净利润的形成，资产的计价和折旧是影响企业应纳税所得额的重要项目。但资产的计价几乎没有什么弹性，也就是说，纳税人很难在这方面进行纳税筹划，固定资产折旧便成了经营者所必须考虑的问题。

客观地讲，折旧年限取决于固定资产的使用年限。由于使用年限本身就是一个预计的经验值，因而折旧年限的确定便包含了很多人为的成分，为企业进行纳税筹划提供了可能性。缩短折旧年限有利于加速资本的回收，可以使后期成本费用前移，从而使前期会计利润后移。在税率稳定的情况下，所得税的递延缴纳，相当于从国家财政取得了一笔无息贷款。

◇ 分 析 资 料

某高新技术企业于 2008 年成立，位于天津滨海新区。该企业于 2008 年年底购入一辆价值 500 000 元的货车，残值率为 4%，该企业资本成本为 10%。

◇ 分 析 要 求

上述企业享受"减二免三"的优惠政策①，并且货车为该企业第 1 个获利年度所购入，折旧年限为 8 年或 6 年。那么，就企业不享受和享受该税收优惠政策，分别分析哪个折旧年限更有利于企业节税？

◇ 分 析 重 点

折旧年限预计的多少直接影响到每年折旧额的大小，从而影响应纳税额的大小。

◇ 分析提示与参考答案

（1）如果该企业不享受税收优惠政策。

① 估计使用年限为 8 年，按直线法年计提折旧额为

$$500\ 000 \times (1 - 4\%)/8 = 60\ 000\ （元）$$

假定该企业资本成本为 10%，则折旧而节约所得税支出折合现值为

$$60\ 000 \times 25\% \times 5.335 = 80\ 025\ （元）$$

式中，5.335——年金现值系数。

② 如果企业将折旧期限缩短为 6 年，则年计提折旧额为

$$500\ 000 \times (1 - 4\%)/6 = 80\ 000\ （元）$$

因折旧而节约所得税支出折合现值为

$$80\ 000 \times 25\% \times 4.355 = 87\ 100\ （元）$$

式中，4.355——年金现值系数。

尽管折旧期限的改变并未从数字上影响到企业所得税税负的总和，但考虑到资金的时间

---

① 从 2008 年起五年内，天津滨海新区新建的高新技术企业将享受所得税"减二免三"政策，即前两年全额返还企业所得税地方分享部分，同时全额补偿企业所得税缴纳中央部分，后三年给予企业所得税减半返还和补偿。

价值，后者对企业更为有利，所以应该采取第二种方案——折旧期限 6 年。

当税率发生变动时，延长折旧期限也可达到节税的目的。

（2）由于该企业享受"减二免三"的优惠政策，且货车为该企业第 1 个获利年度购入，表 9 – 3 列示了折旧年限为 8 年、6 年的企业节税情况。

表 9 – 3   8 年和 6 年折旧年限的节税情况

单位：元

折旧年限	年提取折旧	折旧各年节税额				节税总和
		第 1、2 年	第 3、4、5 年	第 6 年	第 7、8 年	
8 年	60 000	0	7 500	15 000	15 000	76 500
6 年	80 000	0	10 000	20 000	—	50 000

由表 9 – 3 可见，企业延长折旧年限可以节约更多的税负支出。

按 8 年计提折旧，节税额折现为

$$7\ 500 \times (3.791 - 1.736) + 15\ 000 \times (5.335 - 3.791) = 38\ 572.5\ （元）$$

按 6 年计提折旧，节税额折现为

$$10\ 000 \times (3.791 - 1.736) + 20\ 000 \times 0.564 = 31\ 830\ （元）$$

所以应采取第一种方案——折旧期限 8 年。

9.6   固定资产折旧筹划（2）

◇ **分析目的**

通过本案例分析，理解和掌握折旧方法的确定。最常用的折旧方法有直线法、工时法、产量法和加速折旧法。税法赋予企业固定资产折旧方法和折旧年限的选择权。财务制度规定企业固定资产折旧方法一般采用平均年限法。企业专业车队的客货汽车、大型设备，可以采用工作量法。在国民经济中具有重要地位和技术进步快的电子生产企业、船舶工业企业、机械企业、飞机制造企业、汽车制造企业、化工生产企业和医药生产企业，以及其他经财政部批准的特殊行业的企业，其机器设备可以采用双倍余额递减法或者年数总和法折旧。在各种折旧方法中，运用不同的折旧方法所计算出来的折旧额在量上不一致，分摊到各期的固定资产成本也存在差异，进而影响各期营业成本和利润。这一差异为纳税筹划提供了可能。

◇ **分析资料**

某企业固定资产原值为 80 000 元，预计残值为 2 000 元，使用年限为 5 年。该企业利润（含折旧）和年产量表如表 9 – 4 所示。该企业所得税适用 25% 的比例税率。

表 9 - 4　企业年利润（含折旧）和年产量表

年　限	未扣除折旧的利润/元	产　量/件
第 1 年	40 000	400
第 2 年	50 000	500
第 3 年	48 000	480
第 4 年	40 000	400
第 5 年	30 000	300
合　　计	208 000	2 080

◇ **分析要求**

分别运用直线法、产量法、双倍余额递减法和年数总和法计算每年的应纳所得税额，分析比较选择适宜的折旧方法进行节税。

◇ **分析重点**

不同的折旧方法直接影响到每年折旧额的大小，从而影响应纳税额的大小。

◇ **分析提示与参考答案**

分别运用直线法、产量法、双倍余额递减法和年数总和法计算每年的应纳所得税额，如表 9 - 5 所示。

表 9 - 5　各种不同折旧方法下的应纳税额　　　　　　　　　　　单位：元

年　限	直　线　法	产　量　法	双倍余额递减法	年数总和法
第 1 年	8 052.00	8 250.00	2 640.00	4 620.00
第 2 年	11 352.00	10 312.00	10 164.00	9 636.00
第 3 年	10 692.00	9 900.00	12 038.40	10 692.00
第 4 年	8 052.00	8 250.00	10 678.80	9 768.00
第 5 年	4 752.00	6 187.50	7 378.80	8 184.00
合　计	42 900.00	42 900.00	42 900.00	42 900.00

由上表可见，虽然用 4 种不同方法计算出来的累计应纳所得税额在量上是相等的，均为 42 900 元，但是，第 1 年适用双倍余额递减法计算折旧时应纳税额最少，年数总和法次之，而运用产量法计算折旧时应纳税额最多。总的来说，运用加速折旧法计算折旧时，开始的年份可以少纳税，把较多的税负延迟到以后的年份缴纳，相当于从政府处依法取得了一笔无息贷款。为了便于比较，我们把货币的时间价值考虑进来，将各年的应纳税额都折算成现值，

并累计起来，假定银行利率为 10% ，其结果如下：

运用直线法计算折旧时，应纳税额现值为 27 654.24 元；运用产量法计算折旧时，应纳税额现值为 27 448.10 元；运用双倍余额递减法计算折旧时，应纳税额现值为 26 433.41 元；运用年数总和法计算折旧时，应纳税额的现值为 26 625 元。

从应纳税额的现值来看，运用双倍余额递减法计算折旧时，税额最少，年数总和法次之，而运用直线法计算折旧时，税额最多。原因在于：加速折旧法（即双倍余额递减法、年数总和法）在最初的年份内提取了更多的折旧，因而冲减的税基较多，使应纳税额减少，相当于企业在初始的年份内取得了一笔无息贷款。这样，其应纳税额的现值便较小。在运用普通方法（即直线法、产量法）计算折旧时，由于直线法将折旧均匀地分摊于各年度，而产量法根据年产量来分摊折旧额，该企业产量在初始的几年内较高，因而所分摊的折旧额较多，从而较多地冲减了初始几年的税基。因此，产量法较直线法的节税效果更显著。

9.7　企业合并中的税务筹划策略 （1）

◇ 分析目的

通过本案例的分析，理解和掌握企业合并中的税务筹划策略，包括被合并企业将其全部资产和负债转让给另一家现存或新设企业（简称合并企业），为其股东换取合并企业的股权或其他财产，实现两个或两个以上企业的依法合并税务筹划策略。

◇ 分析资料

某股份有限公司 A，2000 年 9 月兼并某亏损国有企业 B。B 企业合并时账面净资产为 500 万元，去年亏损为 100 万元（以前年度无亏损），评估确认的价值为 550 万元，经双方协商，A 可以用以下方式合并 B 企业。A 公司合并后股票市价为 3.1 元/股。A 公司共有已发行的股票 2 000 万股（A 公司股票面值为 1 元/股，市价为 3 元/股）。

假设合并后被合并企业的股东在合并企业中所占的股份以后年度不发生变化，合并企业每年未弥补亏损前的应纳税所得额为 900 万元，增值后的资产的平均折旧年限为 5 年，行业平均利润率为 10% 。所得税税率为 33% 。

方案 1：A 公司以 180 万股和 10 万元人民币购买 B 企业。

方案 2：A 公司以 150 万股和 100 万元人民币购买 B 企业。

◇ 分析要求

从合并企业的角度来看，选择哪种方案最优？

◇ **分析重点**

企业合并，其税收筹划必须考虑合并活动所带来的一定时期的税收变化和现金流量的变化。

◇ **分析提示与参考答案**

（1）方案 1，A 公司以 180 万股和 10 万元人民币购买 B 企业。

首先，涉及合并时的以下税收问题：

因为非股权支付额（10 万元）小于股权按票面计的 20%（36 万元），所以，B 企业不需时转让所得缴纳所得税；B 企业去年的亏损可以由 A 公司弥补，A 公司可在第 1 年和第 2 年弥补 B 企业的亏损额 100 万元；A 公司接受 B 企业资产时，可以以 B 企业原账面净值为基础作为资产的计税成本。

其次，A 公司将来应就 B 企业 180 万股股票支付多少股利呢？

A 公司第 1 年、第 2 年因涉及亏损弥补，第 1 年的税后利润为 $900 \times (1 - 25\%) + 79.84 \times 25\% = 694.96$（万元），可供分配的股利为 $694.96 \times (1 - 25\%) = 521.22$（万元）（其中的 10% 为法定盈余公积，5% 为公益金，10% 为任意盈余公积），支付给 B 企业股东的股利折现值为 $(180 \div 2\,000) \times 521.22 \times 0.909 = 42.64$（万元）。同理，A 公司第 2 年支付给 B 企业股东的股利折现值为 37.54 万元；A 公司以后年度支付给 B 企业股东的股利按利润率 10% 计算，折现值为 $[(180 \div 2\,000) \times (900 \times 75\%) \times (1 - 25\%) \div 10\%] \times 0.826\,4 = 376.53$（万元）。

所以，第 1 种方式下，A 公司合并 B 企业所需的现金流出折现值共为 456.71 万元（$10 + 42.64 + 37.54 + 376.53$）。

（2）方案 2，A 公司以 150 万股和 100 万元人民币购买 B 企业。

因为非股权支付额（100 万元）大于股权按票面计的 20%（30 万元），所以，被合并企业 B 应就转让所得缴纳所得税，应缴纳的所得税为 $(150 \times 3 + 100 - 500) \times 25\% = 12.5$（万元）。又因为合并后，B 企业已不再存在，这部分所得税实际上由合并企业 A 承担。B 企业去年的亏损不能由 A 公司再弥补。

因为 A 公司可按增值后的资产的价值作为计税价，增值部分在折旧年限内每年可减少所得税为 $[(550 - 500) \div 5] \times 25\% = 2.5$（万元）。

A 公司第 1 年的税后利润为 $900 \times (1 - 25\%) + 2.5 - 12.5 = 665$（万元），按第 1 方案时的计算方法计算，A 公司第 1 年支付 B 企业股东股利折现值为 $(180 \div 2\,000) \times [665 \times (1 - 25\%)] \times 0.909 = 40.8$（万元）。第 2 年至第 5 年支付给 B 企业股东股利折现值为 99.82 万元。A 公司以后年度支付 B 企业股东股利折现值为 210.60 万元。

所以，第 2 种方式下，A 公司合并 B 企业所需现金流出折现值为 488.87 万元（$12.5 +$

$100 + 40.8 + 99.82 + 235.75$）。

比较两种方案，第 1 方案现金流出较小，所以，A 公司应当选用第 1 方案。

◇ 分析点评

本例中，由于 A 公司合并 B 企业，不仅要考虑 A 公司在合并时支付 B 企业股东现金价款，而且要考虑由于 B 企业股东还拥有 A 公司的股权，A 公司每年均要向 B 企业股东支付股利。

由于合并企业支付给被合并企业的价款方式不同，将导致不同的所得税处理方式，其涉及被合并企业是否就转让所得缴税、亏损是否能够弥补；合并企业支付给被合并企业的股利折现、接受资产增值部分的折旧等问题，比较复杂。

因此，并非在任何情况下，采取非股权支付额不高于所支付的股权票面价值 20% 的合并方式都划算。要考虑可弥补亏损数额的大小、行业利润率的高低等因素，在上面所举的例子中，如果这些因素发生变化，选择第 2 种方案就有可能是划算的。在实际操作中要具体测算，上面例子仅提供筹划的思路和测算方法。

◇ 基本知识点

企业合并，是指两个或两个以上的企业，依据法律规定或合同的约定，合并为一个企业的法律行为。企业合并业务的所得税应根据合并的具体方式处理。

（1）一般情况下，被合并企业应视为按公允价值转让、处置全部资产，计算资产的转让所得，依法缴纳所得税。被合并企业以前年度的亏损，不得结转到合并企业弥补。合并企业接受被合并企业的有关资产，计税时可以按经评估确认的价值确定成本。

（2）当合并企业支付给被合并企业（股东）价款的方式不同时，其所得税的处理就不相同。即：合并企业支付给被合并企业或其股东的收购价款中，除合并企业股权以外的现金、有价证券和其他资产（以下简称非股权支付额），不高于所支付的股权票面价值（或支付的股本的账面价值）20% 的，经税务机关审核确认，当事各方可选择按下列规定进行所得税处理。

① 被合并企业不确认全部资产的转让所得或损失，不计算缴纳所得税。被合并企业合并以前的全部企业所得税纳税事项由合并企业承担，以前年度的亏损，如果未超过法定弥补期限，可由合并企业继续按规定用以后年度实现的与被合并企业资产相关的所得弥补。

② 合并企业接受被合并企业全部资产的计税成本，须以被合并企业原账面的净值为基础确定。

9.8　企业合并中的税务筹划策略（2）

◇ **分析目的**

通过本案例分析，理解和掌握企业合并中的税务筹划策略。

◇ **分析资料**

被合并方甲企业是一加工木材的厂家，经评估确认资产总额为 2 000 万元，负债总额为 3 000 万元。甲企业有一条生产前景较好的木材生产线，原值为 700 万元，评估值为 1 000 万元。甲企业已严重资不抵债，无力继续经营。

合并方乙企业是一地板生产加工企业。乙企业地板的生产加工，主要以甲企业成品为主要原材料。并且乙企业具有购买甲企业木材生产线的财力。

甲、乙双方经协商，达成初步并购意向，并提出如下 3 种并购方案。

方案 1：乙方以现金 1 000 万元直接购买甲方木材生产线，甲方宣告破产。

方案 2：乙方以承担全部债务方式整体并购甲方。

方案 3：甲方首先以木材生产线的评估值 1 000 万元重新注册一家全资子公司（以下称丙方），丙方承担甲方债务 1 000 万元，即丙方资产总额 1 000 万元，负债总额 1 000 万元，净资产为 0，乙方购买丙方，甲方破产。

◇ **分析要求**

分析选择适合甲、乙双方的合并方案。

◇ **分析重点**

考虑合并双方的税负承受能力。

◇ **分析提示与参考答案**

1. 3 种方案中，甲方的税负分析

（1）方案 1 属于资产买卖行为，应承担相关税负如下。

① 营业税和增值税。按照营业税和增值税有关政策规定，销售不动产要缴纳 5% 的营业税；销售木材生产线属销售不动产，应缴纳 1 000 × 5% ＝ 50（万元）的营业税。转让固定资产如果同时符合以下条件不必缴纳增值税。

第一，转让前甲方将其作为固定资产管理。

第二，转让前甲方确已用过。

第三，转让固定资产不发生增值。

如果不同时满足上述条件，要按4%缴纳增值税。在本例中，木材生产线由原值700万元增值到1 000万元。因此，要按4%缴纳增值税：1 000×4% = 40（万元）。

② 企业所得税。按照企业所得税有关政策规定：企业销售非货币性资产，要确认资产转让所得，依法缴纳企业所得税。生产线原值为700万元，评估值为1 000万元，并且售价等于评估值。因此，要按照差额300万元缴纳企业所得税，税额为300×25% = 75（万元）。

因此，甲方共承担165万元的税金。

（2）方案2属于企业产权交易行为，相关税负如下。

① 营业税和增值税。按现行税法规定，企业产权交易行为不缴纳营业税及增值税。

② 企业所得税。按现行有关政策规定，在被合并企业资产与负债基本相等，即净资产几乎为零的情况下，合并企业以承担被合并企业全部债务的方式实现吸收合并，不视为被合并企业按公允价值转让、处置全部资产，不计算资产转让所得。甲企业资产总额2 000万元，负债总额3 000万元，已严重资不抵债，根据上述规定，在企业合并时，被兼并企业不视为按公允价值转让、处置全部资产，不缴纳企业所得税。

（3）方案3属于企业产权交易行为，相关税负如下。

甲方先将木材生产线重新包装成一个全资子公司，即从甲公司先分立出一个丙公司，然后再实现乙公司对丙公司的并购，即将资产买卖行为转变成企业产权交易行为。

① 营业税和增值税。同方案2，企业产权交易行为不缴纳营业税和增值税。

② 企业所得税。可从如下两个步骤分析。

第一步：从甲企业分立出丙企业。按照企业分立的有关税收政策规定，被分立企业应视为按公允价值转让其被分离出去的部分或全部资产，计算被分立资产的财产转让所得，依法缴纳企业所得税。分立企业接受被分立企业的资产，在计税时可按评估确认的价值确定成本。甲企业分立出丙企业后，甲企业应按公允价值1 000万元确认生产线的财产转让所得300万元，依法缴纳所得税75万元。另外，丙企业生产线的计税成本可按1 000万元确定。

第二步：丙企业被甲企业合并。根据企业合并有关政策规定，被合并企业应视为按公允价值转让、处置全部资产，计算资产转让所得，依法缴纳企业所得税。由于丙企业生产线的资产评估价值为1 000万元，计税成本也为1 000万元，因此，转让所得为0，不缴纳企业所得税。

从被合并方甲企业所承担的税负角度考虑，方案2税负最轻，为0；其次是方案3，为75万元；再次是方案1，为165万元。

2. 合并方（乙方）经济负担能力的分析与选择

在方案1中，虽然甲方只需出资购买乙方生产线，而不必购买其他没有利用价值的资产，而且又不用承担甲企业巨额的债务，但是，乙企业要支付高额的现金（1 000万元），对乙企业来说，经济压力异常巨大。

在方案 2 中，乙企业需要全部购买甲企业资产，对于乙企业来说，没有必要；同时乙企业还需要承担大量不必要的债务，因此，在经济上是不可行的。

方案 3 的优点可从如下 3 点分析。

① 乙企业避免支付大量现金，解决了筹集现金的难点问题；

② 丙公司只承担甲企业的一部分债务，资产与负债基本相等，乙企业购买丙公司所付代价较小；

③ 乙企业在付出有限代价的情况下，购买了甲企业有利可图的生产线，其他资产不必购买，进而增加了经济上的可行性。

从乙企业经济上的可行性分析，方案 3 是首选，其次是方案 1，再次是方案 2。

综上所述，无论是从合并企业的支付能力分析，还是从被合并企业的税负承受能力分析，方案 3 对于并购双方来说才是最佳的选择。

◇ **分析点评**

企业合并、分立等重组行为是一项复杂的工程，"一组就灵"是理想化的说法。简单、机械的并购行为往往会走弯路甚至徒劳无益。在企业并购过程中，可行性分析是至关重要的一环。它不但包括对合并企业自身经济承受能力的分析，而且包括对被合并企业税收负担能力的分析。只有在分析的基础上选择最佳方案找出并购的最佳途径，才是并购双方的理想之举。

◉ **小资料**

涉及企业合并的税法主要有两个：《企业改组改制中若干所得税业务问题的暂行规定》（国税发〔1998〕97 号）和《关于企业合并分立业务有关所得税问题的通知》（国税发〔2000〕119 号）。

9.9　巧用纳税人身份节省税款（1）

◇ **分析目的**

通过本案例分析，理解和掌握增值税不同纳税企业的税务筹划策略。

◇ **分析资料**

红星电子开发公司是一家专门从事数码音像产品制作的企业，2009 年年底以前为增值税小规模纳税人。2009 年 12 月 28 日通过某税务局的评估，认为其生产经营规模及会计核算健全程度均符合一般纳税人条件，被认定为增值税一般纳税人。

2010 年 1 月～6 月具体经营情况如下：

1 月份，应纳增值税销售额为 28 万元，有发票的可抵扣进项税额为 0.51 万元；

2 月份，应纳增值税销售额为 32 万元，可抵扣进项税额为 0.63 万元；

3 月份、4 月份、5 月份和 6 月份的相应数据为 30 万元和 0.48 万元、35 万元和 0.66 万元、28 万元和 0.54 万元、36 万元和 0.72 万元。

经计算，该企业 2010 年 1 月～6 月共应缴纳增值税为

$$(28 + 32 + 30 + 35 + 28 + 36) \times 17\% - (0.51 + 0.63 +$$
$$0.48 + 0.66 + 0.54 + 0.72) = 28.59 \text{（万元）}$$

◇ **分析要求**

该公司经理比较以往年度的纳税情况，发现上半年缴纳的增值税款比以往任何时候都多，而销售额却没有大幅度增长，大惑不解，请帮该公司分析一下其中的原因，并提出建议。

◇ **分析重点**

经分析表明，该企业由于经营性质的原因，不需购进多少物品，因而进项税额较少。较高的增值税率和较少的进项抵扣是造成缴纳税款大幅增加的主要原因。

◇ **分析提示与参考答案**

本案例涉及的是增值税中一般纳税人和小规模纳税人的纳税问题。按照增值税法的规定，一般纳税人和小规模纳税人缴纳税款的计算方式不一样。

小规模纳税人是指年销售额在规定标准以下，并且会计核算不健全，不能按规定报送有关税务资料的增值税纳税人。小规模纳税人销售货物或应税劳务，按照销售额和条例规定的 6% 或 4% 的征收率计算应纳税额，不得抵扣进项税额。应纳税额计算公式为

$$\text{应纳税额} = \text{销售额} \times \text{征收率} \tag{9-1}$$

一般纳税人是指年应征增值税销售额超过《增值税暂行条例实施细则》规定的小规模纳税人标准的企业和企业性单位。应纳税额的计算公式是（这里税率为 17%）：

$$\text{应纳税额} = \text{销售额} \times \text{税率} - \text{进项税额} \tag{9-2}$$

很显然，如果一般纳税人的进项税额较大，则其应纳税额就会较少，反之则应纳税额较多。而小规模纳税人由于不能抵扣进项税，其应纳税额只与销售额有关。

本案例中，由于该企业的进项税额较少，则应纳税额会明显增多。如果该企业仍按小规模纳税人 6% 的征收率征税，则应缴纳的增值税款为：$(28 + 32 + 30 + 35 + 28 + 36) \times 6\% = 11.34$（万元），较之改为一般纳税人后实缴税款（28.59 万元）少 17.25 万元。

因而该企业还不如保持原小规模纳税人身份，以使自己实现少缴税款、增大利润的目的。

◇ *基本知识点*

实施纳税筹划时应注意的事项

除了企业决策层对纳税筹划要有足够的、正确的认识，纳税筹划要以不触犯税法为前提，实施纳税筹划要密切关注税法的变动外，纳税筹划尤其要注意从整体角度和长远战略考虑。

（1）纳税人进行纳税筹划应该用全面的眼光，正确衡量税负水平。

① 纳税人进行纳税筹划，不能仅盯住个别税种的税负高低，还要着眼于整体税负的轻重。有的方案可能会使某些税种的税负减轻，但从总体上来说，可能会因为影响其他税种的税负变化而实际上使整体税负增加，因而不具有实际的可行性。

② 纳税人进行纳税筹划时，应注意税收和非税收因素，综合衡量纳税筹划方案。有的筹划方案可以节省不少税款，但是却增加了很多非税支出，如企业注册费用、机构设置费、运费、政府规划费等，这种方案的实际成本就应该将税收与非税收支出结合起来考虑。

③ 纳税筹划方案应该着眼于经济利益的最大化，而不是税收负担的最小化。只要某个方案能够在相对成本较低的情况下，促进企业经济利益最大化，我们就没有理由不采纳它。例如，企业从事生产经营活动，必须要交纳企业所得税。对于微利企业有一定税收优惠，根据财税 ［2009］133 号，2010 年，年应纳税所得额小于等于 3 万元的小型微利企业，其所得按 50% 计入应纳税所得额，再按 20% 的税率征收所得税，实质税率为 10% 。如果老板为了适用该低税率而把生产经营活动限制在较小的规模，那么即使所缴纳的税款再少，也不符合利润最大化原则，因而不应该被采用。

（2）纳税人应该将纳税筹划方案放到整体经营决策中加以考虑。

纳税筹划是为企业整体利益最大化服务的，是一种方法与手段，而不是企业的最终目标。认识不到这一点，企业就很可能作出错误的决定。例如，他可能为了减少所得税而铺张浪费，增加不必要的费用开支；也可能为了推迟获利年度以便调整减免税期的到来而忽视经营，造成持续亏损等。这种本末倒置的行为，对企业百害而无一利。对于企业来说，正确的筹划态度应该是以企业的整体利益为重，采取适当的筹划方案。这种方案不一定税负最轻，但却使得企业税后利润最大。（比如温州的一些企业进行委托贷款业务是为了避税，该业务最初的资金融通功能几乎丧失殆尽，本末倒置。）

（3）纳税人进行筹划应该具有长远的目光。

有的纳税筹划方案可能会使纳税人某一时期的税负减轻，但却不利于其长远发展。因此，在选择纳税筹划方案时，不能仅把眼光盯在某一时期纳税最少的方案上，而应考虑企业的长远发展目标，选择能增加企业经济实力的纳税筹划方案。此外，还要充分考虑纳税筹划的风险，应根据客观条件的变化，因人、因地、因时的不同而分别采取不同的方法，尽量使筹划方案具有可操作性。

9.10　巧用纳税人身份节省税款（2）

◇ **分析目的**

通过本案例的分析，掌握一般纳税人与小规模纳税人应纳增值税额的比较分析。

◇ **分析资料**

某物资批发企业预计年应纳增值税销售额 150 万元①，会计核算制度也比较健全，在向税务机关申请纳税人资格时，既可以申请成为两个小规模纳税企业，也可以申请为一个一般纳税人，适用 17% 的增值税率，但该企业准予以销项税额中抵扣的进项税额较少，只占销项税额的 10%。

◇ **分析要求**

从维护企业自身利益出发，选择哪种对企业有利？

◇ **分析重点**

比较一般纳税人与小规模纳税人应纳增值税额。

◇ **分析提示与参考答案**

（1）方案 1：设立为一个一般纳税企业。

在这种情况下，企业应纳增值税额为

$$150 \times 17\% - 150 \times 10\% \times 17\% = 22.95（万元）。$$

（2）方案 2：分设为两个小规模纳税企业。

将该企业分设为两个批发企业，各自作为独立核算单位，一分为二后的两个单位年应税销售额均为 75 万元，那么两者就都符合小规模纳税人的条件，可适用 4% 的征收率。

在这种情况下，两个企业只要分别缴纳增值税 2.25 万元（75 万元 ×3%），共缴纳税款 4.5 万元。

显然，划小核算单位后，作为小规模纳税人，可较一般纳税人节省税款。

---

① 根据修订的《中华人民共和国增值税暂行条例》从 2009 年 1 月 1 日起，现行工业和商业小规模纳税人销售额标准分别从 100 万元和 180 万元降为 50 万元和 80 万元。小规模纳税人税率不再分工业、商业两档，征收率统一降至 3%。

◇ 基本知识点

增值税对一般纳税人和小规模纳税人的差别待遇，为小规模纳税人与一般纳税人进行纳税筹划提供了可能性。

由于我国现行税法规定，准予从销项税额中抵扣的进项税额限于下列增值税扣税凭证上注明的增值税额：① 从销售方取得的增值税专用发票上注明的增值税额；② 从海关取得的完税凭证上注明的增值税额。增值税专用发票只限于增值税的一般纳税人领购使用，增值税的小规模纳税人和非增值税纳税人不得领购使用。因而小规模纳税人向一般纳税人出售货物或劳务，一般纳税人没有办法抵扣进项税额，这也就使得两者之间的交易出现障碍。

再者一般纳税人的认定需要符合一定的条件，即生产经营规模达到一定程度，且会计核算健全，这样才能被认定为一般纳税人。

基于以上原因，一般企业往往愿意被认定为一般纳税人，没有条件的创造条件也要争取达标。这往往又进入了一个误区，即认为一般纳税人比小规模纳税人好，因而有些企业总是千方百计使自己被认定为一般纳税人。

到底让自己企业做一般纳税人还是小规模纳税人，主要应考虑以下两个方面的因素。

① 会计核算成本。实现由小规模纳税人向一般纳税人的转换，必然要增加会计成本。例如，增设会计账簿，培养或聘请有能力的会计人员等。如果小规模纳税人由于税负减轻而带来的收益尚不足以抵扣这些成本的支出，则宁可保持小规模纳税人身份。

② 增值额，即该企业进项税额的相对值。一般来说，进项税额大的企业应认定为一般纳税人，利用抵扣优势省税款，而进项税额小的企业最好被认定为小规模纳税人，利用其低的征收率节省税款。

到底进项税额以多大为好呢？假定销售额为 a，销项税额是 $a \times 17\%$，进项税额为 $ax \times 17\%$（x 是进项税额占销项税额的比重），则一般纳税人应纳税款：

$$a \times 17\% - ax \times 17\%$$

小规模纳税人应纳税额（假定征收率为 3%）：

$$a \times 3\%$$

$$ax \times 17\% \times 100\% = a \times 3\% \times 100\%$$

则

$$x\% = 17.6\%$$

因而当某企业的进项税额占销项税额的比重小于 17.6% 时，宜采用小规模纳税人形式；当比重大于 17.6% 时，宜采用一般纳税人形式。当然这并不是绝对的，因为一般纳税人的社会地位和声誉相对较好。

考虑和一般纳税人打交道的问题。如果一个企业主要和一般纳税人打交道，那么此比例应当下调，比如 20%。如果一个企业是和最终消费者打交道，如下例，因为有没有增值税发票对消费者并不重要，身份不会影响交易，17.6% 的数值就比较合适。

◇ **基本知识点**

企业进行纳税筹划需要具备的基本条件

哪些企业税收筹划空间大？从理论上讲，任何企业都需要进行税收筹划。但是，筹划需要支付成本，承担风险，并不是所有企业都具备条件。企业进行税收筹划要比较收益和成本，量力而行。一般说来以下类型的企业更需要开展筹划，获得的收益也较大。

① 新办或正在申办的企业。这类企业有足够的税收筹划空间。企业创立开始或新增项目开始就开展税收筹划，可以充分享受国家相关的优惠政策。

② 财税核算比较薄弱的企业。企业财税核算比较薄弱，主要表现在两个方面：一是缺乏严格的财税核算内部控制制度；二是财会人员素质不高，不能准确进行财税核算。而这两个方面都容易引发财税风险，稍不留意就会造成巨大的财务损失。这类企业应及早规范财税核算，开展税收筹划，防范财税风险。（比如年销售额在 30 万～10 万元之间的小规模纳税人应特别关注增值税转型对其纳税人身份的影响。）

③ 资产规模和收入规模较大、组织结构庞杂、经营活动复杂、涉及的税种及税收政策复杂的企业，其税收筹划的空间较大。而这类企业一旦出现问题，税收损失也较大。比如，许多跨地区、跨行业的大型企业集团，可以充分享受税收筹划的好处。这类企业如果没有进行税收筹划，一旦某个问题处理不好，就可能遭受巨大损失。因此，这类企业最值得花费人力、财力作筹划。许多大型企业聘请税务顾问便是明证。

9.11　成套销售未必好

◇ **分析目的**

通过本案例的具体分析，明确《中华人民共和国消费税暂行条例》对涉及企业兼营不同税率应税消费品的税务处理的有关规定。

◇ **分析资料**

红星酒业有限公司生产各类品种的酒，以适应不同消费者的需求，其经营范围主要包括粮食白酒、薯类白酒、啤酒、果木酒等。春节临近，大部分消费者都以酒作为馈赠亲友的礼品，针对这种市场情况，公司于 2 月初推出了"组合装礼品酒"的促销活动，将粮食白酒、薯类白酒和果木酒组成成套的礼品酒销售，该月共取得不含增值税的销售收入 45 万元，与上月销售收入大体相同。其中，销售粮食白酒、薯类白酒和果木酒各 15 万元。但是，2 月份公司应纳消费税税款却比上月明显增加。公司财务部门认为税务机关核算错了，但税务机关坚持认为核算没有错误。

◇ *分析要求*

试解释税务机关的计算结果，分析该公司 2 月份到底应该交纳多少税金？

◇ *分析重点*

纳税人兼营不同税率的应税消费品，应当分别核算不同税率的应税消费品的销售额和销售数量。不分别核算销售额和销售数量，或者将不同税率的应税消费品组成成套消费品销售的，从高适用税率。

◇ *分析提示与参考答案*

我国现行消费税税法根据制酒工艺的不同，在"酒和酒精"这一税目下分设了粮食白酒、黄酒、啤酒、其他酒和酒精 5 个子税目，分别适用不同的税率。具体来说，其他酒及酒精采用比例税率，其他酒为 10%，酒精为 5%；而黄酒、啤酒适用定额税率，黄酒为 240 元/吨，甲类啤酒 250 元/吨，乙类啤酒 220 元/吨；白酒采用比例税率加定额 20% 加 0.5 元/500 元。

在此例中，红星酒业有限公司生产销售不同税率的产品，粮食白酒适用税率为 20% 加 0.5 元/500 克，果木酒属其他酒，适用税率为 10%，因此，属于"兼营"行为。同时，该公司将这些适用不同税率的应税消费品组成成套消费品销售。不能分别核算销售额，因此，应从高适用税率，即适用粮食白酒 20% 的税率加 0.5 元/500 元的定额税率，假设红星酒业白酒 100 元/500 克，那么白酒销售的重量应为（450 000 ÷ 100）× 500 = 2 250 000 克，其应纳消费税税额为：450 000 × 20% +（2 250 000 ÷ 500）× 0.5 = 92 250（元）。

如果蓝天公司不将各种类型的酒组成成套的礼品酒且分别核算销售额，则只需将各种类型的酒各自的销售额与其所适用的税率相乘，计算出该类酒应纳消费税税额；再将各类酒应纳消费税税额汇总相加得到公司总共应纳的消费税税额。在这种情况下，如 2 月份蓝天公司销售粮食白酒 15 万元，果木酒 15 万元，则其应纳消费税税额为

$$15 \times 25\% +（15 \div 100）\times 0.5 + 15 \times 10\% = 3.75 + 0.075 + 1.5 = 5.325（万元）$$

比组成成套礼品酒销售节约税款 37 209 万元。

因此，从节税的角度考虑，当企业兼营适用不同税率的应税消费品时，应分别核算其销售额、销售数量，且尽量避免这些消费品组成成套产品销售。如果一定要将适用不同税率的应税消费品组合销售，则企业也应采用一定办法规避。在此例中，蓝天酒业有限公司可以在销售柜台设置礼品盒，将消费者购买的不同种类的酒临时组成礼品酒，公司依然分别核算不同种类的销售额和销售数量，这样，既销售了"组合装礼品酒"，又达到了节税的目的。

◇ **基本知识点**

所谓"兼营",就是指纳税人经营的是适用多种不同税率的产品。当企业兼营不同税率的产品时,应当分别核算不同税率应税消费品的销售额、销售数量,并分别纳税,如企业未分别核算销售额和销售数量,或者将不同税率的应税消费品组成成套消费品销售的,应从高适用税率。也就是说,对兼营高低不同税率的应税消费品,当不能分别核算销售额、销售数量,或者将不同税率的应税消费品组成成套消费品销售的,就以应税消费品中适用的高税率与混合在一起的销售额、销售数量相乘,得出应纳消费税税额。

——摘自《中华人民共和国税法》。

■ **小讨论**

1. 如何采用变更材料计价进行纳税筹划?

2. 借款或投资,哪种更合算?

3. 如何利用关联方交易"转让定价"进行税务筹划?

4. 如何利用国际间税率差节税?

5. 企业增值税筹划:利用纳税人身份差别节税;通过挂靠免征增值税项目筹划;出口退税 4 种方式选哪种好?

6. 企业营业税筹划:改变合作形式筹划;通过营业额项目进行纳税筹划;通过分包合同筹划;利用境外子公司筹划。

7. 企业所得税筹划:合理递延或降低收入;加大费用等税前扣除项目金额;利用差别税率;分摊管理费,均衡盈亏节税;利用亏损抵补节税;利用优惠政策节税。

8. 个人所得税筹划:个人身份认定的避税筹划;分次申报的避税;扣除境外所得的避税;工资化福利的避税;劳务报酬化工资的避税。

9. 企业不同生命周期税务筹划的重点分析。

(1) 企业设立的纳税筹划

① 企业性质的筹划:有限公司与合伙制企业哪个好?合资企业与合作企业哪个好?

② 机构设置的筹划:应设立子公司、分公司还是办事处?

③ 经营地址的筹划

④ 纳税身份的筹划:一般纳税人与小规模纳税人身份的筹划。

⑤ 开业时间筹划

(2) 采购环节的纳税筹划

① 税法对进项税额抵扣有哪些规定?

② 进项税额抵扣中容易出现哪些问题?

③ 企业对进项税额抵扣应怎样筹划?

（3）生产环节的纳税筹划

① 来料加工与进料加工哪种更好？

② 自产自销与委托加工哪个好？

（4）销售环节的纳税筹划

① 销售结算时间确立的纳税筹划：制造业、流通业销售时间确立的纳税筹划；房地产企业销售时间确立的纳税筹划。

② 销售方式确立的纳税筹划：销售折扣、销售折让、销售退回方式确立的纳税筹划；以物易物、还本销售、以旧换新方式确立的纳税筹划；商品促销方式确立的纳税筹划；销售价格确立的纳税筹划。

● 小资料

（1）《中国税务》、《税务研究》国家税务总局主管，中国税务学会和中国税务杂志社主办《中国税务》邮编：100053，地址：北京市宣武区枣林前街68号。

（2）《中国税务报》邮编：100053，地址：北京市宣武区槐柏树后街21号。

（3）《上海财税》地址：上海九江路41号。

（4）《财会通讯》邮编：430070，地址：武汉市武昌紫阳东路21号。

（5）《财会月刊》邮编：430015，地址：武汉市汉口高雄路1号。

（6）《财务与会计》邮编：100036，地址：北京市海淀区万寿路西街甲11号院3号楼第187号信箱。

本章关键词中英文对照

1. 应纳纳税	payable tax
2. 财政收入	budgetary income
3. 税金	tax
4. 纳税期限	paying tax deadline
5. 个人所得税	individual income tax
6. 固定资产	fixed assets
7. 折旧	depreciation
8. 税务筹划	taxation affairs plans and prepares
9. 加速折旧法	accelerated depreciation method
10. 双倍余额递减法	double declining-balance method
11. 年数总和法	sum-of-the-years'digits method
12. 所得税	income tax
13. 消费税	consumption duty

14.	印花税	stamp duty
15.	营业税	business tax
16.	增值税	value-added tax
17.	股东	shareholder
18.	合并	amalgamation
19.	资产价格	assets price
20.	避税	avoidance of tax

部分财经类网站网址

1. 财务顾问网 http：//www. cwgw. com
2. 证券之星网站 http：//www. stockstar. com
3. 金融界网站 http：//www. jrj. com. cn
4. 中国会计网 http：//www. canet. com. cn
5. 中国贸易报网 http：//www. chinatradenews. com. cn
6. 中国财经信息网 http：//cfi. net. cn
7. 财智网 http：//www. imoney. com. cn
8. 中国财经报网 http：//www. cfen. com. cn
9. 中国财会网 http：//www. kj2000. com
10. 中华财会网 http：//www. e521. com
11. 中国企业投资协会网站 http：//www. ceia. cn
12. 中国经济学网 http：//www. cnjjx. cn
13. 财政部会计准则委员会网站 http：//www. casc. gov. cn

参 考 文 献

[1] 王曙光. 上市公司的筹资策略及效率效果分析: 从青啤公司股份增发与回购谈起. 财会通讯, 2001 (12): 35 - 36.

[2] 吴安平. 财务管理学教学案例. 北京: 中国审计出版社, 2001.

[3] 代凯军. 管理案例博士评点. 北京: 中华工商联合出版社, 2000.

[4] 张建营. 中小企业筹资实战. 北京: 中华工商联合出版社, 2007.

[5] 陈玉珍. 财务管理学实验. 北京: 科学出版社, 2002.

[6] 秦志敏. 财务管理习题与案例. 大连: 东北财经大学出版社, 2004.

[7] 毛付根. 跨国公司财务管理. 大连: 东北财经大学出版社, 2004.

[8] 曹海敏. 管理会计学. 北京: 北京交通大学出版社, 2004.

[9] 秦雪青. 伊利股份: 持续稳定增长. 股市动态分析, 2005 (23): 41 - 43.

[10] 财政部注册会计师考试委员会办公室. 财务成本管理. 北京: 经济科学出版社, 2007.

[11] 全国人大常委会办公厅. 中华人民共和国公司法. 北京: 中国民主法制出版社, 2004.

[12] 卢剑灵. 我国个人所得税后续改革中必须考虑的若干问题. 税务与经济, 2006 (4): 81 - 84.

[13] 陈东. 税务筹划的主、客观条件浅议. 税务研究, 2006 (2).

[14] 会计准则研究组. 最新会计准则重点难点解析. 大连: 大连出版社, 2006.

[15] 中国注册会计师协会. 税法. 北京: 经济科学出版社, 2007.